/学/思/语/言/学/丛/书/

汉语篇章信息配置方式研究

胡建锋 ◎ 著

中国社会科学出版社

图书在版编目(CIP)数据

汉语篇章信息配置方式研究／胡建锋著．—北京：中国社会科学出版社，2020.10

（学思语言学丛书）

ISBN 978-7-5203-7005-9

Ⅰ.①汉… Ⅱ.①胡… Ⅲ.①汉语—话语语言学—研究 Ⅳ.①H1

中国版本图书馆 CIP 数据核字（2020）第 151283 号

出 版 人	赵剑英	
责任编辑	任 明	
责任校对	赵雪姣	
责任印制	郝美娜	
出　　版	中国社会科学出版社	
社　　址	北京鼓楼西大街甲 158 号	
邮　　编	100720	
网　　址	http://www.csspw.cn	
发 行 部	010-84083685	
门 市 部	010-84029450	
经　　销	新华书店及其他书店	
印刷装订	北京君升印刷有限公司	
版　　次	2020 年 10 月第 1 版	
印　　次	2020 年 10 月第 1 次印刷	
开　　本	710×1000	1/16
印　　张	20	
插　　页	2	
字　　数	328 千字	
定　　价	90.00 元	

凡购买中国社会科学出版社图书，如有质量问题请与本社营销中心联系调换
电话：010-84083683
版权所有　侵权必究

序

  篇章语言学是国际上近二三十年来发展起来的一个新的语言学流派。它于 20 世纪 60 年代在欧美兴起，在 70 年代逐渐形成，是继结构主义语言学和转换生成语言学之后新兴起的一个语言学分支。篇章语言学的中心任务是超越孤立的单句研究，从结构和功能来研究交际活动中的篇章。篇章语言学与传统语言学的各个分支和学派最大的不同在于其研究对象，它研究的对象是大于小句的片段。关心句子之间的关系，关心篇章的整体结构，关心语言使用者的交际意图以及语境对语篇形式和结构的影响，这是篇章语言学与传统语言学的最大的不同。语言是交际的工具，人们在交流过程中传递信息，包括客观信息和主观信息，受传统语言学影响，目前即便对篇章的研究也主要在句法层面和语义层面，尽管这个层面的很多规则为篇章组织时提供了基础，但是在篇章层面决定信息配置的方式的主要是交际的目的，这直接影响了篇章信息配置的各个方面，与句法、语义层面存在着很大的差异。《汉语篇章信息配置方式研究》不仅反映了最前沿的国内外篇章的研究成果，也是作者本人近年来结合汉语的语料，从汉语本身的语法特点出发，运用汉语语法的研究方法，以汉语的语例对篇章语言学理论和研究方法上的一种新的革新和尝试。我想，汉语特点鲜明应该是本书的一大特点，是会引起关心汉语语法研究，特别是关心汉语语篇研究的读者的兴趣的。

  在篇章语言学看来，"篇章"并非是一个静止的、封闭的语言形式，而是一个言语交际事件，对它的研究探索当然就不能仅仅是篇章的语言形式本身，而是必须关注与篇章交际相关的诸多因素，这些因素既包括内在因素，如语言成分的关联、篇章结构，也包括外在因素，如交际情景、交际者，还要包括各种因素之间的互动关系，如交际情景如何影响或制约篇章结构、交际者在文化、认知、关系亲疏等方面的变化如何导致语言形式和篇章结构的变化，等等。因此，篇章语言学致力于解决以下这些基本问题：（1）不同篇章类型之间的区别是什么？（2）篇章的形式和功能之间的关系是怎样的？（3）篇章推进的方式和结构有哪些？《汉语篇章信息配置方式研究》一书，就是回答上述这些问题的：认为在篇章里所有的语言形式的选择，都是为了最恰当、最经济地表达言者希望传递的信息，从信息配置的角度切入，揭示汉语篇章形式和功能的关系；关注影响汉语篇章信息传递方式的主要因素；关注篇章中语法范畴和语法手段在信息配置中的作用；关注信息的配置方式与语境以及交际互动性等的关系；关注共时平面的虚化影响因素。问题意识突出当为本书的另一重大特点，阅读了本书的读者自会有这样的体会。

作者对篇章语言学有浓厚的兴趣，十多年前，作者的博士学位论文就是以篇章语言学的理论为背景写就的。博士学位论文的题目是"现代汉语非预期信息表达研究"，主要从言听双方的心理预期的角度来考察的，博士学位论文的许多章节后来陆陆续续在《世界汉语教学》《语言教学与研究》《语言科学》等专业杂志上发表。这些年来，作者一直从事着篇章与话语的教学和研究工作，2013年作者申请到国家社科基金项目之后，对篇章语言学的关注更加深入。可以说《汉语篇章信息配置方式研究》整本书内容的思路都是从博士学位论文慢慢扩展开来的，作者将视角从预期角度扩展开，紧紧围绕着信息处理方式，具体从指称性和陈述性、前景和背景、主观和客观、预期和非预期等角度展开。本书的创新之处在于，抓住信息传递这个主线，考虑篇章信息配置的全过程：从篇章组织的起点开始（即选择指称性成分），到篇章组织过程中的影响因素，再到可能出现表达问题需要的"信息修正"，相当全面地考察了篇章信息配置的全过程以及影响因素。作者认为，通过研究汉语的信息类别及其配置方式，从交际目的入手可以更加直观地了解汉语篇章的组构特点。观察视角独特可以看成是本书的又一大特点，也是我着力推荐的一个重要原因。

《汉语篇章信息配置方式研究》全书十六章，规模巨大。除了前三章是宏观的研究外，后面十三章全部是微观的研究。前三章先是讨论了语言信息的定义，讨论了信息的分类和信息量的相关问题后，着重讨论指称性信息和陈述性信息在篇章中的配置方式，讨论不同成分和信息量之间的选择性关系，重点考察认知和语境对信息配置的影响。后面这些章节则是全书的重点。作者详细讨论了"知道吗""不是……吗"和反问标记"不"

的"前景信息"的配置方式，讨论"X 就 X""X 就是 X""V 个 NP/AP""人称+一个 NP"，以及"成"的反预期信息和超预期信息的表达功能，还讨论了诸如"虽然"和"尽管"、"是吗"和"是不是"附加问句在篇章表达中的功能差异，讨论了"总"字句的传信功能，话语标记"不"的"信息修正"指示功能以及汉语祈使表达句礼貌度及影响因素等。这些微观的研究重视强调参与者的主观认知状况，强调语言形式的选择不是一个单向的表达过程，更是一个交际参与者相互制约的互动过程。全书在细化具体表达方式的功能上用力甚勤；认为关注篇章中语法范畴和语法手段在信息配置中的作用特别重要，虽然也可以从理论上讨论相关的语言成分的特点，但是考察它们在整个篇章中的具体功能，则更能看出篇章的信息配置的特点。我认为，这种用语言事实说话，以小见大，不空谈理论的研究方法是值得推崇的。因此，研究方法新颖也可以看成是本书的一个特点。

上面总结了本书的四个特点，就是"汉语特点鲜明""问题意识突出""观察视角独特"和"研究方法新颖"，这样的归纳是建立在作者多年的努力之中的。作者的博士学位论文是 2007 年完成的，经过 6 年的思考，在博士学位论文的基础上，申请了国家社科基金项目"汉语篇章信息配置方式的选择性研究"，然后在 2018 年结题，再到 2020 年的今天集成书稿。前后将近 15 年的时间都在思考同样的问题，没有一定的信念，没有一定的定力，这种思考和坚持是很难持续下去的。这本书的问世是厚积薄发的结果，所以，上述四个特点也确实是名副其实的。

我认识胡建锋博士已经二十多年了。1998 年他曾经报考上海师大语法专业硕士研究生，那年竞争特别激烈，连蜀、唐依力、章天明、唐正大、曾传禄、邵洪亮、郑晓雷、王爱红等人都是那一年的考生。胡建锋专业成绩很好，"古代汉语、语言学概论"是全体考生中的第一名，但是外语离及格线差 2 分，只能名落孙山。他是第二年再考入上海师大的。硕士毕业后留在学校机关工作，2007 年从学校机关调到对外汉语学院当专业教师，一直到现在。在上海师大做汉语语法研究是很幸运的，因为这里有很多同道者。胡建锋聪明，经常关注语法研究的前沿信息，善于接受新的理论和方法，这是大家对他的一致评价。胡建锋对许多概念的理解和掌握往往超过常人，很多场合争辩的问题，最后"一锤定音"者往往是他，这种情形在研究生答辩时会经常遇到。胡建锋的聪明还表现在他轻易不说绝对的"肯否"：接受新理论，他小心翼翼，批判着前行；对待传统的做法，他持扬弃的态度，有所保留地接受。看他的论文，看他的著述，能够深刻地体会到：篇章语言学的理论和研究方法已经深谙其中，但在具体的分析中，又能看出结构主义语言学对他的浸润，对语言事实的描写全面、细致、深入，这种创新和继承结合的研究风格，在胡建锋身上表现得十分突出。

近些年来，我经常跟研究生讲到，作为一个高校教师，不仅要做好专业上的事，也要做好职业上的事。从专业上讲，现代汉语语法研究是大家的专业；从职业上讲，对外汉语教师是大家的职业。不能为了自身的利益，为了升职称，光顾"专业"不管"职业"。胡建锋是专业职业兼顾得很好的实践者，这当然跟他的"聪明"相关，但更来源于他的"大气"和他的"甘愿牺牲"的精神。先说一个数据，他从2008年开始担任学院的副院长，一直做到2019年年底，整整12个年头，三届的行政副院长，主管学院的人事、财务、设备管理和办公室等行政事务，还管过学院的留学生招生。将近4000天的日子里，他一直是"双肩挑"的干部。在专业上，他每年都在C刊上发表论文，不声不响地做着自己的研究，国内大多数语言学期刊，如《世界汉语教学》《语言教学与研究》等杂志上都有他的论文；他申报项目很多，而且通过率也很高，上海市教委项目、上海市哲社项目、国家社科基金项目，他都申请到了；他还在2008年和2012年分别获得上海市哲社办的优秀论文奖和优秀著作奖。成果、项目、获奖样样不少，所以，他是全校近20个学院行政院长中最"专业"的一个；政策了解、行政懂行、业务熟谙，他又是众多教师中的最"职业"的一个。专业和职业都做得这么好，在我的众多学生中，胡建锋可以说首屈一指。

当初，胡建锋在我这里读博士的时候，我们常常在回家的路上，就他看书过程中的某些想法某些困惑，边谈边议，每次半个小时的路程，积少成多，居然谈出了一篇博士论文的雏形。十多年前，对篇章语言学感兴趣的人还不多，预期量、前景信息等术语很多人还不了解，他就是在这样的情况下，开始了他对篇章语言学的研究之路。作为研究生导师，我在这里只是起到了推动和鼓励的作用。现在，他的专著《汉语篇章信息配置方式研究》即将出版了，我感到由衷的高兴，希望他对篇章语言学的研究不要停止，期望有更多的这方面的成果问世。

我在给我们学院教师吴颖教授的著述写序时说过，"作为研究生导师，吴颖的带教是十分成功的"。想说的是，胡建锋的带教同样是十分成功的。他认真、专心、负责，是一个深受学生欢迎的导师，他当研究生导师的近10年来，已经带了四五十名研究生了。胡建锋是个"圈粉"能手，他的研究生都把自己称为"胡椒粉"；同样，我也殷切地希望，读过这本书的人，也能成为一个地道的"胡椒粉"。

这些天，国内疫情严重。但我相信冬天总会过去，春天一定会到来的，正常的生活还会回到我们的身边。在大洋彼岸为胡建锋的专著作序，是介绍，是赞美，也是期待，更是鼓励。

齐沪扬
2020 年 2 月 12 日
于美国特拉华大学女儿家

目　　录

第一章　语言信息及相关研究综述 ………………………………（1）
　第一节　什么是语言信息 ……………………………………（1）
　第二节　语言的编码与解码 …………………………………（2）
　第三节　信息类别与语言的编码 ……………………………（5）
　第四节　信息量及相关研究 …………………………………（20）
　第五节　本书研究的相关问题 ………………………………（25）

第二章　指称性信息在篇章中的配置方式 ………………………（28）
　第一节　指称性与 NP 出现方式考察 ………………………（29）
　第二节　谓词性成分做主语情况考察 ………………………（40）
　第三节　指称性信息量与相关成分的选择性 ………………（53）
　第四节　叙事语篇中指称性成分的选择与篇章组织功能 …（58）
　第五节　小结 …………………………………………………（61）

第三章　陈述性信息在篇章中的配置方式 ………………………（62）
　第一节　句子的自足性与陈述性信息量 ……………………（62）
　第二节　陈述性信息量大小与其句法表现 …………………（65）
　第三节　动词做谓语时陈述性信息量影响因素 ……………（69）
　第四节　形容词性成分的陈述性信息量影响因素 …………（74）
　第五节　名词性成分与陈述性信息量 ………………………（79）
　第六节　小结 …………………………………………………（85）

第四章　"知道吗"的前景化及相关格式的信息配置功能 ………（86）
　第一节　前景信息的篇章特点与"知道吗"的前景化功能 …（88）
　第二节　"知道吗"的虚化路径及动因 ………………………（94）
　第三节　与"知道吗"相关格式的篇章功能 …………………（101）

第四节　小结 …………………………………………… （112）

第五章　"不是……吗"反问句的背/前景化功能 ………… （113）
　　第一节　"不是……吗"反问句的背景化功能 ………… （114）
　　第二节　"不是……吗"反问句的前景化功能 ………… （120）
　　第三节　小结 …………………………………………… （126）

第六章　反问标记"不"的前景化功能及其来源 ………… （128）
　　第一节　反问标记"不"及其前景化功能 ……………… （128）
　　第二节　构式省形与反问标记"不"的形成 …………… （130）
　　第三节　构式省形的条件——不影响表义 …………… （133）
　　第四节　构式省形的对象——非核心构件 …………… （136）
　　第五节　构式义的传承性 ……………………………… （139）
　　第六节　"不"的制约条件及引发的其他变化 ………… （142）
　　第七节　小结 …………………………………………… （144）

第七章　"X 就 X"的负预期量信息表达功能 …………… （145）
　　第一节　"X 就 X"使用条件和表示的意义 …………… （145）
　　第二节　X 的性质及预期情况 ………………………… （147）
　　第三节　"X 就 X"格式的句法功能 …………………… （151）
　　第四节　"X 就 X"与"X 是 X"表达功能比较 ………… （153）
　　第五节　小结 …………………………………………… （154）

第八章　"X 就是 X"的超预期量信息表达功能 ………… （155）
　　第一节　"X 就是 X"的表达功能 ……………………… （155）
　　第二节　X 的性质与预期的类别 ……………………… （158）
　　第三节　"X 就是 X"的使用框架 ……………………… （162）
　　第四节　"X 就是 X"的特殊用法 ……………………… （164）
　　第五节　"X 就是 X"与"X 是 X"表达功能比较 ……… （167）
　　第六节　小结 …………………………………………… （169）

第九章　"V 个 VP"结构的超预期量表达功能及其来源 … （170）
　　第一节　关于"V 个 VP"结构的表达功能 …………… （170）
　　第二节　"V 个 NP"的非叙实性 ……………………… （171）
　　第三节　事件整合与"V 个 VP"结构的功能 ………… （175）

第四节　非叙实性与"V个VP"结构的超预期量表达功能 …… (178)
　　第五节　时态助词"了"与相关结构的叙实性 ………… (182)
　　第六节　"V个VP"中V的范围扩展与"个"的标量功能的
　　　　　　专职化 ……………………………………………… (185)
　　第七节　关于"V个不停"类的用法 ……………………… (187)
　　第八节　小结 ………………………………………………… (188)

第十章　"人称+一个NP"的反预期信息表达功能及其来源 (189)
　　第一节　"人称代词+一个NP"的反预期信息表达功能 … (190)
　　第二节　"人称代词+一个NP"的背景化功能 …………… (198)
　　第三节　"人称代词+一个NP"成为话题及反预期信息表达
　　　　　　功能的产生 ………………………………………… (204)
　　第四节　"人称代词+一个NP"的指称性质与表达功能 … (208)
　　第五节　小结 ………………………………………………… (211)

第十一章　"成"的反预期信息表达功能 …………………… (212)
　　第一节　"成"的反预期信息表达及具体情况 …………… (212)
　　第二节　"成"前中心动词的语义特征 …………………… (216)
　　第三节　"V+成"结构使用情况考察 ……………………… (219)
　　第四节　小结 ………………………………………………… (221)

第十二章　"虽然""尽管"的功能差异及原因分析 ………… (222)
　　第一节　"虽然"和"尽管"的使用范围 ………………… (222)
　　第二节　"尽管"的标示功能及篇章特点 ………………… (224)
　　第三节　"尽管"与"虽然"的主要差异 ………………… (228)
　　第四节　小结 ………………………………………………… (233)

第十三章　"总"字句的传信功能 …………………………… (234)
　　第一节　"总"的焦点标记及序位化功能 ………………… (235)
　　第二节　"总"字句传递隐涵义 …………………………… (237)
　　第三节　"总"的"传信"功能 …………………………… (241)
　　第四节　"总"字句与"连"字句 ………………………… (243)
　　第五节　小结 ………………………………………………… (246)

第十四章　"是吗""是不是"附加问句的篇章功能差异 …… (247)
　　第一节　"是吗""是不是"问答句一致性情况考察 ……… (249)

第二节　"是吗""是不是"问句的疑问点和引发功能 ………… (251)
　　第三节　"是吗""是不是"附加问句的语用功能差异 ………… (256)
　　第四节　"是吗""是不是"的功能与"话语标记"的功能 …… (262)
　　第五节　小结 ……………………………………………………… (263)

第十五章　汉语祈使表达句礼貌度及影响因素 ……………… (264)
　　第一节　"利己祈使"与礼貌表达 …………………………… (264)
　　第二节　祈使表达句中礼貌度影响因素 ……………………… (267)
　　第三节　信息量与礼貌度 ……………………………………… (273)
　　第四节　小结 ……………………………………………………… (275)

第十六章　话语标记"不"的"信息修正"指示功能及
　　　　　　其虚化 ……………………………………………… (276)
　　第一节　话语标记"不" ………………………………………… (276)
　　第二节　"不"的"信息修正"指示功能 ……………………… (277)
　　第三节　话语标记"不"的虚化路径及篇章功能变化 ……… (281)
　　第四节　小结 ……………………………………………………… (287)

结　语 …………………………………………………………………… (288)

参考文献 ……………………………………………………………… (291)

后　记 …………………………………………………………………… (306)

第一章

语言信息及相关研究综述

第一节 什么是语言信息

语言是交际的工具。人与人之间言谈交际的过程，就是彼此不断传递信息的过程。但信息到底是什么呢？信息论（information theory）的奠基人 Shannon（1948）把信息界定为认识主体接收到的、可以减少或消除不确定性的新内容和新知识。Wiener N. C. 的定义是："信息是我们为适应外部世界，并且是这种适应为外部世界所感的过程中，同外部世界进行交换的内容的名称。"（引自吕公礼，2004）

Shannon（1948）还提出了信息传递的基本模式。在他的模式中，信源和宿源可以是人、机器、自然界的物体等；信源发出文字、图像、语言、电磁波等消息；消息被编码成信号后经信道传送；信宿接收到信号后将其解码并还原为消息。由此可见，具有传递信息功能的不单单是语言，也可能是其他方式（罗仁地、潘露莉，2002）。

研究语言如何传递信息是功能主义语言学关注的重点之一。至于什么是语言信息，陆俭明（2014）认为说话一方所要传递的信息或听话一方所感受到的信息，可以统称为"语言信息"。徐盛桓（1996）有具体的阐述："语言学所说的信息指的是以语言为载体所输传出的消息内容，称为话语信息。话语信息可以分为三个子系统：语义信息、语法信息、语用信息。语义信息让人们知道消息内容通过语言符号的载体指称了世界事物中的什么，语法信息让人们知道消息内容所指称的事物通过语言符号的中介相互建立了什么关系；语用信息让人们知道消息内容所指称的事物以语言符号为中介对交际过程、交际者有什么价值。"

第二节 语言的编码与解码

实际上徐先生所说的三个子系统就是语言的编码和解码的过程，词汇传递语义信息，把语言的形式与现实世界联系起来；语法信息提供规则，把词汇组合成可以使用的语言形式；语用信息就是语言形式在具体的使用过程中为达到交际目的传递的相关信息。罗仁地等（2002）指出："语言是人类为了更有效地交际而形成的一套惯例，是言者为了制约听话者的推论/猜测过程而发展的。"语言之间有差异，就是因为语言是沟通的工具，而每一种语言的言者都想尽量地让听话者能更容易、更方便、更准确地理解自己想传达的信息，因此，言者就在说话的时候加一些制约/提示成分，使对方的推论/推测过程更快、更简单、更准确。

每一种语言都有自己的特点，这些特点体现在语义、语法、语用等各个方面，既表现在信息的编码方面，也表现在解码方面。编码包括词的编码、小句的编码和篇章的编码。

一 信息的编码

（一）词的编码

在多数语言中，词是可以独立运用的最小单位，所以很多研究者首先关注的是词的编码。比如在英语里，最小的意义单位是词素（morpheme），词素是词的构成中最小的、有一定意义的、起一定作用的单位。在汉语中，有学者认为编码的最小单位是"字"（徐通锵，2001），但多数学者认为是语素，语素是最小的语音语义结合体。由于不同的语言中构成词的语言单位有不同的特点，它们构成词的方式也有差异，比如英语的主要构词方式有派生、合成和转换等，而汉语的主要构词方式是合成和派生；在英语中，词与词之间有界限，所以区分词比较容易，区分词素比较困难，而在汉语中，语素与字在多数情况下是一样的，所以区分语素比较容易，而区分词存在着一定困难。所以不同的语言中，其最小的使用单位的编码方式可能存在着区别。

同时，用来表示同一范围的词语可能也是有区别的。如汉语用 7 种中心色词语（赤、橙、黄、绿、青、蓝、紫）来分割可见光域，而英语则用 11 种中心色词语［red（红）、white（白）、black（黑）、green（绿）、

yellow（黄）、blue（蓝）、purple（紫）、gray（灰）、brown（棕）等]来分割相同的光域（Rosch E.，1973）。

（二）小句的编码

词是编码的基本材料，小句是传递信息的基本单位。但同样的材料，可以编码成为不同的小句。如："你、喜欢、不、他"几个词，可以编码如下：

(1) 他不喜欢你。　　　你不喜欢他。
　　他喜欢你不？　　　你喜欢他不？

言者会根据表达的需要将材料编码成小句以传递相关信息，不当的编码可能会词不达意甚至传递错误的信息。母语者常常觉得二语习得者使用的表达方式有问题或者表达的意思不准确，就是因为编码的问题。因为同样的材料在不同的语言中可能有不同的编码方式。如上述句子的英语表达方式可能是：

(2) He doesn't like you.　　You don't like him.
　　Does he not like you?　　Do you not like him?

编码的不同在于汉语的疑问句与陈述句的语序是一样的，汉语中还可以是否定词放在句子的末尾表示疑问，英语中没有；英语中表示疑问时需要将形式动词提到句子的最前面，汉语中可以用语调表示疑问等。另外，在有些语言中，宾语常在动词的前面，而其他语言中宾语则在动词的后面，这是语言类型学关注的重点之一。所以，不同的语言中，将同样的基本材料编码成为小句的时候各有自己的规则。

（三）篇章的编码

一般把两个或两个以上的小句组成的语言单位叫作篇章。Halliday（1994）称句子以上的单位为小句复合体。这个复合体常从相互关系和逻辑语义关系角度来组织，相互关系类型确定两个小句是并列（paratactic）型还是从属（hypotactic）型；逻辑语义关系确定小句之间的关系是扩展（expansion），还是投射（projection）。汉语中一般称两个以上独立的小句为复句，一般分为并列型和偏正型。

二 信息的解码

张斌（1998）曾讨论过句子的解码问题，他指出：由于一个语言符号的载体（比如词）承载着多个语义信息，如"太"，可以用在"太好了"和"太高了"中，但前者是表示程度高，后者表示程度过分，所以对"太"的解码要结合句子进行。

不同语言中编码和解码的规律可能存在着区别，比如汉语中常用"我和你"，但英语中如果使用"I and you"则会解读为不礼貌的表达方式。所以二语习得的过程既是学习另一种语言编码的过程，也是学习解码的过程。比如"答应"和"允许"，都有"同意"的意义，一个刚刚学习汉语的留学生在理解这两个词时，可能无法区分"我答应去"和"我允许去"的区别在于前者"去"的是"我"，而后者"去"的是"他人"。（参见沈家煊，1999：8）因此如果只学会它们的意义是"同意"的话，就不能正确解码。

张斌（1998）提出了四种句子的理解（解码）模式：（1）词语提取策略。比如汉语中的"笑"既可能表示"笑"的动作，也可能表示"嘲笑"的意思，但前者不能出现宾语，后者必须有宾语，所以在"他笑了"和"他笑你"中，前者可以提取为动作"笑"，后者是嘲笑。（2）词语预测策略。比如"问题的研究""关系的改善"等是从陈述转变而来的指称，这一类指称要求有所陈述，所以听者会预测有后续词语。（3）尝试组合策略。如先出现了语言单位 A，再出现 B，听者会认定它们有直接关系，并根据已有的知识进行组合，如果它们之间没有直接关系，则会将它们储存在短时记忆里，等待 C 的出现，然后再尝试重新组合。（4）模式对照策略。长期使用某种语言的人，脑子里储存了各种各样的句子模式，比如句类、句型和句式，前两者必须句子说完才能确认，但句式不一定。如："你把这杯酒……"即使没说完，听者也可能理解其意思。

张先生讨论的实际上主要是小句解码问题，至于篇章的解码，近年来也一直受到关注，比如有关话语标记的研究主要是篇章层面的，关于衔接和连贯的研究同样如此。

在解码的过程中，还有其他方面的因素影响解码的意义。比如 Grice（1967/1975）提出的合作原则中有"量"的准则，即提供的信息要适量，不多也不少。适量准则包括两个方面，一是提供的信息要足量，如"老王有三个孩子",一般传递"老王只有三个孩子"的意思;二是提供的信息"不过量","我昨天割破了一个手指头"割破的是"自己的手指头"。(参见沈家煊,2004)。言者和听者可以利用"足量准则"和"不过量准则"传递和推导隐藏在字面背后的意义,称作"会话隐涵义"(conversational implicature),简称"隐涵义"。

但是,在交际过程中,交际参与者并非总是遵从合作原则。熊学亮(2007:25)曾讨论过违反量的准则的例子:

> X请教授推荐他去攻读哲学博士学位,教授却在推荐信内写了:"X的英语不错,且上课守时……"推荐信的内容明显想表达的是:X的申请资格欠佳。

熊学亮(2007:22)认为,Grice的原则和准则,针对的是显性信息的传递,并不包括隐性信息。隐性信息的理解,需要结合具体的语境,是关联理论关注的。具体地说,就是一个句子可能表达不同的意思,但其在具体的交际过程中到底表达什么意思呢?这一理论认为语言交际是基于言者和听者共同认知环境基础上的一种推理——认知过程(何自然、冉永平,2001),该过程包含对语言的编码解码过程。Sperber和Wilson(1986)认为,在整个语言交换过程中,言者要表达的意义和意图包括两类模式:显义(explicature)和隐义(implicature);在不同语境中,明示相对于言者而言,指向听者明确表示意图的行为;推理指听者通过言者的信息推断言者的意图(何自然、冉永平,2001)。

关联理论是建立在经济原则的基础之上的,即人类在语言交际中总是希望以最小的处理努力来获得最大的语境效果。在示意—推理交际中,每个交际行为都传递有最大相关度的假定。即言者总是提供相关度大的假设,听者则以最小的处理努力来获得最大的语境效果,以此推导言者的信息意图(苗兴伟,1997)。

第三节 信息类别与语言的编码

由于语言是传递信息的工具,而从不同的角度看,语言信息存在着不同的类别,这些类别与语言的编码关系非常密切。语言学家们也尝试从信息角度找出信息类别与语言编码的关系。

一 语言信息的类别

(一) 指称性信息与陈述性信息

在汉语研究中,较早使用指称和陈述的是朱德熙,他(1982:102,124)将谓词性主语和谓词性宾语分成指称性主语/宾语和陈述性主语/宾语。如"干净最重要"和"喜欢干净"中的"干净",可以用"什么"指代,是指称性的,而"干干净净的舒服"和"喜欢干干净净的"中的"干干净净"可以用"怎么样"指代,是陈述性的。朱德熙(1983)指出,陈述形式 VP 加上"的""者""所"就变成指称形式"VP 的""VP 者""所 VP"等。

张斌(1998)指出:"人类认识客观事物,从感觉开始,逐步形成概念,然后加以命名,这就是指称。"陆俭明(1993)则提出:"语言表达基本上取两种形态:指称形态(designation)和陈述形态(assertion)。指称就是所指,陈述就是所谓。"按照陆先生的论述,指称是所指,主要表示名词与所指对象的关系,陈述是所谓,是断言,一般是用来表示命题的意义。

马庆株(1995)从句法角度研究指称与陈述问题,他指出:"一个词具有指称功能还是具有陈述功能,与它的语法意义密切相关。词的某些范畴性语义成分规定了词的语法功能和语用功能。因此,这些范畴性语义成分可以称作指称义或陈述义。"由此可见,虽然句法性质不同,谓词性成分可以有指称性,名词性成分可以有陈述性。张斌(2014)也指出,"最适宜于表达指称的是名词或名词性语言单位,最适宜于表达陈述的是动词或动词性语言单位"。"最适宜"说明是其主要功能,自然也可以有其他功能,即名词或名词性语言单位具有陈述性,动词或动词性语言单位具有指称性。袁毓林(2006)提出:"陈述、指称之类概念反映的是符号(包括词语)指谓外部世界中相关对象的方式:如果一个符号指谓的是一个实体,那么说这个符号有指称功能;如果一个符号指谓的是一种动作、行为或关系,那么说这个符号有陈述功能。"

上述学者多数是从对立角度看陈述和指称问题,姚振武(2000)则关注了陈述和指称的兼容性,他认为:"事实上,指称与陈述是二位一体的东西,犹如一张纸的两面。任何指称都要靠陈述来说明,与此相应,任何陈述也都要与一定的指称相联系。"张斌（1998）也提道："在表意时，有指称，不一定有陈述；有陈述，必有指称。"

总体上看，指称和陈述既是语义的，也是语用的。在交际过程中，从信息的角度看，它们分别传递指称性信息和陈述性信息，不同类别的信息量大小影响它们进入话语时的某方面的能力大小。

（二）已知信息与新信息

在交际过程中，言者总是想告诉别人某些信息，或者在他看来有新的内容，这新的内容就是新信息。布拉格学派最初把与"新信息"对应的信息称作"旧信息"，Halliday（1970）认为"旧信息"改为"已知信息"比较好，因为从篇章角度看，"旧"意味着这个信息已经在某处出现过了，但这个信息可以是用蕴含的形式出现，也可以存在于情景语境或文化语境之中（胡壮麟，1994：165）。

一般看来，已知信息指的是发话者认为受话者可以复原的（recoverable）的信息，即上文提及过的事物、处于语境中的事物以及正在谈论中的事物；新信息指的是发话者认为受话者不可复原的信息，即上文未提及过的事物或意想不到的事物（不管上文是否提及过）。

Chafe（1994：53）认为应该把信息状态建立在激活（activation）的基础之上，把已知信息界定为"已经是活性的信息"，意思是已经激活的信息，新信息界定为"原来是非活性信息"，即原来没有激活的信息。还增加了第三种信息："原来是半活性的信息"（Chafe，1987：22），并把从半活性状态中激活的信息称为可及信息（accessibility information）。这样，信息就可处于三种不同的激活状态：活性的、半活性的和非活性的。

可及信息是从激活的状态看的，如果换一个角度，从激活的难易程度看，有些信息，虽然在谈话的当前状态尚未建立起来相关的概念，但受话人可以通过背景知识推知它的所指，即可以在言谈的过程中容易被激活，可以称为易推信息（accessible information）（方梅，2005）。

每一类信息又可以进行更详细的划分，如新信息又可分为全新信息和未使用的信息，未使用的信息是听者的背景知识，但在说话时未被激活，因而不在听者的意识中。如：

(3) A. 谁来了？
　　 B. 小兰。

A. 哪个小兰？
B. 去年春节来过的那个小姑娘。
A. 哦，想起来了。

例（3）中，"小兰"是一个存储在 A 意识中的一个信息，但一开始没有被激活，经提醒激活了这个信息。

全新信息仍有程度差异，分为与其他已知信息相联系的依附全新信息，和与其他已知信息无任何联系的无依附全新信息。前者有可能预测或部分预测，但后者是不可能预测的。

我国学者也在已有研究的基础上提出了关于信息的分类。如朱永生（1990）认为，主位中信息为四种：无信息、已知信息、已知信息+新信息、新信息。徐盛桓（1996）认为，确定信息状态的依据是交际当时所发生的文本和当前事件的范围。他提出，一个信息单位中包含五种基本的信息类型：零位信息、已知信息、相关信息、已知信息+新信息、新信息，其中零位信息本身没有多大的信息量，在信息结构中只起引导作用，让人们注意到一个即将来临的信息的出现；相关信息类似于 Prince（1981）的可推知信息；已知信息+新信息表示混合信息（参见徐盛桓，1996）。

（三）前景信息与背景信息

前景和背景是篇章语法研究中引入的两个重要概念。一般来说，在一个叙事语篇中，有一些句子传递的信息是事件的主线或主干，一般把这种构成主线或主干句子的语言形式传递的信息叫作前景信息。把句子当中为其他成分提供参照的成分称为"背景"，包括句子当中表示动作起因、方式、发生时间、发生地点等要素。根据"背景"所提供的参照信息而确立的时间、处所、结局等情状称为"前景"，包括动作结果、终结后的时间、地点等。"背景"往往是前景的前提条件，是为前景所做的铺垫；前景则是背景的延伸和结局（Thompson，1987；屈承熹，2006；陈忠，2006）。

屈承熹（2006：171）指出：背景（屈文中称作"后景"，本书中均写作"背景"）和前景是与已知信息和新信息相关的另一对概念，它们主要表现小句之间的关系，涉及的是事件或情景之间的联系，背景是构建未知事件和未知情景（前景）的基础，前景表达的是言者叙述的重点，是凸显的部分。

从范围看，已知信息/新信息适用于短语层面，前景/背景主要表现小句之间的关系（屈承熹，2006：170），但前景/背景跟信息状况有很大的相关性。背景资料往往表示已知信息，前景资料表示新信息。所以它们一般情况下存在着如下的对应关系：背景是已知信息，前景是新信息。

但是这种对应情况也存在例外情况。屈承熹（2006：170）指出：尽管信息状况和信息值之间的关系密切，但是承载已知信息的某一成分常可以放到一个特定位置，以提高其信息值。那么，承载未知信息的成分同样有可能放到一个特定的结构里而变成背景，已知信息也可能成为前景信息，所以在语言中也存在着这样的对应情况：背景不是已知信息，前景不是新信息。

（四）预期及相关信息

研究者们关注到，同样的新信息，在不同的交际语境中，相对于不同的言谈参与者来说，其信息地位可能是不相同的。从言谈事件参与者的预期（expectation）这个角度说，话语中语言成分所传达的信息可以分为"预期信息""反预期信息"和"中性信息"三类。（Dahl，2000；吴福祥，2004），即对于一个新信息，言谈参与者没有预期的，是中性信息；有预期的，是预期信息；新信息与预期相反的，是反预期信息。齐沪扬、胡建锋（2006）在此基础上进一步细化分类，他们根据有没有预期，将新信息分成有预期信息和无预期信息；对于有预期信息，再区分有量预期和无量预期，将新信息的量高于预期量的称作超预期量信息，低于预期量的称作负预期量信息。胡建锋（2007）将反预期信息、超预期量信息和负预期量信息统称为非预期信息。

（五）客观信息与主观信息

Fillmore（1968）提出，S（sentence）= M（modality）+P（proposition），即句子=情态+命题，S 代表句子的全部信息，M 代表与言者有关的主观信息，P 代表与言者无关的客观信息。如"他应该去"一句，M=应该，P=他去。所以在表达过程中，既传递客观信息，又常常同时传递主观看法。

近年来，研究者非常关注语言的主观性的研究。所谓"主观性"（subjectivity）是指语言的这样一种特性，即在话语中多多少少含有言者"自我"的表现成分。也就是说，言者在说出一段话的同时表明自己对这段话的立场、态度和感情，从而在话语中留下自我的印记（Lyons，1977；沈家煊，2001）。关于主观性的研究，较多地集中在三个方面，即言者的视角、情感和认识方面（参见沈家煊，2001）。

关于主客观信息研究比较集中的还有一个方面是关于量的研究。人们要认知客观世界，就要对客观世界进行描述，事物、事件、形状等无不包含有"量"的因素，这就是客观量。比如事件含有动作量和时间量，性状含有量级等因素。客观世界的"量"范畴投射到语言中，就形成了语言世界的"量"范畴（李宇明 1997）。客观量的各个次范畴，如长度、质量、时间等，可分别用米、千克、秒等来描述。如：

（4）他买了 5 千克苹果。
（5）一节课 45 分钟。

例（4）客观地叙述了"他"买了"5 千克"苹果，例（5）表示一节课的时间是 45 分钟，这里的"5 千克""45 分钟"就是一个客观量。

较早关注量的主观性的是施关淦（1988），他说："时间副词'就'一般不能单独表示时间，也不表示一定的时量。它只表示言者对于在某时发生了某事，或将于某时发生某事，在时间方面的一种主观的看法。"比较明确提出主观量的是陈小荷，他（1994）提出：主观量就是客观世界的量范畴在语言中的一种表现，是一种含有言者主观评价的量，主观量与客观量的区别在于是否同时含有对量的大小的主观评价意义。他举的例子是：

（6）a. 三天。
　　 b. 都三天了。
　　 c. 才三天。

例（6）a 表示的是客观量，例（6）b、例（6）c 表示的是主观量，"都三天了。"表示言者认为"三天时间长"，"才三天"则是认为"三天时间短"。李宇明（1997）认为"含有言者的主观评价因素"的量就是主观量。

二　信息类别与编码

(一) 语言的编码

在语言交际过程中，发话者不但要使语篇具有一定的信息量（informativeness），而且还要使信息具有最佳的可及性，这是因为在语篇信息流的推进过程中，信息的编排一方面要受到交际目的的制约，即语篇要传递一定的信息，另一方面又受到交际者认知局限性的制约，即信息的编排要符合人类的一般认知规律，以便使受话者以较小的认知努力获取信息（苗兴伟，1997）。

Prince（1986）指出："话语中的信息并非简单地对应一组没有结构的命题；相反，言者似乎是在组织言语，通常或总是为了使想要传达的信息的结构符合对听话人的看法：听话人应该知道什么、在想什么。"（陈虎，2003）而已知信息和未知信息的传递从语言的各个平面（如音和调、词和句等平面）影响着结构的选择（何自然，1981），由此可见，信息的类别影响着编码的形式。

(二) 信息类别与信息的编码

1. 指称性信息、陈述性信息及其编码

关于指称的研究，多数是从指称性强弱本身进行的研究。钟小勇（2011）指出："语义指称主要探讨语言形式与外部或概念世界的实体之间的关系。""话语指称跟名词性成分所指称的实体在话语主题组织中的重要性有关，如果该实体言者认为不重要或不太重要，则它是话语无指的；如果该实体言者认为很重要或相对重要，则它是话语有指的。"从篇章组织角度看，主要研究的是话语指称，有的学者从具体语境中指称性信息和陈述性信息的强弱与其在编码时的自由度等方面进行考察。如张斌（2014）指出，"定指是说话人认为对方了解所指。不定指包括实指与虚指，不定指的实指是说话人自己知道所指，但认为对方并不知道。虚指即泛指，指不确定的人或事物，含有任何的意思。"张先生通过具体例子分析后，指出，"名词充当主语，属于定指，充当宾语倾向于不定指（有些情况可以是定指）；充当修饰语属于无指"。从信息配置的角度看，相对来说，则是定指的成分做主语的能力强，不定指成分做宾语的能力强，无指的成分做修饰语的能力强。

周国光（2004）认为主语、宾语的位置同指称功能相对应。以指称为基本表达功能的体词和体词性短语经常出现在主语和宾语的位置上。以陈述为基本表达功能的谓词处于主语、宾语的位置上的时候，其表达功能可能（不是必然）发生一定的变化，由陈述变化为指称。

马庆株（1991）讨论了汉语体词的顺序范畴，发现含顺序义的名词与一般名词不同，后能加"了"，能够充当谓语，前可以加时间副词和范围副词，也就是具有顺序义的名词可以具有陈述性，具有陈述性信息量。

汉语中关于完句成分的研究也是与陈述性相关的，如贺阳（1994）、黄南松（1994）、孔令达（1994）、金庭恩（1999）、司红霞（2003）等都从陈述性的角度研究过句子的自足性，他们的研究，有相同之处，也有不同之处。总的来看，就是增加一些语言成分，从而增加了句子的陈述性信息量（当然也有其他的影响因素），使原来不能独立运用的句子变成可以独立运用的句子。周国光（2004）比较详细讨论了名词性谓语句、形容词谓语句和动词谓语句的陈述功能，实际上是具体描写了不同类别的句法单位进入谓语位置的条件和范围。

2. 已知信息与新信息及编码

吕叔湘（1946）提到："由'熟'而及'生'是我们说话的一般的趋势……已知的先浮现，新知的跟着来。"并认为以此分析主语和谓语"不能说是纯粹机械主义，实在也同时遵从某一种心理的指示"。吕先生虽然没有明确地从具体的信息的类别角度说明语言的语序问题，但"已知""新知""心理的指示"已经明显让我们感觉到他在思考信息类别对语言编码的影响。

(1)"主位"和"述位"

布拉格学派就是从信息的类别来研究句子的，其创始人马泰休斯（Mathesius）（1939）提出了句子实际切分的思想。他所提出的句子的"实际切分"不同于句子的形式切分，句子的形式切分是从语法角度进行的切分，切分出来的是语法结构，而"实际切分"的研究对象就是句子的信息结构。他提出一个句子可以划分为"主位（theme）"和"述位（rheme）"，其中主位表达已知信息，述位表达新信息。

Firbas（1971）认为话语的各个部分的交际价值是不同的，提出了"交际动态"这个术语。从语境制约角度看，信息可分成"语境依赖"（context dependent）和"语境独立"（context independent）两类。已知信息是依赖语境的，可以从前面的语境中或社会共享的知识中找出来，交际价值就比较低，因为它对交际发展的贡献比较小。相反，如果表达的是新的未知的信息，是"语境独立"的，不能够从交际的语境中推导出来，它的交际价值就比较高。

Halliday 继承和发展了布拉格学派的功能句子观思想。他（1967）使用了"信息结构"一词。他认为，言者通过主位—述位结构把交际行为组织成一个信息块（信息单位）的序列，并确定每个信息块中的各个成分在话语推进中的值。他还认为言者有权决定如何对话语的信息进行编码，"他有自由决定一个信息单位从什么地方开始，又在什么地方结束，并且有权处理其内部结构"。

Halliday 从功能角度为传统主语赋予了"主位"（theme）"主语"（subject）和"施事"（actor）三个功能标记名称；接着对"主位"作下位分类，将其分为"简单主位"和"多重性主位"，"多重性主位"又分为"语篇主位""人际主位"和"话题主位"，其中"话题主位"是"主位"的一个组成部分。Halliday 将主述结构视为信息结构，这与马泰休斯"功能句子观"有较大区别，但他对"主位"的深入研究将话题研究推进了一大步（参见彭吉军，2012）。

（2）话题

由于主位和述位主要以句法位置作为标准进行判断，有些主位明显与语感不一致，学者们又提出了话题和述题的概念。赵元任（1968）认为汉语的主语可以被看作是话题，同时由于主语或者话题是"出发点"，是句子其他部分所谈的内容，所以在句子中一定是最前面的那部分，因而在确定汉语主语时应主要依据位置先后。汤廷池（1978）比较了汉语的话题和主语，认为话题有以下特点：①谓语动词不能决定话题；②不兼做主语的话题不能把句中所指相同的名词改为代词、反身代名词，或整个加以删略；③话题常出现于句首；④有些话题不与句子中的任何成分发生句法上的关系；⑤其前常可以加上"关于""至于""说到"等；⑥话题与主语存在多种语义关系。

朱德熙（1985）认为一句话的话题是言者最想要表达的事情，就把这个话题放在句子最显眼的位置，也就是句首，之后可能会有说明的部分来对话题进行陈述，但他也认为话题这一概念本身缺乏明确的定义。陆俭明（1986）、胡裕树和范晓（1985）、曹逢甫（1995）、石毓智（2001）、徐杰（2003）等，都对话题的定义或判定等进行了比较全面的研究。

与上述学者有所不同的是徐烈炯、刘丹青，他们（2007）把话题看作一个句法概念，认为汉语的话题可以是一个句法位置上的句子成分，同时他们还以要素为线索来分析汉语话题的定义。

（3）焦点

20世纪50年代以后，新布拉格学派兴起，在语言信息结构的分析问题上提出了按话题——焦点进行切分的主张。该学派提出，句子成分可以按照信息状态切分为话题和焦点两部分，其中受语境约束的（contextually bounded）是话题，不受语境约束的（contextually free）则为焦点。

Halliday（1967）把焦点看作是述题的一部分。焦点是言者最想让听者注意的部分。新信息是未知信息，而新信息的重点通常成为焦点。

当然，焦点到底是指什么，语言学界存在不同的看法。如Rochemont（1986）认为"句子当中与给定话语语境中新信息相当的那一部分"就是句子的焦点。

具体地看，在句子内部，与句子的其余部分相比，焦点往往是言者赋予信息强度最高的部分，因此焦点可以起到明显的"突出"的作用。在话语中，焦点可以因对比而显现，包括与上下文的某个部分相对或与语境以及言者心目中的某个形象相对比。前者在一个句子的末尾部分，一般称作常规焦点；后者可以在句子中的任何位置，一般称作对比焦点（方梅，1995）。另外，Gundel（1999）把焦点分为三种：心理焦点、语义焦点和对比焦点。徐烈炯等（2007）把焦点分为自然焦点、对比焦点、话题焦点；潘建华（2000）则认为句子的焦点隶属于语用范畴，是一个话语性质的概念，句子只有对比焦点，没有句尾焦点。

关于焦点的配置对所在句子表达的意思的影响问题，袁毓林（2003）指出：焦点结构反映了句子中信息的包装方式，因而对句子的语义解释会产生直接的影响。表现为表层结构相同的句子，因为焦点结构的不同而具有不同的命题意义、陈述意义，或不同的预设意义，或不同的会话含义。这方面的研究，主要是有关标记的，如方梅（1995）认为"是（……的）""连"是对比焦点标记等。还有学者具体研究了"把""有""给"等焦点标记。

3. 前景信息与背景信息与编码

在两个及以上小句——语篇中，信息的编码也有一定的规律：背景信息→前景信息，也就是一般的语序都是先说背景信息，再说前景信息。

Osgood（1980）区分出自然语言的两种语序：自然语序和特异语序。自然语序立足于概念，特异语序则负载着言者的兴趣、心绪、焦点，等等。比如，"Because John went walking in the freezing rain he caught cold"是自然语序，"John caught cold because he went walking in the freezing rain"则是特异语序（引自戴浩一，1988）。所以，一般情况下，从背景信息到前景信息是自然语序。有时，为了满足表达的需求，也可能先说前景信息，再补充背景信息，就是特异语序，但是这时候常常会用特定的标记词或其他的语言手段等。

时间信息也影响句子的前景/背景，在时间轴上，前景行为一般有终止点而背景行为没有终止点。沈家煊（1995）指出，有内在终止点的有界动作叫"事件"，没有内在终止点的无界动作叫"活动"，前景相当于"事件"，背景相当于"活动"（参见李晋霞，2017）。

近年来，如何背景化相关信息也有一些具体的研究，比如方梅（2008）认为背景化从本质上说就是以句法上的低范畴等级形式将背景信息进行包装，并指出汉语中的小句主语零形反指和描写性关系从句这两种句法形式就是由背景化需求驱动的句法降级。陈满华（2010）具体讨论了由背景化触发的非反指零形主语小句，并指出这类小句是背景化带来的小句的句法降级的结果。这两项研究都认为句法降级是背景化的手段之一，这也与屈承熹（2006）认为背景表达三种语用关系相一致的，他认为背景信息常常具有如下语用功能：

第一，事件线索，包括事件顺序。如：

（7）他打开门，走了进来。
（8）打开了门，他走了进来。

例（7）和例（8）的主要区别在于主语的隐现不同，例（7）中，前句主语出现，前后小句的信息地位相同，而例（8）中，前句主语未出现，前句是背景句，后句为前景句，前句为后句提供事件线索。

第二，构建下一个事件或情景的基础。如：

（9）拍拍身上的灰，他走了出来。

例（9）中，"拍拍身上的灰"是"走了出来"前的动作，是下一个事件的基础。

第三，降低权重，以便使其他事件或情景突显出来。如：

(10) 我知道的主要就是这些。

句法降级的后果就是降低小句的信息地位，使其失去独立性，具有依附性。例（10）中，"我知道"是一个主谓结构，但是在句子中加"的"后，变成了一个句子的主语，从小句变成了句子成分，也使得整个结构在句子中的信息地位下降。另外，表示依附性的关联词语如"因为""既然""如果"等都可以降低小句的句法等级。

关于如何从句法语义等角度研究背景/前景问题，Paul J. Hopper 和 Sandra A. Thompson（1980）讨论了及物性的特征与前景、背景信息的关系，影响及物性的主要因素包括：参与者、行为/动作表达、体、瞬时性、意志性、肯定性、现实性、施事力、对受事的影响、受事的个体性。"高及物性"在上述 10 项特征上的表现分别为：两个或多个参与者、动作动词句、完成、瞬时性、意志性、肯定性、现实性、高施事力、受事全部受影响、受事高度个体化。"低及物性"在上述 10 项特征上的表现则相反，分别为：一个参与者、非动作动词句、非完成、非瞬时性、非意志性、否定性、非现实性、低施事力、受事不受影响、受事非个体化（参见刘云，2017）。前景一般对应"高及物性特征"，背景一般对应一系列低及物性特征（另参见方梅，2005）。

在前景/背景与动词之间的关系方面，李晋霞（2017）在提出"叙事语篇中前景、背景的差异是一个连续统"后，具体考察了狭义的前景、背景与动词的若干语法特征之间的联系，并指出："过程结构是制约动词位于前景抑或背景的潜在因素，界标是决定动词位于前景抑或背景的实现因素。"刘云、李晋霞（2017）还研究了论证语篇的"前景—背景"与汉语复句的使用，并指出："论证语篇的前景是论证结构，论证语篇的背景是非论证结构。论证语篇前景中的复句，其句法语义的典型表现是低及物性；论证语篇背景中的复句则在及物性等级上表现中立。"

4. 预期及相关信息的编码

吴福祥（2004）在讨论"X 不比 Y·Z"的语用功能时提到，在表达过程中，传递的信息量越大，传递信息的形式也就越多，反之亦然。如：

(11) a. 我昨天看了一集电视剧。
   b. 我昨天只看了一集电视剧。
(12) a. 他吃了一个大苹果。
   b. 他竟然吃了一个大苹果。

  例（11）中，b 比 a 多了一个"只"，不仅传递客观信息"昨天看了一集电视剧"，而且传递言者认为"看得少或昨天比平时看得少"等主观意义；例（12）中，两句都传递了"他吃了一个大苹果"的信息，b 句还传递了"没想到"的意思。
  虽然一个新信息的客观信息量是恒定的，但是由于事件参与者的知识状况、所在社会、个人经历、对当前事件的了解程度等情况存在着差异，这个信息在不同的环境中，对不同的对象来说信息地位可能是不相同的，这种差异就是预期造成的。
  吴福祥（2004）提出，在信息量方面：反预期信息>中性信息>预期信息。胡建锋（2007）在此基础上进一步细化各类信息的语言形式等级：
  反预期>负预期量/超预期量>预期量/预期信息/无预期信息
  由于在信息量方面，反预期信息最大，也最受学者们的关注，很多学者研究过反预期信息的配置方式，有些是研究反预期信息的标记，如袁毓林（2008）、刘焱（2009）等；还有些是从结构角度进行研究，如易中正（2014）、宛新政（2016）、邵敬敏和王玲玲（2016）等。
  5. 主观性信息及其编码
  Lyons（1982）认为语言主要通过指示词语、评价副词和情态动词等体现语言的"主观性"：指示词以言者为中心，体现言者的立场或者视角；评价副词负载言者对命题内容的主观评价；情态动词则表达了言者的情感或态度。
  沈家煊（2001）曾经讨论过以下几个句子的区别：

(13) a. 张三打了李四。
   b. 张三打了他的太太。
   c. 李四的丈夫打了她。

d. 李四被张三打了。
  e. 李四被她的丈夫打了。

沈先生指出，从表达的基本意义来说，以上这些句子表达的基本意思是一样的，第一句是陈述客观事实，下面的句子中言者的焦点逐渐从"张三"移向"李四"，对于同一个指称对象，用"他的太太"来代替"李四"，是同情"张三"，而用"李四的丈夫"来代替"张三"则是同情"李四"；后两句用被动式则是同情李四。所以除指称方式外，句式也可以表达主观性。

张斌（1998）曾讨论下面的句子：

(14) a. 孩子着了凉，生病了。
  b. 孩子着了凉，所以生病了。
  c. 孩子着了凉，于是生病了。

虽然例（14）b、例（14）c中的基本小句是一样的，但b中有"所以"，主要表达因果关系，而c中有"于是"，主要表达承接或连贯关系，所以标记词可以凸显主观性。

沈家煊（2015）认为："汉语词类具有很强的主观性，表现在用自身的形态手段重叠和单双音节区分把带有主观性的同类词分出来。""汉语中的名词、动词、形容词，不管是单音节还是双音节，各自重叠后都变为摹状性的词。"重叠等是汉语词类表达主观性的重要手段。

近年来，关于构式表达的主观性也非常受关注。严辰松（2006）认为，构式语法中的意义/功能既是语义信息，也包含焦点、话题、语体风格等语用意义。

汉语的主观量的表达是主观性研究的重点之一，陈小荷（1994）根据主观评价的两个方向将主观量分为两类：评价为大的是主观大量，评价为小的为主观小量。张谊生等（1994）提出："才"的基本语法意义是强调言者的带有倾向性的主观评价，这种评价性可以有"趋大""趋小"两个相反方向，2004年，他又提出了主观评价可以有"增值""减值"两个方向。陈小荷（1994）从这个角度论证了"就""才""都"所表示的主观量方面的意义，如他指出"才"语义前指表示主观大量，语义后指表示主观小量，如"三小时才做完"中"三小时"表示主观大量，"才三小时"中"三小时"表示主观小量。而刘承峰（2014）提出，"量"是存在于人们意识之外的客观存在，大小与交际者的主观性无关，他认为，量的主观性是一种关系意义，应是基于"单位比较基点"所对应的"现实比较量"与"潜在比较量"之间的对比，言者对出现偏移情况的主观评价。以上两种思路，第一种主要研究表达主观量的标记词的标记意义；第二种是先有对比，再选择表达"偏移"的表达方式。

主观化研究也是一个重要方面，Traugott（1989）认为，广义上说，主观化过程就是语言中表达言者的主观信念和态度的形式和结构逐渐变为某种可识别的语法成分的过程。沈家煊（1995）认为主观化既可以指语言结构的共时变异，即一个时期的言者采用什么样的结构和形式来表现主观性；也可以指语言的历时演变，即表现主观性的结构或形式是如何经历不同时期或阶段演变而来的。

总体来看，汉语中表达主观性的手段很多，有语序、虚词（标记词）、实词的重叠、构式（格式）义等，言者可以根据表达的需要选择相应的形式进行表达。这些表达方式的主观性的来源也是很受关注的一个方面。

（三）无标记语序和有标记语序

Mathesius认为，符合"主位—述位"的语序的句子是没有感情色彩的、无标记的句子，反之则是有感情色彩的、有标记的句子（钱军，1998：294）。他对此进行了解释：主位—述位序列，言者从已知出发，进展到新的内容，是客观序列，一般用在不带感情的叙述里；而述位—主位序列中，言者首先说出他所要说的话语的新成分，而后才说出已知成分，这种序列反映出言者主要考虑的是自身感情的表达，所以是主观序列，一般用在感情强烈的叙述里。鞠玉梅（2003）曾讨论以下几个句子：

(15) a. John beat Mary.
　　　b. Mary was beaten by John.
　　　c. It was John who beat Mary.
　　　d. It was Mary who was beaten by John.
　　　e. What John did was beat Mary.
　　　f. Mary, John beat her.

从命题意义角度看,以上 6 个句子没有区别,传递的客观信息相同。但由于使用了不同的主、述位,句子信息的侧重点是不同的。a 句使用了无标记主位,b—f 句均为有标记主位,而且,标记程度越来越强(鞠玉梅,2003)。Alice Davidson(1980)认为:"结构标记性越强,话语越有可能意图传递隐含的意义。"她提出把主动形式作为陈述句的无标记形式,那么被动形式则有可能传达一种幽默或贬义的意味。

第四节 信息量及相关研究

一 什么是信息量

Grice(1967/1975)提出会话过程中要遵守"合作原则",其中的第一条就是"适量准则",它包括两个方面:(1)使自己所说的话达到所要求的详尽程度,即传递的信息量要充足;(2)不能使自己所说的话比所要求的更详尽,即传递的信息量不要过多。所以"适量准则"实际上就是提供的信息既不能不足量,也不能过量。那么什么是信息量呢?

信息论(Shannon,1948)把信息量定义为不确定性的减少或消除程度。这种程度表示一种可能性或概率,跟概率成反比。概率越大,不确定性程度越低,信息量越小;反之,信息量就越大。概率经转换计算后可表示为一个以比特(bit)为单位的数量。如概率为 10% 的信息,其信息量为 3.32 比特;而 90% 的概率只等于 0.15 比特的信息量(参见桂诗春,1991:199)。

语言的信息量与可能性相关,比如"王强"和"我们班的王强",后者传递的信息量比前者大,是因为在中国,可能有很多"王强",但在"我们班",只有一个"王强",所以"我们班的王强"确定性强。从提供信息的角度看,问"下周周几走?"和"下个月几号走",回答分别是"周三"和"1 号",如果单纯从回答看,前者提供的信息量比后者小,因为"周几"的可能选择是 7 个,而一个月中的时间有 30 个左右的选项,后者的不确定性程度高,确定不确定性程度高的成分提供的信息量要大。之所以在这个问答中一般感觉不到提供信息量的差异,是因为问话人可能对这个时间的确定性不同,前者确定性高一些(知道是下周的某一天),后者确定性低一些(知道是下个月),即问话人对这件事的认知状况弥补了信息量的差异。

二 关于线性的信息流

Givon（1984：491）把语篇看作是信息的混成物（hybrid）或折中物（compromise），即语篇信息流是由新信息和已知信息构成的。在语篇的信息链中，每一个命题一般都添加一定的新信息，从而使语篇在信息上既不冗余也不会使所有的信息都是全新的（参见苗兴伟，2003）。所以在线性方向上，不同的信息类别的排列有一定的规律，制约着语言的具体编码形式。

对一个陈述形式而言，无标记模式是从已知信息流向新信息。主语以已知信息为常，宾语以新信息为常。Bolinger（1952）把这种倾向概括为线性增量原则。线性增量原则是指，说话的自然顺序要从已知信息说到新信息。随着句子推进，线性顺序靠后的成分比靠前的成分提供更多的新信息。沈家煊（1999）曾举例加以具体地说明：

（16）他 已经 写了 几首 交响乐曲。
（17）a. What about Peter?
　　　b. He has flown to Paris.

沈先生指出，例（16）中，随着句子由左向右移动，句子成分负载的意义越来越重要。例（17）中，b 的交际目的是说明 Peter 飞往的地方，就实现这个目的而言，"He" 的贡献最小，"to Paris" 贡献最大，"has flown" 贡献居中。

汉语的研究中，虽然较少有直接用所谓的"线性信息流"相关概念来解释汉语的语言事实，但仍然有很多学者按照这一思路进行研究的。如陆俭明（1985）提出"父亲的父亲的父亲"是该分析为（A）还是（B）的问题：

（A）［（父亲的父亲）］的［父亲］
（B）［父亲的］［父亲的父亲］

因为"父亲的父亲"在意思上跟"祖父"相等，如果用"祖父"替代上述［父亲的父亲］，则 A =［祖父的］［父亲］，B =［父亲的］［祖父］，似乎两者都可以。但陆先生在经过细致的分析之后，指出："父亲的父亲的父亲"按（A）分析才是合理的。之所以如此，陆先生认为（B）中的［父亲的父亲］在原结构中不是一个语法单位，我们理解是因为这里的第一个"父亲"不能提供准确的信息，也就是不确定是"谁"的父亲。陆先生最后提出：一个包含多项名词的表示领属关系的名词性偏正结构，如果每每相邻的两项名词之间总发生领属关系，那么这个偏正结构的内部层次构造，如果从大到小切分，一定是左向的。如：［（鲁镇的酒店）的］［格局］。

这里左向的切分也是符合线性信息流的，因为在 A 中"父亲的父亲"中，父亲是已知信息，可以推导出"父亲的父亲"是什么人，再推出"［（父亲的父亲）］的［父亲］"是谁。而 B 中，陆先生之所以认为"父亲的父亲"不是一个语法单位，是因为其没有遵循线性增量原则：从一个已知信息到一个不可推导的信息。

三　信息量与语言的编码

袁毓林（1999）从信息量和认知处理策略角度来解释汉语中多项定语的排列顺序。他首先从语义聚合角度描写定语的排序规则：对立项少的定语>对立项多的定语，再从信息论角度进行解释，得出新的规则：信息量小的定语>信息量大的定语。最后从信息加工难度和认知处理策略角度进行解释，得出更为概括的语序规则：容易加工的成分>不易加工的成分。从袁先生提出的三个排序的规则来看，都可以看到信息线性增量的痕迹，即信息量小的在前，如"对立项小的"与"对立项多的"、"信息量小"与"信息量大"、"容易加工"与"不易加工"三组对立，实际上核心在于信息量的大小，因为从"对立项少"的选项中确定选项比"对立项多的"信息量要小，而信息量小的语言形式更容易加工。

陆先生和袁先生虽然是主要从语法的认知角度进行的研究，但其研究的结论证明汉语的语序在线性序列上也是遵循增量的原则的。

从言者的角度说，为了使听者关注重要的内容，在处理已知信息（即言者认为听者已知的信息）与处理新信息（即言者认为听者未知的信息）的时候会采用不同的编码方式。一般来说，言者认为听者已知的信息，编码方式简单；言者认为听者未知的信息，编码方式繁复（方梅，2005）。所以言者处理信息的编码时，信息量越小，使用的语言形式越少；反之，信息量越大，使用的语言形式越多。

在这一方面，有很多学者进行过研究，如 Yulong Xu（1995）曾研究汉语的回指问题，他把指称表达形式（referring expresses）分成三类：高易推性标记（high accessibility markers）、中易推性标记（intermediate accessibility markers）和低易推性标记（low accessibility markers）。易推程度越高，标记越简单，如零形代词是高易推行标记，而代词和指示名词性短语充当宾语时，它们的所指对象是属于中易推性标记。如上所述，从信息量角度看，一个信息的易推程度越高，信息量越小；易推程度越低，信息量越大。所以高易推信息标记简单，低易推信息标记相对复杂。聂仁发（2009）认为主语形式的选择受到不同形式的信息特征的制约，从信息量上看，名词>代词>零形式；从语境依赖度来看，零形式>代词>名词。三种形式的使用既遵循梯度原则也遵循轻量原则。

四 词语的信息量

在人类的语言交际中，篇章要具有一定的信息量。任何一个合格的篇章或多或少都具有信息量，无论其形式或内容具有多么高的可预测性，在篇章所表述的事件中，总是会有一些不可完全预见的变量，否则，如果信息性过低，会使受话者感到乏味甚至不可接受。

张斌（1998）指出：每个命题包括两个部分，一是指称，二是陈述。常见的句子，大都既有指称，又有陈述。如果只出现指称，提供的信息量显然不够，通常由语境（包括上下文）加以补充。如：

（18）钱！

离开了语境，这个独词句的含义很不明确。可以理解为忽然发现了钱，可以理解为向别人索取钱，还可以理解为把钱交给别人等。所以在表达过程中，如果交际双方都遵从合作原则，那么如果说出的言语明显信息量不足，就需要根据语境从其他方面来解读这些言语。

陶振民（2003）指出，词语作为信息的载体，在不同环境中传递着不同的信息，在不同的结构中承载着不同的语义。语言环境不同，导致词语表达出不同语义信息。他列举了"妈妈"的使用情况说明如下：

一个孩子在不同的环境条件下，都可以用"妈妈！"：

1）进门时的招呼；2）与母亲不期而遇或重逢时的惊喜；3）遇到意

外的惊叫；4）身陷险境的呼救；5）向走远的身影的呼唤（"再见"或"快回"）；6）对妈妈的埋怨；7）对发生事情的指证；8）向妈妈撒娇；9）对妈妈央求；10）对妈妈提醒；11）对妈妈进行催促；12）对母亲点破自己的隐私的嗔怪。

陶先生指出："在不同的环境中，妈妈听到这一个词语时，推理其意义的难易程度是不一样的，这说明同样的词语传递的信息量可能不同。"

五　句子的意思与句子传递的信息

之所以出现上述的现象，是因为词语（或小句）的意义不同于信息。陆俭明（2014）指出：句子传递的信息≠句子的意思，比如"都七点了"，句子的意思是"现在已经七点了"，但它在不同语境中传递的信息可能是不一样的：也许是催促起床的信息；也许是催促上班的信息；也许是催促食堂开饭的信息；也许是催促会议快结束的信息……所以无论上文提到的是词语（实际上上文提到的"妈妈"也是小句）还是一个小句，其传递的信息量都是由具体的语境决定的。

所以不能把信息与意义混淆起来，两者之间具有很大的差别。Lambrecht（1994）认为，句子的意义是句子的内部语言成分之间相互作用的结果，并且是保持稳定的，而句子的信息价值决定于交际者的认知状态。因此，意义和信息是两个不同的概念。在意义方面，语用学理论认为，话语具有两种意义：命题意义和语用含义。命题意义是指话语的字面意思，而语用含义则表达话语的隐含意义或"言外之意"。一个句子的命题意义所包含的信息价值，取决于该意义能否改变受话者的世界知识的心理表征（mental representation）。同一个句子所表达的命题意义是相对稳定的，但其信息价值则随受话者拥有的知识的多少而改变。另一方面，深层结构相同但表层结构不同的句子具有相同的信息（吕公礼，2004）。

概括起来，信息与意义性质上存在以下差别：（1）信息具有关联与不关联的区别；信息具有真实与虚假的区别；信息有已知与未知、多与少的区别。（2）意义有有意义与无意义之别；意义有显义与隐含义之别（吕公礼，2004）。

六　信息修正

修正是指在会话中讲话者或聆听者碰到不合规范的话、无意误用的语言形式或发生误解时加以改正。它是会话分析中的术语，包括自我修正和他人修正两种形式（王宗炎，1988）。

会话分析由美国社会学家 Harvey Sacks, Emanuel Scheglcff 和 Gail Jefferson 开创。1977 年，Schegloff, Jefferson 和 Sacks 建议用"修正"代替"纠正"，因为"修正"的对象不一定是错误，有些错误可能不能得到修正，而有些不是错误的地方却被修正了。所以修正的对象包括除了真正的错误以外的几乎所有需要继续处理的"偏差"，如消除误解、澄清误听、搜索词语等，所以修正方式也是信息配置方式关注的问题之一。

根据 Schegloff（1979），修正启动的形式有多种，按照是自己还是他人启动或完成修正来分，修正可分为4种：自我启动自我修正、他人启动自我修正、自我启动他人修正及他人启动他人修正。就自我启动修正而言，有词汇启动和非词汇启动两种。前者指诸如 no, sorry, how to say, let me see, you know 等表明修正正在启动的话语，后者则更为普遍。

我国的会话修正研究开始于二十世纪八九十年代，最早提及会话修正的是何自然（1988）。其后李悦娥（1996）、姜望琪和李梅（2003）、马文（2004）、陈永超（2006）等都做过专门的研究。

第五节 本书研究的相关问题

一 研究思路

以篇章信息配置的思考过程作为线索，主要对以下方面进行研究：

第一，组构篇章，首先必须确定篇章内容的"相关性"，这个相关性的内容一般在篇章的最前面或者前面的相关位置，是"主语"或者"话题"，多数为体词性的，也可能是谓词性的，即具有指称性的特点，所以指称性信息的配置问题是篇章信息配置首先要考虑的问题。

第二，主语或"话题"确定以后，如何配置陈述性信息，是篇章组织需要考虑的第二个问题。

第三，言者根据交际意图的需要，选择将最需要传递的信息配置为前景信息，为了传递的准确性和明晰性，会配置相关的信息作为铺垫或作为补充，就是背景信息。与陈述性信息不同，这个角度主要是考虑配置不同小句的相关信息。

第四，从认知状态看，同样的新信息对于不同的言语参与者可能信息量不同，非预期信息信息量相对较大，在传递这一信息时常常用具体的语言手段加以凸显。

第五，言者在说出言语的同时，不仅仅传递客观信息，还常常传递对这个客观信息的主观看法，比如视角、评价、态度等，这些都有特定的语言手段来表达。

第六，交际过程中传递错误或不准确的信息，自己或对方可能予以修正，修正的方式的选择也是篇章信息配置的一个重要的方面。

二 主要内容

根据以上的视角，考察相关信息的配置方式问题，主要内容如下。

第一，从指称性和陈述性角度来考察信息配置的选择性问题。在现代汉语中，谓词可以做主语，体词可以做谓语，如何对这一现象进行解释，一直是语言研究的热点。本研究不纠结这些语言成分的句法性质问题，即到底属于何种性质，而是从信息配置的角度进行研究。总的思路是，一个语言成分，指称性越强，做主语的能力也可能越强；指称性越弱，做主语的能力可能也越弱。体现在信息配置过程中就是，指称性越强，进入篇章越自由；指称性越弱的成分进入篇章，受限越多。具体考察不同语言成分进入主语的情况，以及对谓语的选择性。对不同类型的语言成分做主语情况做更加具体、细致的考察。另外，在篇章组织过程中，对于具有同指功能相关成分的选择也是有规律的。在陈述性信息配置方面，汉语的动词、形容词、名词都有陈述功能，不同的词类以及其内部的小类的陈述性强弱不同，做谓语的自由度也不同。主要探讨增加陈述性信息量的一些语言形式。这一部分主要从语言单位自身的特点研究篇章信息的配置问题。

第二，从背景信息和前景信息的角度来考察表达相关信息的配置问题。同样的信息，对于言者来说意义可能不同，有的可能是为了引出一个主要信息表达出来的，有的是作为主要信息表达出来的，前者是背景信息，后者是前景信息。汉语中有很多的语言手段，可以用来满足言者的准确又简洁传递信息的要求。这一部分主要从言者处理信息的视角出发，研究如何配置相应的表达方式传递相关信息。

第三，从预期角度来考察信息的配置问题。一般情况下，新信息比较容易处理为前景信息。但由于每个人的认知状况有差异，同样的信息，对不同的人来说信息量可能不一样,这种差异也影响篇章信息的配置问题。在已有研究的基础上,对"非预期信息",包括反预期、超预期量和负预期量信息的配置方式进行具体的研究。由于与预期不一致,非预期信息的信息量相对较大,而一个语言成分传递的信息量越大,可能需要使用的语言成分越多,研究这些信息的具体表达形式,更加细致地认识汉语的信息配置特点。这一部分主要从言听双方出发,考虑言谈参与者的认知状况,选择相应的表达方式配置相关信息。

第四,从主观性表达角度考察表达方式的选择性问题。语言的主观性不是主观世界,比如"愿意",可以进入否定用法,不属于主观性。主观性是指不能被否定的用法,比如"也许""大概""总""连"等,如不能说＊"他不也许来"。关于主观性的问题是近年来研究的热点问题,主观性的表达方式很多,涉及词汇、句法、篇章等方面,本书主要研究关联词语、话语标记、礼貌度等。

第五,表达的过程中,表意不准确或者错误的情况是经常出现的,言者或者听者有时可能不会修正,有时会修正,修正就存在选择修正方式的问题,我们也具体研究相关的修正方式。

第六,从共时平面拟测相关的语言形式具有特定表达功能的来源,探究篇章对相关语言形式某些功能的制约以及产生新的功能的影响。

正文主要章节内容如下:

第二—三章　指称性与陈述性信息的配置方式研究

第四—六章　前景信息和背景信息配置方式研究

第七—十一章　非预期信息配置方式研究

第十二—十五章　主观性信息配置方式研究

第十六章　"信息修正"方式研究

三　语料主要来源

本研究的语料主要来源于北京大学中国语言学研究中心的 CCL 语料库和北京语言大学大数据中心和语言教育研究所的 BCC 语料库,来自于这两个语料库的语料,一般不注明出处。

第二章

指称性信息在篇章中的配置方式

陈平(2015)认为研究指称可以从四个不同的角度进行:一是逻辑和哲学的角度,二是语义学的角度,三是语用学的角度,四是话语分析的角度。其中第一个角度是语言哲学研究的领域之一;语义的指称性是指语言中词的指称性,语用的指称性就是言语中特定词语的指称性(王红旗,2015)。王红旗(2007)指出:"语用的指称性在话语中实现的具体指称性质,包括用来指称还是述谓,用来指称的词语是有指的还是无指的。"从话语分析的角度研究指称现象,主要涉及三个方面,一是词语的形式,二是该形式表现的同指称有关的意义,三是发话人在话语环境中使用有关词语的目的(陈平,2015)。比如言者指称一个言听双方都知道的人时不使用可以明确指示这个人的指称形式,而使用不表示确指的"某人"表达,这是为什么呢?其原因、目的、表达效果等可以成为话语分析的对象。

我们所说指称性信息量,是指一个语言成分指称世界中某一事物(可以是具体事物,也可以是抽象事物)的能力大小,指称能力越强,信息量越大,反之则越小。一般情况下,指称主要是名词或名词性成分的功能,但谓词性成分或小句有时也具有指称功能。如 Lehmann(1988)指出,"从整体上说,一个动词非句化程度越高,就越像一个普通名词"。高增霞(2005)也指出:"如果一个小句失去了表达一个具体事件的能力,而只是泛泛地指称一个活动,这个小句就失去了陈述性。在这个过程中,小句的实体性增强,也越来越多地具有和名词一样的句法分布。"

所以,只要一个语言成分能够出现在主宾语的位置上,那么它就具有一定的指称性。指称性的强弱主要体现在做主宾语的自由度方面。张德岁和张国宪(2013)通过考察,指出"谓词性主语的事物性、指称性、使因性一般都高于谓词性宾语,指称性与陈述性的强度是主宾语位置上不同谓词之间在意义上最重要的区别"。由此可见，汉语的主语位置比宾语位置对指称性强弱更加敏感，所以一般能直接进入主语位置的指称性比不能直接进入主语位置的指称性要强一些，而进入主语位置需要的条件越多，则可能指称性信息量相对越小。

第一节　指称性与 NP 出现方式考察

一　关于名词或名词性成分的信息量

前文已经提到很多关于语言信息量的定义。邓杰（2009）把话语信息定义为语言交际过程中可以减少或消除受话人某种不确定性的新内容；相应地，话语信息量则被界定为不确定性的减少或消除程度。聂仁发（2009）曾经提出过判断一个语言成分指称性信息量大小的指标："第一，所指对象越确定，信息量越大；第二，所指对象的确定程度决定于所指范围的大小，范围越小所指越确定，信息量就越大；第三，也可以根据确定所指内容所付出的努力程度来判断，付出努力小，说明提供的信息多，信息量大，反之则小。"

从以上几点可以看出，影响一个语言成分信息量的首先是确定程度，其次是使用的语境，最后是言/听者对这个语言成分及相关信息的了解程度，第一点是由词语本身决定的，但第二、第三点与语境和话语的参与者相关，参与者的情况可能影响对一个语言成分指称性强弱的判断。比如王红旗（2015）曾经"根据是否可以有述谓功能，把七组体词性成分分为以下 A、B 两类"：

指示代　人称代词　指量名词组①专有名词	普通名词　数量名词组　一量名词组
A	B

A 类中，除极少数处在最右端的专有名词外，都只有指称功能，而 B 类可以有指称功能，也可以具有述谓功能。据此他认为，A 类体词性成分的指称性强于 B 类。

王红旗主要从是否具有述谓功能来判断以上成分的指称性强弱，如果考虑到语境等因素，会发现情况会有所不同，从指称性的角度看，代词不

---

① 除引用外，下文中不采用"词组"这个名称，而是称作"短语"。

一定比名词的指称性信息量大，因为名词在使用时可能比代词自由，代词使用一般都需要有具体的所指范围。一般我们认为代词的指称性强于名词，是由于其使用常常有具体的范围，在有限的范围内表现出其指称性强的特点。关于语境与指称性强弱的关系，在有的微小说中体现得比较明显。如：

（1）又是一个夜晚，她和她丈夫大吵一场，以她扇了他一巴掌作为结尾。她一个人闷在房间里哭，这时候，一个电话打来，陌生号码。她想是不是丈夫打过来的，要不要接。最后她接了，里面传来一个女生的声音："喂，请问是李老师吗？"她强忍着不呜咽出声，以平常的声音说话："是。"对方的女生哭了，诉说着自己刚才和父母大吵了一架。由于她是班主任，她耐心地告诉她道理，那一晚，她们聊了很久。明明自己还在伤心着，可因为责任，还是要好好安慰你。

（2）深夜，妻子煮了一碗鸡蛋面等着丈夫归来，劳累了一天的丈夫虽然很饿，但看见憔悴的妻子，怎么也咽不下。于是把蛋夹给妻子，妻子看见劳累的丈夫又怎能忍心吃下，他们开始相互谦让，慢慢发现这样不会有结果，于是把蛋分成两半，把各自的那份夹给对方，在昏暗的灯光中把彼此的心装满。有时候，这才是一种幸福。

（3）S小姐有一本日记，这本日记是一年前的，日记的主人公就是W同学。S小姐本来是想把W同学记满整本日记本，她觉得，这样默默喜欢他也很好呀。但是，时间久了，S小姐放弃了冷冷的W同学，所以她早就不记日记了。S小姐把日记放在箱子的最下面，因为只要看到它就觉得自己很可笑。

以上例子都来自微小说，由于微小说这种特殊的形式，例（1）中的"她"找不到指示的对象，但在这个具体的语境中，"她"的指称功能相当于一个名词；例（2）中，"妻子"是一个普通名词，但在句子中的功能相当于一个专有名词；例（3）中，S大致相当于一个专有名词，但在例句中，其指示功能与例（1）中的代词、例（2）中的普通名词的指称性强弱大致相当。而且在具体的语境中，代词也可以有陈述功能，比如在排值班的时候可以说："今天你，明天我，后天他。"在这种用法中，代词可以看作谓语，似乎也有了陈述性。由此可见，从篇章角度考察一个名词性成分的指称性信息量，还需要考虑是不是有一定的使用范围，比如"指示代词、人称代词、指量名词组"等，这类用法的使用环境本身提供了一些信息量；有些名词性成分如"专有名词、普通名词、数量名短语、一量名词组"等，可以直接体现出自身信息量的大小。

二　指称性信息量与其出现方式的选择性

从篇章角度看，一个名词性语言成分，其指称性信息量越大，其出现的方式就越自由，相反，指称性信息量越小，其出现的方式受到的限制就越多。我们以指人名词为例，考察"专有名词、普通名词、数量名词组、一量名短语"等进入篇章的情况①。出现方式主要有以下几种。

第一，专有名词可以直接出现在主语位置。如：

(4) 秦哥是个爱吹笛的哑巴，他能吹出悠扬又美妙的音乐。只要一吹上口，他可以整天整夜吹个不停。

(5) 诸葛亮是我国历史上一位很了不起的军师。

(6) 少年顾宝是个自认为很聪明的人。

例(4)和例(5)中的"秦哥"和"诸葛亮"都是专有名词，可以直接出现在一个篇章的最前面；例(6)专有名词"顾宝"前出现了表示其身份的"少年"，如果没有出现，直接使用"顾宝"也可以。有的时候，先交代时间、空间等，专有名词再直接出现。如：

(7) 很久很久以前，在大地的北方，有一个终年没有阳光的国度，名叫幽都。巨人夸父就孤单单地住在那里。

例(7)中，"很久很久以前"是时间，"大地的北方"是地点，"夸

---

① 考虑到受读者背景信息状况的影响尽可能小，本部分的例句主要选自于江苏美术出版社出版的《中国童话》，原著文图版权：1981年英文汉声出版股份有限公司。

父"是专有名词。

第二，先有表示时间、地点等的词，引出"一个+NP"。如：

（8）相传汉朝的时候，有一个名叫<u>董永</u>的年轻人，他和父亲相依为命，过着清苦的生活。

（9）<u>从前</u>，在<u>中国南方的一个小镇</u>上，住着一对<u>兄弟</u>，哥哥叫王忠，弟弟叫王孝。

（10）<u>很久很久以前</u>，<u>内蒙古大草原</u>上住着许多<u>蒙古族牧人</u>，其中有一个刚满十五岁的小牧人，名叫托巴。

例（8）中，"汉朝的时候"是表示时间的，"一个"后引出专有名词"董永"；例（9）中"从前"表示时间，"中国南方的一个小镇"表示地点，"住着一对兄弟"，其中"兄弟"是普通名词；例（10）中，"很久很久以前"表示时间，"内蒙古大草原上"表示地点，后面"住着"引出"许多蒙古族牧人"，其中"蒙古族牧人"是普通名词。

有的时候，故事中出现两个或以上相关的人物，也会按一定的顺序出现。如：

（11）<u>从前在东昌县境中</u>住着一个<u>卞老头</u>，他女儿长得十分美丽，脸蛋白里透红，就像抹了胭脂一样，因此邻居就管她叫<u>胭脂</u>，反而把她的本名给忘了。

在这个故事中，出现了"卞老头"和"胭脂"，第一个就是从时空到人物，第二个是从已知人物到新的人物"他女儿"，再到专名"胭脂"。一般情况下，下文马上出现的人物后出现（本文中的"胭脂"）。

第三，先有表示时间、地点等的词，引出一个一般名词，再引出一个专有名词。如：

（12）从前<u>有个布商</u>叫<u>刘世昌</u>，年轻时离开故乡去做绸缎生意，不久发了大财，就想回家乡去奉养父母，让一向穷苦的父母亲过过好日子。

（13）两千多年前的战国时代，齐国<u>有一位贤能的宰相</u>，大家都尊称他为<u>孟尝君</u>。

（14）古时候，科学不发达，人们觉得天空很神秘，也常常觉得很害怕。我国汉朝的时候，却有<u>一个人</u>，他已经了解了许多天空的现象，还制造了好些精密的科学仪器。<u>这个人</u>就是东汉伟大的<u>太空科学家</u>——<u>张衡</u>。

例（12）中，时间（从前）+数量"个"，"有"引出一般名词"布商"，从"布商"引出专有名词"刘世昌"；例（13）中，先出现一般名词"宰相"，后引出专有名词"孟尝君"；例（14）是讲故事常用的手法，先出现的是"一个人"，然后说明这个人的情况，再用"这个人"引出专有名词"张衡"。

第四，从一个听者已知或言者认为听者已知的人物开始说起，引出专有名词。如：

（15）小朋友，昨天没听完<u>鲧</u>盗息壤的故事，今天我们再听听<u>鲧的儿子禹</u>，是用什么方法来继续治水的。

（16）东汉末年，<u>魏王曹操</u>就为这些问题伤过脑筋，最后还是靠他聪明的<u>小儿子曹冲</u>解决的呢！

……

大臣全没了主意，干脆说是山鸡不好。这时，小曹冲跑了出来，他拉拉父亲的衣角，叫着："爹爹——"

例（15）中，"禹"是新信息，是从已知信息"鲧"（前一天听的故事中出现的）说起，从"鲧（的儿子）"到"禹"；例（16）中，是从已知信息"曹操"到他的儿子"曹冲"，都是从已知信息到新信息。有的时候，已知信息出现在定语位置。如：

（17）有一回，<u>老蔡子</u>的几个朋友上他家来看他，还没喊门，听见屋里传出嬉笑的声音，就先从窗口望进屋里。

例（17）中，前面陈述的是"老蔡子"，其在定语位置出现，也可以起到从已知信息引出新信息的作用。有的时候会出现其他定语形式+名词，以增加名词的确定性。如：

(18) 掌管阴间的阎罗王最怕寂寞了，他常常皱着眉头谈起："唉！阴间这么黑暗冷清，假如多找一些人来住，热热闹闹的该多好啊！"

例（18）中，名词"阎罗王"加上定语"掌管阴间"，增加其确定性。

从以上四点可以看出，专有名词出现的方式最为自由，普通名词出现时一般前面出现"一个"等，而且没有首次就直接出现在主语位置的用法。

第五，如果前面有表示空间或时间的信息，"数量名短语"可以直接出现在主语位置。如：

(19) 在欢送光子来中国的家宴上，几个青年在铺着席子（或地毯）的房间里欢快地跳起了舞蹈。

(20) 你拣拣，凡是你要的就留下，不要的送他们得了，老头临死，几个徒弟跑前跑后没少出力，我没什么报答人家的，这也算个人情。

例（19），"在欢送光子来中国的家宴上"表示空间信息，后面"几个青年"可以直接做主语；例（20）中，"老头临死"在这里表示的是时间信息，可以说成"老头临死的时候"，后面"几个徒弟"也可以直接出现在主语位置。

第六，从考察情况看，"一量名短语"一般不直接出现在主语位置。Xu (1997) 等有关著作注意到："如果在名词词组前加上一些定语，就可以不用加'有'。"如：

(21) a. ? 一个人来了。
　　　b. ? 一个学生来了。
　　　c. ? 一个三年级学生来了。
　　　d. 一个高高的、瘦瘦的三年级学生来了。（引自 Xu, 1997）

(22) a. *一个人来了。
b. ？一个警察来了。
c 一个女警察来了。
d 一个身材高挑的女警察来了。（引自王灿龙，2003）

这是因为定语加得越多，就越容易把该名词看作是有定的、特指的，指称性信息量越大，越容易出现在主语的位置上。

实际上，在具体的语境中，"一量名短语"也可能直接出现在主语位置。如：

(23) 孟姜女的眼泪像断了线的珍珠，一颗颗地直掉下来。可是，又冷又硬的城墙哪里会回答她的问题呢？<u>一个凶恶的兵士</u>，举着皮鞭向孟姜女走来，说："哪里来的女人，在城墙边哭哭啼啼的，快走！快走！"

(24) 这时候，<u>一个年轻的军官</u>扶着宝剑走上前，大声说："我不怕，我去。"

这位年轻人是谁？他的勇气可真令人佩服啊！原来他就是张骞，中国历史上一位伟大的冒险家。

从上面两个例子可以看出，虽然一般情况下"一个 NP"不直接出现在主语位置，但是在故事推进的过程中，有具体的语境，则可能出现。例(23)中，说的是孟姜女到了长城找不到丈夫，在那里哭，这时"一个凶恶的兵士"可以直接出现；例(24)中，前面的内容是：汉武帝一听，眼睛都亮了起来，说："哦！这真是个好主意，但是谁能否走过沙漠，去联络月氏国呢？"这两个例句中，虽然 NP 前有定语"凶恶"和"年轻"，我们发现，如果没有这两个定语，"一个 NP"在上面的例中也可以直接出现。这类用法，具体语境不仅提供了时间或空间信息，而且有具体的场景，虽然时间或空间信息并没有具体的语言形式表达出来，但可以看作"一个 NP"前面的"有"等在具体语境中省略了。

我们推测，对"数量名"做主语的用法来讲，"数"大于"一"之所以会更容易出现在主语位置，原因在于前者更倾向于表示数量，而"一量名"却在表示数量上不够典型，基本上是在指称和数量意义之间存有歧义，大体分别相当于英文的"a（n）N"和"one N"（王秀卿、王广成，2014）。

以上我们考察了几类名词或名词性短语的出现情况，如果只从它们出现在主语位置的自由度方面看，发现存在着以下序列：专有名词>数量名>一量名>普通名词，说明在具体篇章中普通名词直接出现在主语位置是受限最多的。具体见表2-1。

表 2-1　　　不同类型名词（短语）出现在主语位置情况

主语位置 名词类型	直接出现	由时空词或 已知信息引出	具体的语境中出现
专有名词	+	+	+
数量名短语	-	+	+
一量名短语	-	-	+
普通名词	-	-	-

这些名词性成分在主语位置的自由度不同，与指称性强弱有关，专有名词是有指、定指的，"数量名"和"一量名"是有指不定指的，普通名词是无指的。而在叙事篇章中的信息量大小为：有指、定指>有指、不定指>无指。

三　影响名词性成分做主语的因素

上面讨论了几类名词或短语首次出现以及出现在主语位置上的情况，还有一些因素对它们做主语产生影响。

（一）具体语境与名词性成分的指称性

（25）大霸尖山是一座非常雄伟秀丽的高山，山上有许许多多的动物。离开山顶不远的地方，住着一只<u>山猫</u>和一只穿山甲。山猫长着一身金黄色、闪闪发亮的长毛，真是美丽极了。

例（25）中，"山猫"虽然是一个普通名词，但是在这个故事中，是与"穿山甲"相对的另一方，所以没有给它取一个专名，整个故事中都用"山猫"指称，这里的"山猫"的指称性与专有名词相当。所以具体语境，可能会影响相关名词性成分的指称性强弱。

（二）事件句与非事件句对主语指称性的要求

上文所讨论的一个成分是否直接出现在主语位置的情况，主要是与句子是否陈述事件有关的，在非事件句中，情况会有所不同。如：

(26) 传说水鬼₁在阴间的地位是很低的，除非找到一个活人，拉进水里做他的替身，不然就得永远待在冰冷的水里，不能重新投胎做人。台湾嘉义红毛埤附近的河里，就住了一个始终找不到替身的水鬼₂，大概是这儿太偏僻，很少有人经过的缘故吧。只有一个渔夫，倒是常在河里捕鱼，但是他太机警了，所以水鬼₃一直没法子下手。

例（26）中，共出现了三个"水鬼"，水鬼₁直接出现在主语位置，但是其是一般名词，是类指的，谓语是表示属性的，不表示事件；"水鬼₂"是具体事件句中的水鬼，其前必须有"一个"，"水鬼₃"指称的是第二个"水鬼"。所以非事件句中普通名词可能直接出现在主语位置，但在事件句中不可以。

（三）属性谓语与 NP 的功能

从例（26）可以看到，当谓语不表达事件，即表示一种属性的时候，普通名词也可能直接出现在主语位置。再如：

(27) 汉朝的时候，读书人怎样才能做官呢？最重要的事先得有好的品德。

(28) 熊猫吃竹子。

(29) 学生就该好好学习。

刘丹青（2002）认为如例句中的普通名词具有类指功能，并提出"类指相对的谓语属性：属性谓语而非事件谓语"，如果说成"熊猫吃了竹子"，那么这里的"熊猫"就不再是普通名词，而具有专有名词的功能了。以上三例中的"读书人""熊猫""学生"都是属性谓语的主语。

（四）否定形式与 NP 的功能

"一量名"虽然在陈述事件时对语境有一定的要求，但是其在否定形式时相对自由一些。如：

(30) 一个人也没有来。

(31) 一个人也不认识。

上面两例，都是否定形式，虽然前面没有表示时间或空间的信息，都可以直接使用，所以肯定否定有时也可能影响一个名词性成分的功能。

以上我们主要考察了四类名词性成分出现在陈述事件句中的自由度或限制等。也有学者从其他角度进行讨论，如王冬梅（2001）指出，主语位置上的指称性成分有"定指"要求。

四 第二次出现时 NP 指示形式的选择性

以上考察的是一个 NP 第一次出现时的情况，当这个 NP 所指第二次出现时，所使用的情况有所不同。

第一种情况，使用代词，一般当第一次出现的 NP 是唯一的时候，第二次出现时一般用代词。如：

(32) 突然，<u>孟姜女</u>手中的黑布鞋凌空飞了起来，变成一对乌鸦，在树梢"嘎嘎"地叫着。<u>她</u>想："这大概是神明的指点。"便急忙跟上前去。……说也奇怪，那两只黑乌鸦竟像领路似的，总在前面慢慢飞，好让孟姜女跟得上。

……<u>她</u>来到一个城镇的时候，两只乌鸦在天空中绕了两圈，就突然飞了下来，钻进包袱，变成了原来的一双黑布鞋。

(33) 正在绝望的时候，有个<u>小鬼</u>想到一个好办法，<u>他</u>很得意地说："我们可以化身到人的世界去，打扮成穷人，在河里洗黑碳。"

例（32）中，这一段陈述的都是"孟姜女"，后面主语位置出现时都用了代词"她"；例（33）中，虽然"小鬼"是普通名词，但这一段文字陈述的只有一个对象，所以后面也用"他"。

第二种情况，使用名词，当出现在场景中的人物是两个或两个以上，后面常常用 NP 或这（个）NP 复指。如：

(34) 最后，<u>孟姜女</u>遇见<u>一个正在挑泥土的老工人</u>。<u>老工人</u>一面擦汗，一面说："万喜良？哦，我想起来了，就是那个力气最大，砌墙功夫最好的万喜良？他……"他停了半天，才吞吞吐吐地说："他被活活打死了！"

（35）彭经二十岁时，有一天，他照常赶着牛要去耕田，迎面走来了一个相面先生。相面先生看到了彭经，愣了一愣，叹口气说："唉！年轻人，你已经活不了多久了，干吗急急去工作，还是吃喝玩乐去吧！"

（36）从前在新疆有一个成天想发财的渔夫，他的老婆死了，留下一个儿子，年纪还小，才十五岁。一天下午，天热得不得了，这少年跑到碧蓝的河边抓虾。

例（34）中，出现的人物是"孟姜女"和"老工人"，后面仍用"老工人"指称；例（35）中，出现的人物是"他"和"相面先生"，后者仍用"相面先生"指称；例（36）中，前面出现的是"一个儿子"，为凸显其"少年"的身份，后面用"代词+一般名词（这少年）"指称。

但是当场景中的人物所指明确，比如分别是"男"和"女"时，则也可能用代词。如：

（37）一天傍晚，儿子一回家就倒在床上，昏睡过去。妈妈一摸他的额头，哎呀，好烫！是中暑了。她连忙解开儿子的衣服，让他透透气，又打了井水来，用湿布揩揩他晒得火红的脸蛋。

例（37）中，陈述的分别是"儿子"和"妈妈"，所以在书面语中，用"她"和"他"在表达上不会产生歧义。还有的时候，第一次引出两个以上的人，后面陈述其中一个人。如：

（38）张员外有三个女儿，老大、老二性情与父亲一样，既势利，又骄傲。只有小女儿玉芝，不但人长得漂亮，心地又很善良，常常去照顾那些被父亲、姐姐虐待的长工和婢女。

例（38）中，主要陈述的是小女儿玉芝，最后出现，而后面用"父亲""姐姐"来指示"张员外""老大""老二"等。

总的来看，第二次出现的指称形式，与其出现的语境相关，如果指称对象比较确定，一般用人称代词，如果指称对象是两个或以上，一般用名词；当言者希望凸显指称对象某一方面的特点时，也可能是"指示代词+普通名词"。识别度高的，所使用语言形式就少；反之则多。

两个人物，可以都用两个名字指称，也可以一个用名字，一个用代词指称，后一种情况下一般是主要人物用代词指称。如：

(39) 秋去冬来，孟姜女一直等着万喜良，可万喜良始终没有回来。她一面想念着万喜良，一面想到："北边这么冷的天，万喜良的衣服够不够暖和？会不会冻得生病呢？"

(40) 王吉背着十三郎挤在人群中，踮着脚尖，伸长脖子，仰着脸，睁大眼睛，想看看他从来没看过的皇帝。没多久，挤得他腿也痛了，腰也酸了，全身直冒汗，而且气喘个不停。十三郎年纪太小，只顾着自己高兴，在王吉肩膀上乱动乱扭。

例（39）中，故事的名字是"孟姜女哭长城"，所以孟姜女是故事的主要人物，故事以她为线索叙述，当"她"和万喜良同时出现，一般孟姜女优先使用"她"指称；例（40）中，本段叙述中以"王吉"为主线，所以"王吉"优先用"他"指称。指示语的选择性也符合语言的经济性特点，主要人物出现的频率高，更容易关联，使用代词比使用名词更加经济。

第二节　谓词性成分做主语情况考察

一　谓词性成分可以具有指称性

朱德熙（2011：176）指出："一个成分（谓词性成分）可以有多种功能（陈述和指称）。"张德岁和张国宪（2013）认为："动词、形容词只要出现在主宾语位置上，受句法位置的影响就会具有一定程度的指称性。"所以谓词性成分也可以具有指称性，具有指称性信息量。如朱德熙（1982：102）曾经讨论以下两种用法：

A	B
干净最重要	干干净净的舒服
教书不容易	大一点儿好看
游泳是最好的运动	先别告诉他比较好

朱先生指出：A 类格式里的主语是指称性主语，B 类格式里的主语称为陈述性主语。朱先生这里所说的指称性和陈述性，主要是就主语位置上的词语如"干净""教书""游泳""干干净净的""大一点儿""先别告诉他"等在句子中的功能来说的，即在 A 类用法中的相关词语可以用"什么"代替，具有指称性，B 类中的相关词语可以用"怎么样"代替，具有陈述性。它们都能出现在主语位置，都具有指称性，只是指称性强弱不同：A 类＞B 类。

我们发现，除了有些动词如"是、属于、有""加以、予以"等不能直接进入主语位置，一般可以表示事件的动词都可能进入主语位置，但是它们进入句子以后，有一定的局限性。有些学者认为汉语虽然没有形态变化，但有些副词具有类似形态变化的功能。我们认为，汉语的谓词性成分进入主语位置虽然形态上没有变化，但其对后面的谓语有一定的要求，也就是出现在谓词性主语后的谓语（有时包含副词）是受限的，而且谓词性越强，相对指称性越弱，能够出现在谓语位置的形式就越少。所以我们考察谓词性主语的谓语情况。

二　谓词性成分做主语情况的考察

（一）谓词性成分做主语时谓语的类型

从上文讨论可以看出，当一个 NP 做一个叙事性句子的主语时，指称信息量越大，就越自由。谓词性成分虽然可以进入主语位置，但也有一定的局限性，主要体现在其后的谓语用法是受限制的。如郏怀德（1984）就指出："动词性短语做谓语。谓语不能是单独的动作动词。"并将可能的谓语概括为如下几种：

第一，谓语是"是+名""是+形+的"。如：

（41）认识是第一步，交朋友是第二步的事情。

（42）不讲文明是不对的。

第二，谓语是表示是非、难易、合适与否的评判性形容词。如：

（43）读书不容易。
（44）跑步很好。

第三，谓语是"可以、应当、应该、可能"等词语，谓语也是对主语的评判。如：

（45）去也可以，不去也可以。
（46）你到上海去可以，他去不行。

第四，谓语主要成分是"有"。如：

（47）经受点风雨，甚至冰雹，有好处。

第五，谓语主要动词是"等于、如、像、变、成"。如：

（48）见信如见人。
（49）每天跑步成习惯了。

第六，谓语动词是"说明、表明、体现、标志、引起、使"。如：

（50）差额选举体现了民主精神。
（51）失败使他明白了这个道理。

第七，动词性主语从意义上看是谓语的组成部分。如：

（52）谈恋爱我不反对。
（53）欺辱人咱不干。

第八，谓语动词是"开始、停止"等。如：

（54）武术表演开始了。
（55）心脏跳动停止了。

　　因为以上的分类比较多，而且有些类别内部差异较大，比如将"说明"与"使"等放在一类，所以范晓（1992）在此基础上进行了归并，他对谓语的种类进行了概括，认为主要有四类。
　　第一类，中心词是如"是、属、等于、值、如、好比"等表示判断、诠释意义的 VP。
　　第二类，中心词是"应、要、能、可以"等助动词以及"容易、难、好、合适、合理、有利、重要"等少数形容词，主要表示评估、估量意义的。
　　第三类，中心词如"开始、停止、存在、有、充满、显示、说明、表明"等动词，主要表示存现、显示意义的。
　　第四类，中心词如"变、成、变成、产生、引起"等动词，谓语也可能由"使字短语+VP"构成，主要表示产生、使成意义的。
　　综合已有的相关研究，我们把能够出现在谓词性主语的谓语位置的，分成以下几种。
　　第一，"是"字做谓语中心词。如：

（56）报道称，缺乏执政能力，向来是民进党的罩门。
（57）当警察是我的理想。

　　第二，谓语是形容词或"有+名词"。如：

（58）他做事很快。
（59）让你去有道理。

　　第三，致使句。如：

（60）洗澡有助于消除疲劳。
（61）工作使我充实。

第四，中心词是助动词和心理动词。如：

（62）游泳<u>我不会</u>。
（63）跳舞<u>我不喜欢</u>。

第五，关联类。如：

（64）专研国家安全法律的律师莫斯说，成立大陪审团<u>意味</u>调查显著升级。
（65）做公益<u>本是</u>企业家潜规则的"商业模式"，但牛根生却做得格外用心。

韩蕾（2006）根据起点、续段和终点三个要素的有无及强弱，将汉语动词的过程结构类分为三类：第一类是动作动词，如"坐、吃、看"等，三要素齐备；第二类是状态动词，如"是、像、有、如同、等于"等，这类动词有续段，但没有起点和终点；第三类是变化动词，如"开始、产生、来、到、完、消失、离开"等，这类动词只有终点，没有起点和续段。她指出，名动搭配总趋势为：动作动词>状态动词>变化动词，从谓词性成分充当主语的情况看，其搭配情况正好相反，一般是：动作动词<状态动词<变化动词，所以谓词性成分虽然可以出现在主语位置，但其后的谓语有一定的限制。

（二）事件名词做主语时谓语情况的考察

上文考察了谓词性成分做主语时谓语的限制，以下具体考察"暴雨""战争"等典型事件名词做主语时的具体情况，并比较其与谓词性成分做主语的异同。

韩蕾（2006）考察的事件名词的谓语情况，得出典型事件名词所在句式语义的优选级为：致使句>评价句>过程句。具体如下：

第一，致使句。包括述宾句、述补句、使字句（包括使、令、叫、让）、把字句、被字句等。如：

（66）很不幸，25年前，一场连续几天的暴雨，<u>冲毁了许多洞穴</u>，众多的吉卜赛人也在这场暴雨中丧生。

（67）暴雨把山路冲毁了，路松得像水泡过的馒头。
（68）战争破坏了战前逐渐建立起来的经济联系，尤其是国际经济联系。
（69）战争使老年人尤其感伤。

第二，评价句。状态动词充当谓语的句子，多表达对事件内容、性质、地位的心理感觉、价值评判。如：

（70）炎热，暴雨，在它看来，似乎有点儿不屑一顾。

第三，过程句。变化动词充当谓语的句子，主要描写事件发展过程中开始、持续或终结的某一阶段。这一功能与范先生的第（3）类用法相当。如：

（71）一场暴雨下了七天七夜。
（72）战争一直绵延到今天未曾停止。

韩蕾之所以分成以上三类，是因为她不是全面考察事件名词的谓语情况，而是从句式、事件名词原型成员跟动词的短距离搭配等角度，研究这类动词具有［+动作性］和［+事件性］的特点，如果全面考察事件名词的谓语情况，会发现事件名词与谓词性成分充当主语时谓语的情况一样，还有其他用法。

第一，谓语是表示判断、诠释类的动词。如：

（73）暴雨是造成水土流失的主要原因。
（74）在这个时期，战争是她最讨厌的字眼，爱情是她生活的主宰。
（75）战争像一个千斤大锤，从上面压下来，只有那真正的人才经得住这一击，可是怎么能看到人的心灵深处在想什么呢？
（76）对柬埔寨来说，和平就是生命、幸福和繁荣，战争意味着死亡。

第二，谓语是表示评价类的形容词。如：

(77) 到处是触目心惊的惨象，到处是不忍卒听的无穷的呻吟，<u>战争多么激烈，多么残酷，多么恐怖</u>！

(78) 两长江三峡库区自然条件和地质条件<u>复杂</u>，生态环境<u>脆弱</u>，暴雨、洪水<u>频繁</u>，是地质灾害多发区和重灾区。

从上面的情况可以看出，谓词性主语与事件名词做主语的谓语有很多重合之处。当然，它们之间也存在着一定的差异。

第一，谓语是动作动词。如：

(79) 粗野的狂风要把他<u>卷</u>下深谷，疯狂的暴雨要把他<u>打</u>昏在地。

(80) 是的，战争确确实实<u>逼</u>近了这座古老的森林，逼近了他的家乡了。

例 (79) 中，"卷""打"都是动作动词；例 (80) 中，"逼"是动作动词，这类用法中，使用动作动词都有一定的修辞性。范晓 (1992) 指出：动作动词（占动词的多数）做谓语或谓语中心词所构成的主谓结构，几乎所有的 VP 都不能做它的主宾语，上两例中动作动词出现在事件名词的谓语位置，也使句子具有了拟人的修辞效果。说明动作动词与事件名词虽然可以搭配，但也是非常规的。

第二，谓语是助动词。如：

(81) 你去<u>可以</u>。
(82) 他去我<u>不愿意</u>。

这类用法中，"你去""他去"都可以后置到助动词的后面，说成"可以你去""我不愿意他去"，但事件名词没有这类用法。这主要是因为助动词与动词有着自然的关联，但一般不能与名词搭配。

（三）谓词性主语与事件名词的指称性强弱

从以上分析可以看出，谓词性主语与事件名词的谓语有很多共同之处，不同之处在于事件名词可能与动作动词搭配，谓词性主语不可以；谓词性主语可以与助动词搭配，事件名词不可以，是因为助动词主要与动词搭配。共同之处表明，谓词性主语和事件名词都具有指称性，不同之处表明：事件名词做主语时指称性高于谓词性成分。具体如表2-2所示。

表2-2　　　　　　　主语类型与谓语类别组合情况

主语类型＼谓语	致使句	判断句	过程句	关联类	助动词	动作动词
谓词性主语	+	+	+	+	+	-
事件名词主语	+	+	+	+	-	+

谓词性主语不能与动作动词搭配，是因为动作动词的动作发出者一般具有［+有生］的特点，而助动词一般只能与动词搭配，所以不能做事件名词的谓语。

张德岁和张国宪（2013）也指出："很显然从名词到动词（或形容词）其句法功能中间存在着指称性的梯度变化，即：名词＞（强于）名词化的动词（或形容词）＞名物化的动词（或形容词）＞动词（或形容词）。"由此可见，虽然名词和动词分属不同词类，但在指称性方面仍然存在着很多相同点，只不过指称性强弱方面有差异。而且谓词性成分本身的指称性强弱也有差异，如吴怀成（2011）指出："虽然'指量+动词'短语（如：这种强迫、这种打算）和'一+量词+动词'（如：一种表现、一种变化）都是指称性程度最高的物化事件指称化，但前者主要充当主语，指称性是最强的。"

三　谓词性成分具有指称性的理据

（一）谓词性主语具有指称性的进一步证明

上文我们分析了谓词性主语与事件名词做主语时谓语的相同和不同之处，说明它们都具有指称性，还可以从以下两个方面进一步证明。

第一，谓词性成分与名词性成分并列做主语。如：

（83）华阳街道的党政领导都有一个不成文的规矩：每逢<u>下雪</u>、<u>暴雨、高温天气</u>，只要是居民最困难的时候，就要出现在群众家里。

例（83）中，"下雪"是动词，"暴雨""高温天气"是名词（短语），但它们在句子中是并列的，功能应该一致，所以"下雪"也具有指称性。

第二，谓词性成分可以替换主语位置的代词。如：

（84）夺取全国胜利，这只是万里长征的第一步。

例（84）中，用代词"这"代替"夺取全国胜利"，但是如果表达需要，也可以说成"夺取全国胜利只是万里长征的第一步（建设国家是我们目前面临的重要任务）"。"夺取全国胜利"与"这"指示功能相同，在这个句子中也具有了指称性。谓词性成分在具体的用法中与名词性成分的指称性强弱有时是难以区别的，句法语境可以使谓词性成分产生指称性。

（二）谓语决定谓词性成分指称的内容

谓词性成分为什么可以具有指称性，主要是"转喻"起作用。认知语言学的观点认为："转喻不是什么特殊的修辞手段，而是一般的语言现象"，同时也"是人们一般的思维和行为方式"（沈家煊，1999）。转喻可以是用部分转喻整体，比如"他想找个帮手"中的"帮手"指人；也可以是整体指代部分，如"他瞎了"中是"他"指"他的眼睛"。但是转喻不是随意的，是有理可喻的。比如汉语中可以用"壶开了"表示"水开了"，因为"壶开了"实际上说的是"壶里面装的水已经开了"的意思，但一般不用"壶变质了"表示"水变质了"。

转喻有一定的规律，仍以"壶开了"为例，"用壶（概念 A）转喻水（目标概念 B），壶和水同在'容器和内容'这个认知框架内，两者密切相关，概念壶的激活会附带激活概念水。壶在认知上比水显著：壶是看得见的，水在里面看不见，水开时我们看到的是壶嘴直冒气、壶盖砰砰跳。可见的比不可见的显著，这是一般的认知规律"（参见沈家煊，1999）。

至于一个谓词性成分具体转喻什么，由语境决定，体现在本章讨论的对象则主要是谓语的具体情况。我们以吉田泰谦（2011）讨论的例子为例，保留其谓语，删除其主语的内容，具体如下：

（85）……算不得英雄好汉；

(86)……常常经过三四个月；
(87)……一百四十公里；
(88)……就是北京；
(89)……是谨慎的。

从保留的谓语部分，我们大体可以判断省略成分所表示的内容，如例（85）中，从"算不得英雄好汉"可以判断省略的是表示人的；例（86）中，"常常经过三四个月"一般是表示时间的；例（87）中"一百四十公里"表示距离的，例（88）中"就是北京"是表示地点的，例（89）中"谨慎"是表示"态度"的。所以，谓词性成分，能否做主语，做主语是指称什么，是由谓语决定的，这主要是在一个认知框架中，谓语决定激活 A 的什么属性，从而转喻与之相关的 B。从这个角度，我们再来看上面（吉田泰谦，2011）的例子：

(85') 欺负孤儿寡妇算不得英雄好汉；（引自吉田泰谦，2011）
(86') 从发病到治愈常常经过三四个月；　（同上）
(87') 天津到北京一百四十公里；　　　　（同上）
(88') 过了天津就是北京；　　　　　　　（同上）
(89') 我们进行经济改革是谨慎的。　　　（同上）

例（85'）中，"欺负孤儿寡妇"相关的内容可以是施事，可以是方式，可以是时间等，但"算不得英雄好汉"只能激活其施事；例（86'）中，"从发病到治愈"可以是时间，也可以是感受等，因为谓语是"三四个月"，所以只能转指"时间"；例（87'）中，"天津到北京"可以是时间，也可以是距离，"一百四十公里"决定主语只能表示距离；例（88'）中，"过了天津"，可以是（开车的）速度、地点、（风景）好坏等，"就是北京"决定主语只能表示地点；例（89'）中，"我们进行经济改革"可以说态度，也可以是必要性，"谨慎"决定主语只能是表示态度。

（三）谓词性成分具有指称性的类别

吴继光（2003）认为，"充当指称性主语的谓词性成分虽然在形式上没有名词化，但在语义上跟上述谓词性成分名词化形式一样，可分为'自指'和'转指'"。上文已经分析，谓词性成分通过转喻具有了指称性功能，至于是自指还是转指，主要是具体使用的认知语境和具体的谓语决定的。吴继光（2003）指出："表自指的指称性 VP 表示'只跟动作行为本身的意义相关'的意义；表转指的指称性 VP 表示'跟动作行为所蕴含所涉及的对象有关'的意义。"这里"所蕴含所涉及的对象既包括动作的施受者，又可以包括动作发生的时间、地点以及施事的态度、方式等"。他还指出，在"指称性 VP+是+形容词+的"句式中，"当指称性 VP 表示自指意义时，能够补出复指性名词成分，可构成'指称性 VP+是+形容词+的+事情/事儿'句式；而当指称性 VP 表示转指意义时，就不能补出这类复指性名词成分，也不能构成这一句式"。如：

（90）一个人自暴自弃是可悲的。
　　　一个人自暴自弃是可悲的（事情）。
（91）我们现在进行经济改革是谨慎的。
　　　＊我们现在进行经济改革是谨慎的（事情）。

例（90）中，后面可以补出复指性名词性成分"事情"，是自指的；例（91）中，不能补出复指性名词性成分，是转指的。谓词性成分做主语时，一般也通过这两个路径获得指称性。

第一，谓词性成分可以通过自指具有指称性，一般情况下谓语可以是"是"、形容词、关联谓语、致使动词等。

1. 谓语是"是+形容词+的"。如：

（92）解决了八亿农民的吃饭问题（的事儿）是了不起的。
（93）做你的太太（这件事）是很荣幸的（事情）。

2. 形容词做谓语。如：

（94）学汉语并不难。　学汉语（这件事情）并不难。
（95）推广汉语普通话很有必要。　推广汉语普通话（这件事）很有必要。

3. 关联类（说明、等于）。如：

(96) 农村形势大变（这一情况），说明了党的政策是正确的。
(97) 出了这样的问题（这种现象），表明我们领导水平低。
(98) 市长接见中学生（这件事）成为当天最大的新闻。

第二，通过转指具有了指称性。如：

(99) 我们进行经济改革（的态度）是谨慎的。（态度）
(100) 我去火车站（的目的），就是想告诉你我的决定。（目的）
(101) 欺负孤儿寡妇（的人）算不得英雄好汉。（评价、感受）
(102) 过穿堂（后的地方），是一个不小的天井。（地点）
(103) 时雨蓬说话（的态度）居然是这么地无礼。（态度）
(104) 他说话（的口音）（带有）山东口音。（特点）

（四）汉语中提高谓词性成分指称性的方式

汉语中还有提高谓词性成分指称性的方式，就是将一个谓词性的成分变成名词性的，有人将之称作"谓词的名词化"。如"他的到来"，是一个名词性的偏正结构，这是目前讨论的比较多的问题。如朱德熙（2011：103）具体讨论了三种名词化的方式：

（1）SP 的，鲁迅写的（书）
（2）S 所 P 的，鲁迅所写的（书）
（3）S 的 P，十月革命的成功为实现社会主义创造了政治前提。／一切经济措施的采取都必须有别于生产的发展。

除以上方式以外，汉语中还有多种提高一个谓词性成分指称性的手段：

第一，谓词后用名词性成分复指。主要有两种情况。

一、用"代词+名词"复指。如：摔跤这种运动、美丽这个词、参加运动这件事情（冷瑾，2001）。

二、用"一+名词或名语素"复指。如：

(105) 7月7日，王珉涉嫌受贿、贪污、玩忽职守一案，经最高人民检察院指定，由河南省人民检察院侦查终结后移送洛阳市人民检察院审查起诉。

(106) 石季龙盗掘赵简子墓一事，可不是古人笔记所写，而是源自正史。

第二，小句中加"一"。小句中加"一"的用法常常表示条件，后续句出现"就""都"等。如：

(107) 她一哭，爸爸就过来了。
(108) 他一说，我们都明白了。

但是，随着这类用法的增多，很多这一用法的句子主要不再表示条件，"一"所在的小句更像一个主语或话题了。如：

(109) "他一来，我和他爷爷都高兴得不得了。"何奶奶指着家里唯一的那台空调说，这就是前年专门给团团买的，今年夏天以来还没启动过。
(110) 谁料，他一说，我真长了不少见识。
(111) 江重威道："我本来也只不过有个模糊的印象而已，你一说，才提醒了我！"

还有一些用法中，"一"前还使用"这"等。如：

(112) 范先生可真高明，你这一说，朕心里也亮堂起来了。
(113) 他回答说："文化到底是什么？本来还清楚呢，你这一问，我倒糊涂了！"
(114) 你这一出来，他不来了嘛。
(115) 当时，他的政治地位比陈毅还要高，是华东的第一号人物，他这一表态，实际上就是一锤定音：《武训传》是一部好影片了。

第三，"每（+动量词）"进行修饰。如：

(116) 张超出事后，每有媒体到访，家人都会拿出张超的一些证件——大学毕业证、入党培训结业证，还有记录多次献血记录的献血证，以此证明"张超有多优秀"。

（117）每次我家的电视、风扇坏了，他都会过来修。

第四，前有代词"这"等指示。如：

（118）这要孩子给太监做老婆，我怎么对得起女儿啊？
（119）这过日子难免不铁勺碰锅沿儿。（引自方梅，2002）
（120）这天天借钱过日子也不是个事儿。

这类弱化的谓词格式前面很容易加上"这""那"，"指示词+一+动词"用来指称某种行为（方梅，2002），所以具有提高谓词性成分指称性的功能。

第五，用"什么""这个""那个"等指示。如：

（121）什么"夫妻恩爱"，什么"母子情深"，全都是废话。
（122）这个……这个……发奖金，我说了做不了这个主，还是等厂长回来吧。
（123）那个爬山呢，还是很有趣的，我觉得。

第三节 指称性信息量与相关成分的选择性

一 人物指示语出现方式的选择性

黄南松（2001）研究了现代汉语叙事语篇中人物指称形式的选择性问题，概括了具体语篇中同指的 NP 和人称代词等选择的一些规律。经过考察，我们发现，在其他文体中，也同样有限制，但文体不同，规律可能有差异。我们关注到，当一段话语中的主语只有一个所指，可以指称这个所指的语言形式有多个，选择哪一个形式出现在所指的位置，有一定的规律。由于人物简介的主语通常是一个所指，我们先选择这类语料，考察指示语选择的情况，主要选择百度中的"人物简介"进行说明。

二 人名的出现方式

（一）只在最前面出现一次人名。如：

（124）滕叙兖，笔名老藤，辽宁大连人，中共党员。1963—1968 年为中国人民解放军军事工程学院学员。1968—1970 年ø在黑龙江省鹤立 39 军农场劳动锻炼。ø历任中科院长春物理所工程师，中科院长春地理所高级工程师，深圳科技园高新科技创业中心副经理，中国深圳国际经济技术合作公司部门经理。高级工程师。2003 年ø开始发表文史作品。2009 年ø加入中国作家协会。ø著有《哈军工传》《风雨彭门》《陈赓大将与哈军工》《不信青史尽成灰》等十多部长篇传记文学著作。

在这一段简介中，只出现了 1 次滕叙兖，尽管后面的小句前在语义上都可以加上这个人名，但实际上不出现，这一用法中，介绍的各个话题部分一般都是并列关系，以句号作为标记。

（二）一个段落中多次出现人名。如：

（125）赵尚志
1925 年夏加入中国共产党，北伐战争时期，赵尚志在东北地区组织和从事反帝反军阀的革命活动。"九一八事变"后赵尚志被任命为中共满洲省委常委、军委书记。之后，赵尚志领导创建中共巴彦抗日游击队（中国工农红军 36 军独立师）北满珠河反日游击队队长，后任东北反日游击队哈东支队司令，东北人民革命军第三军军长，东北抗日联军第三军军长，北满抗联总司令，东北抗日联军总司令，东北抗联第二路军副总指挥。赵尚志与李兆麟等创建了珠河、汤原抗日游击根据地。1942 年 2 月 12 日，赵尚志在战斗中身负重伤后牺牲。

这一个段落的介绍中，没有使用代词指称"赵尚志"，显性出现的地方都是人名，出现人名之前，通常都会出现表示时间的词语，这说明人名的出现有标记层次的作用，也就是每一次出现人名都表示介绍这一阶段的情况，出现人名的各个部分是并列关系。这种用法，有的时候一个方面一个段落，人名直接出现在段落的最前面。如：

（126）杜甫

杜甫（712—770），字子美，汉族，本襄阳人，后徙河南巩县。自号少陵野老，唐代伟大的现实主义诗人，与李白合称"李杜"。为了与另两位诗人李商隐与杜牧即"小李杜"区别，杜甫与李白又合称"大李杜"，杜甫也常被称为"老杜"。

杜甫在中国古典诗歌中的影响非常深远，被后人称为"诗圣"，他的诗被称为"诗史"。后世称其杜拾遗、杜工部，也称他杜少陵、杜草堂。

杜甫创作了《春望》《北征》《三吏》《三别》等名作。乾元二年（759年）杜甫弃官入川，虽然躲避了战乱，生活相对安定，但仍然心系苍生，胸怀国事。虽然杜甫是个现实主义诗人，但他也有狂放不羁的一面，从其名作《饮中八仙歌》不难看出杜甫的豪气干云。

杜甫的思想核心是儒家的仁政思想，他有"致君尧舜上，再使风俗淳"的宏伟抱负。杜甫虽然在世时名声并不显赫，但后来声名远播，对中国文学和日本文学都产生了深远的影响。杜甫共有约1500首诗歌被保留了下来，大多集于《杜工部集》。

这一用法中，每一段主要介绍杜甫的某一个方面，开头都出现"杜甫"，段落中间，如果有并列的部分，可以再出现。

（三）每个段落出现一次人名。如：

（127）王之涣（688—742），是盛唐时期的著名诗人，字季凌，汉族，蓟门人，一说晋阳（今山西太原）人。性格豪放不羁，常击剑悲歌，其诗多被当时乐工制曲歌唱，名动一时。他常与高适、王昌龄等相唱和，以善于描写边塞风光著称。其代表作有《登鹳雀楼》《凉州词》等。

王之涣早年由并州（山西太原）迁居至绛州（今山西新绛县），曾任冀州衡水主簿。衡水县令李涤将三女儿许配给他。因被人诬谤，乃拂衣去官，后复出担任文安县尉，在任内期间去世。

王之涣"慷慨有大略，倜傥有异才"，早年精于文章，并善于写诗，多引为歌词。他尤善五言诗，以描写边塞风光为胜，是浪漫主义诗人。靳能《王之涣墓志铭》称其诗"尝或歌从军，吟出塞，曒兮极关山明月之思，萧兮得易水寒风之声，传乎乐章，布在人口"。但他的作品现存仅有六首绝句，其中三首边塞诗。他的诗以《登鹳雀楼》《凉州词》为代表作。章太炎推《凉州词》为"绝句之最"。

　　这一用法中，除了每一段开头出现"王之涣"以外，每一段中间都不再出现人名，如果在一个段落中有并列的层次，则出现代词"他"。

三　人名、代词和省略用法的选择性

　　以上我们讨论的是人名和代词的出现情况，实际上还有主语省略的情况，多数情况下，是人名、代词、省略等手段同时使用，这些手段的使用有一定的规律：

　　（1）人名先出现，后面才能出现人称代词或主语省略；不能够先出现人称代词，或者前一个句子主语省略，再出现人名；

　　（2）如果一个层次里只有两个小句，第一个小句有人名，第二个小句不能再出现人名，一般也不出现人称代词，除非第二个句子特别长。如：

　　　　（128）1968年，杜旭东考入河北梆子剧团后，学练了童子功。1972年，16岁的杜旭东被招入伍当了文艺兵，后来又到海军司令部宣传部当宣传干事，他又得到了到中央美术学院油画大专班学习的机会。毕业后，杜旭东又被调到海军杂志社当过几年的美术编辑。从1985年开始，杜旭东被调到海政话剧团当演员。

　　上例中，第二个小句"学练了童子功"前不出现人称代词"他"。如果三个或以上的小句中出现人称代词，则表示人称代词及其后的小句与其他部分是并列关系。如"他又得到了到中央美术学院油画大专班学习的机会"中有"他"，表示前两个句子之间是并列关系，这个句子与前两个句子又是并列关系。因为前两个句子说的是工作，这个句子说的是学习的机会。

（3）如果第二个并列部分的主语是人名，那么其后面再出现的并列成分最前的句子的主语也必须是人名，如例（128）；当第二部分的并列成分的主语是人称代词，从第三个并列成分开始，其后一般是人称代词做主语。如：

（129）<u>孙中山</u>（1866年11月12日—1925年3月12日），名文，字载之，号日新，又号逸仙，幼名帝象，化名中山樵。<u>他</u>是中国近代民族民主革命的开拓者、中国民主革命伟大先行者、中华民国和中国国民党的缔造者，三民主义的倡导者，创立《五权宪法》。<u>他</u>首举彻底反帝反封建的旗帜，"起共和而终两千年封建帝制"。

上例中，当第二个出现指示语的时候选择了"他"，第三个并列关系的句子的人称指示语就只能用"他"。如果最后一个"他"换成"孙中山"，则表示这一段介绍主要分两个部分，前面一个部分，最后一段话是一个部分，那么与原来的意思有点不一致。

（4）如果在两个姓名中间出现了人称代词，那么在人称代词出现的这个段落中，其后的部分与其前部分是并列关系。当第二次出现代词做主语，后面又出现人名做主语时，那么人称代词辖域内的内容与前面的内容是并列关系，它们整体与后续部分是并列关系。如：

（130）现代著名作家许地山的父亲<u>许南英</u>，是台湾近代著名的爱国诗人。<u>他</u>是台湾安平人，号蕴白，别号"窥园主人"和"留发头陀"。<u>许南英</u>作为台湾历史上第二十五位进士，他的一生浓缩了中国近代知识分子的种种际遇。<u>他</u>遭遇国土沦丧之痛，切身体会清朝官场的腐朽，也亲身经历了辛亥革命的不彻底。

例（130）中，我们可以从指示语的选择了解其层次，这段主要分两层，层界就是第二个"许南英"前。后一个部分又可以再分两层，层界是主语"他"前。

第四节　叙事语篇中指称性成分的选择与篇章组织功能

一　叙事语篇中指称性成分出现的顺序

在叙事语篇中，与人物简介的主语 NP 选择方式不同，主要有两个路径。

第一，从信息量大的 NP 到信息量小的 NP。如：

（131）近日，<u>哈市南岗区红旗满族乡长征村村民委员会主任蒋喜年</u>为保护村民生命安全，不顾个人安危以自身做人质将村民救下，在与歹徒搏斗过程中身负重伤，这样的义举被村民们传为佳话。

　　　　在危急时刻，<u>长征村村主任蒋喜年</u>闻讯赶到，考虑到犯罪分子随时都有可能情绪失控，且村民任丛文已年过六十，更是不能承受惊吓。在紧要关头，<u>蒋喜年</u>不顾个人安危以自身做人质。

例（131）中，共出现了三处指称主要人物，第一处是"哈市南岗区红旗满族乡长征村村民委员会主任蒋喜年"，第二处是"长征村村主任蒋喜年"，第三处是"蒋喜年"，从语言形式上看，越来越短，信息量也越来越小，是从信息量大到信息量小的顺序出现。

第二，从信息量小的 NP 到信息量大的。如：

（132）最近，南京江宁交警接到一起"12345"政府热线诉求，<u>一位女士</u>要求交警出具交通事故认定书，好让其向单位申请工伤。

　　　　那么她发生了什么交通事故呢？交警了解后得知，<u>这位女士</u>在上班路上为躲避一舞剑大爷，造成脚踝扭伤。

　　　　……

　　　　<u>南京市民房女士</u>家住江宁上坊上高线附近某小区，工作单位就在小区对面 400 米的一家企业。

例（132）中，也出现了三次指称主要人物，第一次是"一位女士"，

第二次是"这位女士",第三次是"南京市民房女士",信息量越来越大。这主要是叙事的方式的要求,随着事件的越来越清晰,主要人物也越来越确定。这一方式在"人物简介"中一般不会出现。

在叙事的过程中,有的时候还会根据叙事的需要给同一个对象加上不同的定语,这个定语常常与后续叙述的主题相关。如:

(133)近日,<u>一名年仅20岁</u>的孕妇在常州某医院顺产一名3240克的新生儿,由于之前没有重视产检,孩子出生后性别竟然无法鉴定。

7月24日,<u>外地来常务工、怀孕38周</u>的李女士因腹痛而到常州某医院就诊,医生检查发现其已经处于临产期,立即将她送入产房,产程顺利,不多久她就生下一名新生儿。

据了解,<u>今年20岁</u>的李女士来自河南,来常务工时,认识了男友,两人同居没多久李女士就怀孕了,产前仅检查了两次,并且拒绝了做排畸检查。

上例中,定语分别是"一名年仅20岁""外地来常务工、怀孕38周"和"今年20岁",从所指确定性的角度来看,越来越高,同时,这三个定语是与后面陈述性的内容语义方面相一致。第一个定语"年仅20岁",后面说的是不正常情况;第二个定语"外地来常务工、怀孕38周",后面说的是生下孩子;第三个定语,"今年20岁"表示年龄小,所以出问题比较正常。由此可见,除了信息量大小,定语的选择还与陈述的内容相关。

一般情况下,上述第一种是正常语序,第二种是非正常语序,言者选择这种方式具有其他的表达效果。

二 叙事语篇中指称性成分的篇章功能

(一)叙事语篇中指称性成分的衔接功能

与"人物简介"中一样,在表达过程中,主语的NP的选择也是篇章衔接的重要手段,一般情况下"NP—人称"或"NP—省略",表明这两个小句的内容是衔接的;如果三种指示方式都有,表明这段话语分两个层次:"NP|人称—省略"或"NP—省略|人称"。如:

(134) 老太太高兴得很晚才入睡，第二天早饭后，她急忙出了门。邻居李婶说，有个好消息要告诉她。她说等她回来再说。在金店，她把几十张百元大票交给售货员，ø买了一枚和女儿一样的钻戒。她长长地出了一口气，ø心里舒坦极了。

(135) 珊珊浑身疲软不堪，ø一级一级摸索着走下地铁，ø心里好像五味瓶打翻了，ø不知什么是甜酸苦辣在翻滚着，在这百般滋味之上的，却是一种难以言喻的孤独感笼罩了全身，她只觉得眼眶里溢满了泪水，无遮拦地，悄悄地爬下了面颊。

例（134）中，首先出现的是"老太太"，然后出现的是"她"或者ø，后面每一次"她"的出现就意味着事件新的进程，省略主语的则是这个阶段的一个部分，所以整个大的段落衔接得非常紧密，如果将"她"换成"老太太"或省略部分补出"她"，内容之间的关系就不再紧密了。例（135）中，首先出现了"珊珊"，紧跟的三个句子主语都省略了，表明这几个句子关系密切，后面"他"的出现意味着层次与前面有所变化。

不过，在跨层次的陈述中，有可能以上两种方式都运用。如：

(136) 出了西直门，真是连一辆车也没遇上；祥子低下头去，不敢看马路的左右。他的心好像直顶他的肋条。到了高亮桥，他向周围打了一眼，并没有一个兵，他又放了点心。

例（136）中，主语省略的先出现，再出现"祥子"，这是叙事的需要，主语省略的意味着事情还没说完，后面一定还有相关的内容，这也是衔接的一种方式，主语选择从信息量大到小是正常顺序，从信息量小到大是非正常顺序，表示前面的内容要依赖后续的内容。

（二）叙事语篇中指称性成分的层次标记

在现代汉语中，常常用首行空两个字的方式来表示开始了一个新的话题或者层次，但是在一个段落里，人称指示语的选择有标记层次的作用。如：

(137) 1949年10月，黄旭华党校结业。在随后的短短三年时间内，黄旭华不仅频繁地变换着工作单位，而且显示出一种从政的工作迹象。先在华东军管会船舶建造处干了大约一年的技术指导工作，接着出任招商轮船局局长于眉的秘书，可就在这秘书工作做得得心应手时，他又于1952年秋被组织调往港务局担任团委书记。不管在哪个岗位，黄旭华都把工作做得兢兢业业，成果斐然，深受组织与群众的好评。

（138）曹雪芹早年在南京江宁织造府亲历了一段锦衣纨绔、富贵风流的生活。至雍正六年（1728），曹家因亏空获罪被抄家，曹雪芹随家人迁回北京老宅。后又移居北京西郊，靠卖字画和朋友救济为生。曹雪芹素性放达，爱好广泛，对金石、诗书、绘画、园林、中医、织补、工艺、饮食等均有所研究。他以坚韧不拔的毅力，历经多年艰辛，终于创作出极具思想性、艺术性的伟大作品——《红楼梦》。

例（137）中，出现了三次"黄旭华"，表明有三个方面，前两个方面介绍他的工作，后面是评价。例（138）中，出现了三次"曹雪芹"，也表明这段是三个方面，第三个层次中出现了"他"，说明这个层次可以分成并列的两个下位层次。

第五节 小结

本章主要讨论了名词性成分做主语的自由度问题，考察了专有名词、一般名词、"数量名"和"一量名"出现情况，发现信息量越大，出现时越自由；还考察了谓词性成分做主语的情况，其谓语一般是受限的，谓语提供的信息决定了主语位置的谓词性成分的指称内容。在篇章组织方面，选择"人物简介"类的语料，考察了人物指示语的选择问题，发现虽然可以有不同的选择，但在一个限定的语段内，这种选择是不自由的。同样，在叙事语篇中，人称指示语的选择也是有规律的，因为指称性成分还有衔接功能和层次标记功能，这种选择性必须符合相关的要求。

第三章

陈述性信息在篇章中的配置方式

第一节 句子的自足性与陈述性信息量

一 关于句子的自足性

在现代汉语中,有的句子虽然"主语""谓语"齐全,但是却不能独立使用。胡明扬(1989)指出,汉语的句段应分为能独立成句的独立句段和不能独立成句的非独立句段,句段的独立与否往往取决于其是否带有某些句子在结构上必需的成分,他将这类结构成分概括命名为"完句成分"。贺阳(1994)指出,完句成分是一个不依赖语境或上下文支撑的句子通常必须具有的结构成分,它具有使一个语言表达式能够独立成句的完句功能,它是句法结构上的成句条件。从信息角度看,多数完句成分是可以使句子能够独立传递完整的有一定信息量的成分(少数不增加信息量,是其他机制起作用,比如焦点化、前景化等)。

贺阳(1994)、黄南松(1994)、孔令达(1994)、金庭恩(1999)、司红霞(2003)等都从陈述性的角度研究过句子的自足性。他们的研究,对于句子自足性的影响因素,有相同的看法,也有不同之处。之所以有不同看法,关键在于对自足性的判断,不同的人有不同的标准。实际上所谓的自足性是一个相对的概念,如孔令达(1994)提到句子的自足似乎存在着"度"的问题。他所举的三个例子是:

(1) a. 李明吃了两碗面条。
　　b. 李明今天晚上吃了两碗面条。
　　c. 李明今天晚上在街头小摊子上吃了两碗面条。

孔先生认为：这三个句子都可以成立，但就语意完整的程度来说，似乎 c 语意最完整，b 次之，a 又次之，或者说，c 的自足度最高，b 次之，a 又次之。

从目前的研究来看，到底如何判断什么情况下是自足的，各家并没有一个标准，基本上按照自省的方式来进行判断。正因为是自省的，自足性就成为一个相对的概念。不同学者由于视角不同、判断的范围不同、相对的标准也可能不同，对自足性影响因素的判断有一定差异，从研究的角度看，这是正常现象。

表 3-1 可以比较几位学者认为完句所包含的主要因素，有同有异。

表 3-1 汉语完句因素统计

因素 作者	语气	时体	趋向	数量	程度	情态	能愿	方所	结果
孔令达	+	+	+	+	+	+	+	+	+
黄南松	+	+	+	+	+	+			
贺阳	+	+	+	+			+		
司红霞	+	+	+	+	+	+	+		
金庭恩	+	+					+	+	

二 陈述性信息量与句子的自足性

目前讨论的信息量，多数指的是语义信息，但是如何判断一个语言单位传递的信息量，并没有一个明确的标准。那么怎么判断一个句子陈述性信息量的大小呢？我们认为，虽然对于表述的内容不相关的句子，有时很难比较其信息量的大小，但对于表达同一事件的陈述，则可以用推导的方式判断信息量的大小。如：

（2）a. 我看书。
　　b. 我在家看书。
　　c. 我今天在家看书。

以上三个句子存在着蕴含关系，即：c→b→a，它们存在着这样的推导关系：我今天在家看书→我在家看书→我看书，那么从信息量角度看，以上三个句子的信息量大小为：c>b>a，因为 c 句既有时间信息，也有空间信息；b 句只有空间信息，没有时间信息；a 句只有事件信息，没有时间和空间信息。所以，如果一个句子陈述的内容可以推导出另一个句子陈述的内容，那么这个句子所传递的信息比较大。上面孔先生举的三个例子就存在这样的推导关系。

从表 3-1 中所列各位学者对自足性的影响因素来看，有些与句子的信息量有关，如时体、趋向、数量、方所等因素，而语气、情态等则可能不影响句子的信息量。如：

(3) a. 我去北京了。
    b. 我去北京吗？
    c. 我去北京吧！

以上例句中，例（3）a 是陈述句，"我去北京了"可以推出"我去北京"，但"我去北京吗"是疑问句，"我去北京吧"是祈使句，都是表示非现实情况的，后两例中语气词"吗""吧"不影响句子的信息量。

所以信息量与句子的自足性有关，一般增加句子的信息量可以增加其自足性，但有时其他因素也影响句子的自足性。

三 主观性信息与句子的自足性

在现代汉语中，有些句子中含有表达主观信息的成分。如：

(4) a. 他也许知道。
    b. 他大概了解。
    c. 他居然来。

以上例句中，有副词"也许""大概""居然"等，这些句子有一个特点，就是在副词前不能加上"不""没"等表示否定，从陈述性信息量角度看，不能被否定的就不能传递客观信息，因为不能否定表示在客观世界无法判断存在还是不存在。比如"他也许知道"，无论是"他知道"还是"他不知道"，句子都能成立，而且"他知道"成立，可以推导出"他也许知道"也成立;"他大概了解",无论是"他了解"还是"不了解",句子也成立;"他居然来"传递的客观信息量与"他来"基本相等,由此可见,表达主观性的成分可能并不增加句子传递的客观信息量,但可以增加句子的自足性。本章主要讨论增加客观性信息量的手段,传递主观性信息的表达方式在后文中讨论。

四 汉语中具有陈述功能的语言成分

在现代汉语中,除动词(短语)外,形容词(短语)、名词(短语)都可以做谓语。如:

(5) 他吃过饭了。
(6) 今天很热。
(7) 今天星期二。

例(5)中,谓语是动词短语"吃过饭",例(6)中,谓语是形容词短语"很热",例(7)中,谓语是名词短语"星期二",所以汉语的动词短语、形容词短语、名词短语都可以具有陈述功能,传递相关信息,但是,不同性质的短语充当谓语时,影响其传递陈述性信息量的因素可能不相同,以下分别讨论。

第二节 陈述性信息量大小与其句法表现

张登岐(1994)指出:"现行很多专著甚至教科书在谈到动词的句法功能时,都强调动词'主要是做谓语''绝大多数的动词都可以单独做谓语',等等。"但他通过对约200万字语料中的573个SV进行调查,发现是多数动词并不能单独做谓语,也就是动词单独做谓语常常不能独立传递完整的某一方面的信息。换句话说,很多的主谓短语陈述性信息量不够,需要增加其他相关的信息才能够独立使用。

我们认为,判断一个成分的信息量的大小,除了前面提到的可以通过推导判断以外,在具体的运用中,还可能在篇章中的独立性和自由度方面有所体现,判断一个语言成分的信息量,还可以考虑以下两个方面。

第一,从做句子成分方面看,既可以做谓语,又可以做其他句子成分的，比只能做谓语的，陈述性信息量可能要小。如：

(8) a. 她工作。（谓语）
　　 b. 她工作的样子很好看。（定语）
　　 c. 她工作很仔细。（主语）
　　 d. 她工作了。（谓语）
　　＊e. 她工作了很仔细。

上例中，"她工作"既可以做谓语，又可以做定语和主语。但"她工作了"中"工作了"主要做谓语，"她工作了"不能做"很仔细"的主语，所以"工作"比"工作了"陈述性信息量要小。

第二，从独立做小句的类型方面看，能做小句的语言成分，只能在复句中做偏句的，比既可以做偏句，又可能是正句（包括可能独立使用的）的陈述性信息量要小。如：

(9) a. 他吃了粥，就离开了。
　　 b. 他吃了一碗粥，就饱了。
　　＊c. 起床后，他吃了粥。
　　 d. 起床后，他吃了一碗粥。

"他吃了粥"和"他吃了一碗粥"比较，前者只能是复句的偏句，但后者既可以是复句的偏正，也可以独立使用，如例(9)d，"他吃了粥"比"他吃了一碗粥"的陈述性信息量要小。

总体来看，语言的陈述性信息量是指能够传递判断、说明、陈述事件的能力的大小等，在篇章中使用越自由，相对信息量就越大，反之，则越小。具体地判断，就是能够独立使用的句子比不能独立使用的句子信息量要大，能够自由使用的句子比不能自由使用的句子信息量要大。以下以"（都）大学生了"和"是（做）大学生了"为例进行考察，两者似乎意思差不多，但前者是一个名词性谓语句，后者是一个动词性谓语句，它们在使用时功能有一定的差异：

第一，都可以做一个复句的偏句。如：

(10) 不守规矩的人就不是好人么？都大学生了，可以不要这么幼稚么？

(11) 已经是大学生了，连尊重二字都不懂，我手提电脑推到你们面前，难道就是"全面开放"的意思吗？

例（10）中，"都大学生了"是一个复句的偏句，其正句是"可以不要这么幼稚么"；例（11）中，"已经是大学生了"是偏句，正句是"连尊重二字都不懂"。这是它们的共同点，都可以是一个复句的偏句。我们在BCC中查找到21例"（都）大学生了"的用法，都是复句的偏句。

第二，"是（做）大学生了"可以是独立句或者复句的正句，"（都）大学生了"不可以。如：

(12) "那么说，是大学生了，或者以前是大学生！"

(13) 他叫她小妹妹？他叫她小妹妹？！有没有搞错？她已经十九岁，马上就是大学生了！

(14) 傻瓜，大家都还在。不过，现在想要做大学生了啊。

例（12）中，"是大学生了"是一个独立句；例（13）中，"她已经十九岁"与"马上就是大学生了"是顺承关系，属于并列类复句；例（14）中，"现在想要做大学生了啊"是偏正复句的正句。

第三，"都大学生了"没有否定用法，"是（做）大学生了"可以有这类用法。如：

(15) 请让我发现，让我体会。感动，虽然不是大学生了，也依然感动。

第四，"都大学生了"前面不能加修饰语，"是大学生了"可以。如：

(16) 出个门总会受到限制，难道都一点自由也没有么？已经是大学生了哎。

(17) 元健说："我是个年轻商人，常会在上流社会出现，而你只不过是个中学生……""不！是预科生，就快是大学生了！"

(18) 忽然心底升起一丝罕有喜悦，呵，<u>升格</u>做大学生了。

例（16）中，"是"前修饰语是"已经"；例（17）中，"是"前是"就快"；例（18）"升格"与"做大学生"可以看作一个连动结构。

从上可以看出，"（都）大学生了"和"是（做）大学生了"两个句子虽然都可以使用，但自由度不同，后者比前者的用法更加自由，可能传递更多的信息量。

当然，在有些用法中，也并非一定是句子传递的信息量越大，句子就越自由。我们查找了"（曾经）去过"的用法，具体如下：

(19) 有点小忧伤，因为我曾经去过，然后又悄无痕迹地走了。
(20) 我曾经去过很多省市，现在回到家乡，一心想为家乡的发展贡献力量。
(21) 往成都的方向有几个大站，我曾经去过，但这一去一回，就得多耽搁一天。
(22) 几年来，我去过笔架山、千山、泰山等名山，也去过一些无名的山。
(23) 我知道你没有再去见过她，可我去过。

上面几个例子中，前三例有时间副词"曾经"，但从语料库中查找的用法看，这种用法一般不具有独立性，例（19）中"我曾经去过"是一个顺承复句的前一分句，其与后句一起说明前一小句"有点小忧伤"的原因，"因为"及其后部分是偏句，"有点小忧伤"是正句；例（20）中"我曾经去过很多省市"是顺承复句的前一小句；例（21）中后句有表示转折关系的标记词"但"，所以"我曾经去过"所在句子是一个复句的偏句。在查找的语料中，没有发现"曾经去过"做复句的正句或独立的用法。后两例中，没有"曾经"；例（22）中，是并列复句的前一分句；例（23）中，是偏正复句的正句，所以"我去过××"比"我曾经去过××"更加自由。这主要是由于动词后有"过"表示完成，"曾经"提供了羡余信息，同时也限制了所在句子的部分功能。这类用法常常传递言者的主观性，是语言的另外一种机制起作用。

第三节　动词做谓语时陈述性信息量影响因素

在现代汉语中，可以从不同的角度给动词分类，比如可以把动词分为动作动词、存现动词、心理动词、使令动词等，从功能角度看，动作动词、使令动词常常与事件有关，如"他打人""这让我想起了一件事"等都表示一个事件；心理动词常常介于主观与客观之间，如"他想妈妈"中的"想"，其本身是客观的事实，但这个事实又是主观范畴的；存现、判断等常常与表示属性相关，在表达过程中，影响它们自由度的因素有所区别。下文主要讨论动作动词是谓语中心词的"主语+谓语"的用法，如涉及其他相关用法则略加讨论。

一般来说，表示一个事件需具有时间、空间以及事件本身的确定性等特征，所以对于动作动词等做谓语中心语的句子，常常选择增加相关信息提高句子传递的信息量。

一　时体因素增加信息量

第一，增加时间词，比如"今天、明年、星期三"等。如：

（24）他去杭州了——他今天去杭州了。
　　　我去美国——我明年去美国。
　　　我开会——我星期三开会。

第二，增加时间副词，比如"正在、将要、已经、常常"等。如：

（25）他看电影——他正在看电影。
　　　我去广州——我将要去广州。
　　　他吃完饭——他已经吃完饭。
　　　他哭——他常常哭。

二　增加时态助词"了、过、着"等

时间性是事件的重要因素，上面所提到的这些都是显性的、具体的表

示时间的词，现代汉语中还有一些与表示时体有关的因素，如"了、着、过"等，本身虽然不直接表示时间，但它们与时间和动作直接相关，这些成分的有无也直接影响句子的陈述性信息量。如：

（26）小张消沉——小张消沉<u>过</u>。
　　　老王看电影——老王看<u>了</u>电影。
　　　他说话——他说<u>着</u>话。

从推导角度看，小张消沉过→小张消沉；老王看了电影→老王看电影；他说着话——他说话，所以以上这些用法中，有时体标记的陈述性信息大于没有时体标记的。

实际上，除了推导外，这些时体标记也影响所在句子的篇章功能，已有的关于自足性的研究主要是静态的，在一个句子内部讨论相关问题。我们觉得，扩大考察范围，从篇章的角度看有无相关成分的句子的自由度，既可以讨论完句成分，又可以将一些不是完句成分，但增加句子的陈述性信息量的手段纳入研究范围。通过统计和分析，也使完句的概念更加有依据和客观。

下面以"（你、我、他）吃了饭""我吃饭""他吃饭""你吃饭"在一个话轮最前面的用法为例，考察它们的篇章功能差异，进一步证明有时体标记比没有时体标记的信息量要大。我们查找了 BCC 语料库中的用法，具体情况如下。

（一）用于问句中

（27）她还犹豫着，我又叫了："你吃饭不吃？吃就得出来。"
（28）（胡雪岩）定定神问道："吃了饭没有？"

上两例中，"你吃饭"和"吃了饭"都用于问句，因为用于询问，这类用法的主语主要是"你"，"我"和"他"较少出现于问句中。

（二）用于答句中

（29）他儿媳妇问他："你坐在这儿干吗呀？""<u>我吃饭呀</u>！"他会理直气壮地这样回答。

用于答句中的人称一般是"我",其他人称较少使用。
(三) 用于祈使句中

　　(30) 王建国说:"你吃饭吧,不必管我。我慢慢喝。"
　　(31) 正要去直身去开窗,张佩道:"你吃饭,我来罢。"

这两例中,都是"你吃饭"表示祈使,其他人称较少用于这一功能。不过,"我们吃饭"也主要用于祈使,本章未将它们统计在内。
　　以上句子基本上都可以看作是语境句,问句和祈使句是非现实句,所以基本不传递客观信息。
(四) 用于定语

　　(32) 他猛地一咳,用力抡拳击胸,大吼:"我吃饭时,别讲笑话好吗?会噎死人的。"
　　(33) (他) 对我说:"他吃饭的问题你就不要逼他了吧,我们尽量多做些好吃的,随他吃就好了。"

例(32)后是"时",这类用法在"吃饭"后使用比例较高;例(33)中,后面是"问题",表示某一方面。
(五) 用做主语

　　(34) 小邪笑道:"我吃饭不用碗,当然不必洗碗,还是你自个儿洗吧!"
　　(35) 一个头戴竹笠的中年汉子说:"你吃饭不给钱,还不让别人说两句吗?"

例(34)中,"你吃饭"可以分析为"不用碗"的主语;例(35)中,也可以分析为"不给钱"的主语。
(六) 用于偏句

　　(36) 她自长睫毛下瞅着他:"我吃饭,该你说话给我听了。"
　　(37) 他默默地站了一会儿,看着她热饭,说:"你吃了饭早点休息吧，我走了。"

（38）马大说："吃了饭才走。"

例（36）中，"我吃饭"既可以分析为答句，也可以分析复句中的偏句。例（37）中，"你吃了饭"一般可以分析为偏句；例（38）中，有关联词语"才"，"吃了饭"可以看作紧缩复句的偏句。

以上各类用法，具体用例统计如表3-2。

表3-2　　　　　"吃了饭"与"吃饭"相关用法统计

用法	吃了饭	比例（%）	吃饭	比例（%）
问句	12	31.6	34	68.2
祈使句	0		9	
定语	2	5.3	8	25.4
主语	0		8	
偏句	24	63.1	1	6.4
答句	0		3	
小计	38	100	63	100

从表3-2可以看出以下几点：

（1）"吃饭"用于非现实句的比例为68.2%，"吃了饭"为31.6%，前者是后者的2倍多。

（2）"吃饭"单独做主语或定语的比例是25.4%，而"吃了饭"的比例是5.3%，说明"吃饭"比"吃了饭"更接近一个词的功能。

（3）"吃了饭"用于偏句的比例是63.1%，答句是有条件使用的，如果也看作小句，那么"吃饭"用于偏句的比例为6.4%，远低于"吃了饭"。

综上可以看出，没有"了"的句子主要用于非现实句，而有"了"的句子主要做偏句，在现实性上，后者强于前者。做句子成分时，没有"了"的用法充当定语和主语要更自由一些，说明在句法的自由度方面，无"了"的用法更高一些。

有"了"的用法做小句更自由，无"了"的用法做句子成分更自由，说明有"了"的在句子层面更自由一些，传递的信息量也大一些。

除动作动词外，有些表示存现的句子中，有"着"无"着"表达的意义可能有区别。如：

（39）墙上挂画——墙上挂着画。
　　　柜子上放书——柜子上放着书。

上面两例中，没有"着"的用法一般理解为未然状态，可能主要用于答句等；有"着"的用法理解为一种持续状态，是一种现实状态，后者比前者信息量要大。

三　增加空间信息

在现代汉语中，很多句子中空间信息量似乎不是完句的必要信息，但是在有些句子中，空间信息是必要的，比如金庭恩（1999）曾经讨论过下面的句子：

（40）他站着——他在门口站着。
　　　他躺着——他在床上躺着。

这一类句子一般是存现句，在这类句子中，空间信息比在一般句子中更为重要，所以说的时候需要增加空间信息。上两例中，前句不能说，后句能说，是因为后句加了空间信息"在门口""在床上"，整个句子的信息量比没有空间信息的"他站着"和"他躺着"要大。

四　增加结果信息

在表述事件时，如果出现结果信息，那么其传递的信息量也更多。如：

（41）老王努力了——老王努力了一个月。
　　　他吃了——他吃饱了。

这类用法与没有结果信息的用法之间也存在着推理关系：老王努力了一个月→老王努力了；他吃饱了→他吃了，所以结果信息可以增加句子的信息量。

在现代汉语中，补语可以是可能补语，也可以是结果补语。如：

（42） A 类　　　　　　　　B 类
　　　我们吃得饱。　　　　我们吃得很饱。
　　　小王说得清楚。　　　小王说得很清楚。
　　　小李洗得干净。　　　小李洗得很干净。
　　　小张听得明白。　　　小张听得很明白。

上述例子中，A 类是可能补语，其结果是非现实的，这类用法中，并没有传递更多的客观信息，主要传递言者的主观看法；B 类是结果补语，是一种现实情况，所以可以传递更多的信息。从推导角度看，A 类不能推导出事件，如"我们吃得饱"不能推出"我们吃"，但"我们吃得很饱"可以推导出"我们吃"。所以结果补语提供更多的信息，可能补语不提供更多的客观信息。

贺阳（1994）表示趋向范畴的趋向补语，可以在一定范围中起完句作用。如：

（43）老张牵来一头毛驴。
（44）老人站了起来。

这类用法在某种程度上可以看作是结果范畴，也可以提供更多的信息量。如：老张牵来一头毛驴→老张牵来一头毛驴，老人站了起来→老人站了。

第四节　形容词性成分的陈述性信息量影响因素

朱德熙（1982）将形容词分为性质形容词和状态形容词。其中性质形容词有时可以直接做定语，有时做定语时后面必须加"的"，状态形容词做定语时一般后面要加"的"；性质形容词不能直接做谓语，状态形容词一般可以直接做谓语。如：

(45) *北方冷　　　　　　北方冷飕飕的。
　　 *桃子红　　　　　　桃子红彤彤的。
　　 *草原白　　　　　　草原白茫茫的。

之所以多数性质形容词不能够直接做谓语，与其表示的意义有关，黄国营和石毓智（1993）认为，形容词在量上有量幅和量点之分。石毓智（2001）指出，性质形容词表示"量幅"，"量幅"只表示量的存在，不表示量的大小；状态形容词表示"量点"，即表示量的大小。从所表示的意义来看，性质是比较稳定的，没有变化的，信息量小；状态是不稳定的，常常变化的，相对信息量大。

从信息量的角度看，对于某一方面的描述，越具体、越确定，信息量就可能越大，比如问"来了多少人？"回答"十几个人"或"十五个人"，则后者的信息量大，因为后者更具体、更明确，从推导角度看，"十五个人"可以推导出"十几个人"，但反之则不可以。对于量幅和量点来说，量幅是一个属性的区间，量点是某个区间的某一个点，也存在着这种推导关系，如"大红"可以推导出"红"，反之则不可以。所以在确定性方面，量幅小于量点，性质形容词提供的信息量低于状态形容词。

形容词表量的这种特点对于其充当句子成分有一定的影响，比如表示量幅的形容词做定语常常可以不加"的"，而表示量点的形容词则一般要加"的"。对于有些处于中间状态的形容词，也有不少学者加以关注。如沈家煊（1997）将做定语要加"的"，做谓语要加其他成分看作是有标记的用法，并依据这点将双音节形容词分成 A 类和 B 类。如：

(46) A 类　　奇怪现象　？这现象奇怪（这现象很奇怪）
　　　　　　普通生活　？我的生活普通（我的生活是普通的）
　　　　　　豪华公寓　？这所公寓豪华（这所公寓很豪华）
　　　　　　名贵料子　？这块料子名贵（这块料子很名贵）
　　 B 类　 *畅通道路（畅通的道路）　道路畅通
　　　　　 *昂贵价格（昂贵的价格）　价格昂贵
　　　　　 *大方举止（大方的举止）　举止大方
　　　　　 *单纯头脑（单纯的头脑）　头脑单纯（引自沈，1997）

以上 A 类的双音节形容词，可以不加标记词"的"直接做定语，但是不能直接做谓语，也就是它们做谓语是有标记的，要么加程度副词"很"等，要么加"是……的"等；而 B 类形容词，可以自由地做谓语，但是不能直接做定语，其后必须出现"的"。

我们认为，充当定语和充当谓语反映的是词语的两个方面的属性，相对来说，定语增加指称性，谓语主要是陈述性，指称性强的成分做谓语是有标记的，同时陈述性强的成分做定语也是有标记的，比如动词短语或小句陈述性强，充当定语时必须出现标记词"的"。以上形容词，直接做定语是指称性相对强的，直接做谓语则是陈述性相对强的。从它们相对的特点可以看出，指称性强的做谓语的能力弱，即陈述性弱，反之，做定语能力弱的则可能做谓语的能力强，即陈述性强。从形容词指称性和陈述性能力强弱的两端——典型的性质形容词和复杂的状态形容词的功能来看，前者指称性强，后者陈述性强。张伯江（2011）指出："汉语形容词具有 Thompson（1988）所说的陈述功能，但这是一种语义上的陈述，直接实现在低于句子平面的句法结构里，不能直接实现在句子平面上。这是因为，汉语形容词是偏于体词性的，如果要做句子的谓语，需要借助一些句法标记。"也就是有些形容词的陈述功能是低于句子平面的，需要其他的语法手段来帮助其在句子平面实现。这些语法手段，有些可以增加信息量，有些不能增加信息量，是其他方面的手段。

一　增加程度副词

黄南松（1994）认为，"除疑问句、反问句、祈使句、感叹句和否定句可以自主成句之外，以形容词为谓语的陈述性肯定句要自主成句，就必须具备程度范畴或功能语气范畴"。如：

(47) ＊老王好——老王很好。
＊这件衣服贵——这件衣服挺贵。
＊这本书厚——这本书特别厚。

上例中，"好""贵""厚"都是性质形容词，都不能单独做谓语，加上"很""挺""特别"等表示程度的副词后，就可以做谓语了，主要是程度副词使其后的形容词从量幅变成了量点，提高了信息量，从而也增强了陈述性。所以张伯江（2011）提出"状态形容词"不是词，是汉语形容词独有的形态化的谓语形式。

二 增加程度补语

在汉语中，赋予形容词程度性的不仅可以是状语，也可以是补语，表示形容词程度的补语也可以增加信息量。如：

（48）＊今天热——今天热得不得了。
　　　＊这张桌子大——这张桌子大得很。

程度补语的功能与程度副词相同，都是使形容词表示的意思从量幅变成了量点，从而增加了陈述性。

三 增加否定形式

在表达中，否定形式也可以增加句子的信息量。如：

（49）＊这孩子坏——这孩子不坏。
　　　＊那种纸薄——那种纸不薄。
　　　＊这种药苦——这种药不苦。

石毓智（2001）指出，"'不'否定形容词是对其程度上的否定"，所以这类否定用法在某种程度上可以看作是前加程度副词的用法，可以增加句子的信息量。形容词前有时还可以加"没"否定。如：

（50）＊这件衣服脏——这件衣服没脏。
　　　＊桃子红——桃子没红。

这类用法与"不"的否定意义不同，例（49）中，表示没有到形容词所描述的程度；例（50）中表示没有出现这一变化，这类否定并没有增加形容词的陈述性信息量，而是增加了其动词性，如还可以说"桃子没开始红"。

四 增加对比句

有的时候，性质形容词做谓语时，单个的句子不能说，有对比句时却可以说了。如：

（51）＊南方热——（北方冷，）南方热。
＊那件轻——（这件重，）那件轻。
＊外头亮——（屋里黑，）外头亮。
＊杏花白——（桃花红，）杏花白。

这类用法中，对比项的出现提供了语境，有了参照信息，量幅变窄或者变成量点，增加了陈述性，就可以说了。这种参照有时可以是隐性的，比如张伯江（2011）曾讨论下面几个句子中性质形容词直接做谓语的情况，如：

（52）他精神疲惫。
树木枝叶茂密。
他头发蓬松。
这本书内容丰富。（引自张，2011）

以上句子中，"精神疲惫、枝叶茂密、头发蓬松、内容丰富"一般都不能直接说，但它们前面出现了"他""树木""他""这本书"后，可以看作提供了语境，就可以确定隐性的参照项，比如"他精神疲惫"，有了"他"限定范围后，"精神"的对比项可以是"身体"等，这也增加了信息量，就可以说了。

五 两种不增加信息量的完句成分

（一）比较句可能不增加形容词的陈述性信息量

有很多学者都认为比较句具有完句功能（孔令达，1994等）。如下面的句子：

（53）小明的眼睛比小玉大。

第三章　陈述性信息在篇章中的配置方式　　79

　　　　这只苹果比那只红。
　　　　房里比外面热闹。
　　　　田芳比赵文老实。（引自孔，1994）

　　从是否完句的角度看，非比较句"小明的眼睛大""这只苹果红""房里热闹""田芳老实"都不能单独成句，但从信息量的角度看，以上用法并没有在表示程度方面增加相关信息，因为在以上句子中，推导不出"小明的眼睛大""这只苹果红""房里热闹""田芳老实"这样的信息，因为还可以说"虽然小明的眼睛比小玉大，但实际上也不大"等。比较句表达的意思与上述的形容词谓语句不同，所以并不增加形容词本身的陈述性信息量。

　　（二）焦点标记等不增加信息量
　　在现代汉语中，有些形容词不能单独做谓语，但如果在句子中加上"是……的"，则可以。如：

　　　　（54）花红——花是红的。
　　　　　　　水清——水是清的。

　　这类用法中，"是……的"是焦点标记，凸显"红"和"清"，从提供信息的角度看，并没有增加形容词的陈述性信息。

第五节　名词性成分与陈述性信息量

一　主语位置的信息量与陈述性信息量

　　孔令达（1994）认为："根据我们的观察，一个主谓结构的语段说出来的时候能否自足主要取决于谓语的构造，而同主语关系不大。"在他所列举的自足句中，有"他吃了饭了""他才爬起来"等，主语都是代词，这类用法只能出现在具体的语境中，否则不能传递独立的信息，实际上也是不自足的。张斌（1998）认为："指称、陈述是语言单位作为信息传达载体所表现的两种基本交际功能。""有指称，不一定有陈述；有陈述，必有指称。"所以我们认为陈述性信息量不单单取决于谓语，也与主语和宾语有关系。聂仁发（2009）曾讨论下面几个句子，并认为它们的语境依赖性是不一样的：

(55) 鲁迅生于 1881 年。
(56) 作家早把房子卖了。
(57) 他忍受不了病痛的折磨。
(58) ∅买了两本天文方面的书。（引自聂，2009）

这几个例句中，"鲁迅"是专有名词，"作家"是普通名词，"他"是人称代词，∅是主语省略了。如果把主语部分都换成如"鲁迅"一样的专名，都是自足的句子。但是几个句子越往后，自足性越差，语境依赖性越强，说明它们传递的信息量并不相同，而其主要原因是主语的差异，从信息量角度看：专有名词>普通名词>代词>∅。所以一个句子陈述性信息量=主语的指称信息量+谓语的陈述信息量。方梅（2008）讨论了零形回指的背景化功能。如：

(59) 走过来，小明打开门。

在这个句子中，"走过来"前没有主语，其主语是后句的"小明"，由于没有主语，"走过来"单独说就不能传递完整的信息，自然没有独立性，只能提供背景信息。

王红旗（2016）专门讨论过体词性谓语句的主语问题："体词性谓语句的主谓结构的前一个体词性成分应专指语境中特定的一个客体，如'晴天''阴天''雨天'这一类词都不能专指化，所以不能作为主谓结构的主语。"由此可见，主语的指称性强弱可能影响整个句子的陈述性。

二 宾语的信息量与句子的陈述性信息量

（一）与动词的搭配频率与陈述性信息量

名词或名词性短语与相关动词的搭配频率不同，信息量也不同。如孔令达（1994）认为不同的名词与同一个动词组合，可能自足性也不同，他具体讨论了两组名词与动词的组合，其中一组不能自足。如：

(60) a. 他吃了饭，……　　他穿了衣服，……

他喝了茶，……　　他写了信，……（引自孔，1994）

如果"动+宾"表示非经常性的或抽象的动作，一般可以自足：

(60) b. 他吃了毒药。　　他加入了民盟。
　　　　他喝了敌敌畏。　　他们取得了胜利。（引自孔，1994）

之所以不同的名词与同一个动词组合后自足性不同，是由于不同的名词相对于同一个动词，搭配的频率不同，其信息量也不同，常用的搭配信息量低，非常用的搭配信息量高。之所以常用的搭配信息量低，这与概率有关系，对于一个事件来说，概率越高的，越容易被预测，相对来说信息量就小，反之，则信息量大。一个名词与动词组合陈述一个事件，搭配频率越高，就越可能是一个常规事件，自然更容易被预测，信息量就比较小。实际上这与汉字输入时出现的词汇顺序是一致的，在输入汉字的时候，输入相同汉字的拼音，会出现一系列相关的词，一般情况下，越常见出现的位置越往前，这是因为计算机在计算的时候，信息量越小，越容易计算，也就越先出现。

（二）宾语的信息量与陈述性信息量

除搭配频率外，宾语本身的信息量也影响陈述性信息量。比如李铁根（1995）、金廷恩（1999）都讨论过宾语对句子自足的影响。如：

(61) ＊他的妻子是一个女人。
　　　他的妻子是一个很能干的女人。（引自李铁根，1995）
(62) ＊他有两条腿。　他有两条特别粗的腿。（同上）
(63) ＊他帮助过同学。他帮助过困难中的同学。（引自金廷恩，1999）
(64) ＊他看过小说。　他看过王安忆的小说。（同上）

上面的例子中，前两例的前一句一般不能独立使用，是因为它们是常识，"妻子自然是女人""人都有两条腿"，但是增加了定语以后，"很能干"可以与"一般"对立，"特别粗"可以与"正常"对立，宾语的信息量就增加了，整个陈述结构的信息量也增加了；后两个例子的前一句一般不说，也是因为"帮助同学"和"看小说"是常用搭配，所以信息量不够，加上"困难中"和"王安忆"以后，就变成非常用搭配，也就增加了陈述性信息量了。

二 有指、无指与陈述性信息量

孔令达（1994）认为数量短语具有完句功能。如：

(65) *他吃饭—他吃了三碗饭。 *他穿衣服—他穿了两件衣服。
  *他喝茶—他喝了五杯茶。 *他写信—他写了几封信。
  （引自孔，1994）

包含数量短语的名词性短语的信息量大于没有相关成分的，它们之间也存在推理关系。如：

(66) 他吃了三碗饭→他吃饭。 他穿了两件衣服→他穿衣服。
  他喝了五杯茶→他喝茶。 他写了几封信→他写信。（引自孔，1994）

之所以有以上功能差异，与 NP 的有指无指有关。"吃饭""穿衣服""喝茶""写信"中的"饭""衣服""茶""信"都是无指的，加上数量短语修饰后，就变成有指的了，从推导角度看，后者可以推出前者，所以信息量更大。①

沈家煊（1995）指出，一个动宾组合，即"单个动词+宾语"在表达功能上存在着"活动"和"事件"的区别。如"读书""看电影"是活动，而"读《红楼梦》""看那场电影"是事件。如果我们在"书""电影"前加入一个数量短语"一本""一场"变成"看一本书""看一场电影后"。就会发现，从信息量角度看，如果问"看什么"，从"看《红楼梦》"可以推导出"看一本书"，再推导出"看书"；"看那场电影"推

---

① 从孔先生举的例子看，这几个句子不仅加了"数量"定语，动词后还加了"了"，所以这几个句子，从完句成分角度看，是"了"和"数量成分"都具有完句功能，缺一个因素句子仍然不自足。

导出"看一场电影",再推导出"看电影"。之所以如此,是宾语的指称特点有差异,"书""电影"是无指的,"一本书""一场电影"是有指、不定指的,"《红楼梦》""那场电影"是定指的。从信息量角度看:定指成分>有指成分>无指成分。

之所以有指成分比无指成分信息量大,在于有指成分一般指称语境中的实体,定指成分指称在发话人看来受话人可以识别的实体,不定指成分指称在发话人看来受话人不可以识别的实体(陈平,1987)。所以定指成分确定性强,相对信息量大;无指成分确定性弱,相对信息量小。一般来说,现代汉语中,名词性成分的信息量如下:专有名词>一般名词>抽象名词>代词>零形式。

三 名词性谓语句的陈述性信息量

有很多学者都讨论过现代汉语中名词做谓语的情况,名词也可以传递陈述性信息量。马庆株(1995)指出:"过程名词做谓语的自由度是渐变的,有的很自由,如'手术',是强陈述性名词;有的只是偶尔做谓语,如'战争',是弱陈述义名词。"所以可以说"明天手术""我手术",但一般不说"明天战争"。这说明名词也存在着陈述性强弱的问题。以下主要从增加陈述性信息量的角度进行讨论,看哪些语言手段可以增加名词性成分的陈述性,并探究这些手段为什么可以增强名词性成分的陈述性。

(一) 对比项增加陈述性信息量

(67) *他买的香橙——(我买的苹果,)他买的香橙。
(68) *他宋江——你李逵,他宋江。

例(67)和(68)中前面的句子一般不直接说,但后面的却可以说。韩蕾(2001)指出,像例(67)的句子,大家在讨论买了什么水果时可以说;例(68)在讨论演员的角色分配时也可以说。前面曾经提到,在具体的语境中,代词也可能具有陈述性,如排值班的时候,可以说"今天你,明天我,后天他"。例(68)的后句中,主要是语境带给了专有名词顺序义,使其具有了陈述义。

(二) 前加定语增加陈述性信息量

有的时候,NP不能直接做谓语,但在整个NP前加上形容词或者数

量短语做定语时,却可能了。如:

(69) 黄老头好记性。
(70) 你好大的胆子。

例(69)中,"黄老头记性"一般不能说,但名词前加上"好"就可以说了;例(70)中,"你胆子"一般只能理解为偏正式名词性短语,但"胆子"前加上"好大(的)"后,就可以做谓语了。这两例中,如果说成"黄老头记性好"和"你胆子好大"就是形容词做谓语,当这两个形容词是名词的定语时,整个结构仍然具有陈述性,可以出现在谓语位置上,所以前加定语与其后的 NP 可以组成一个"形容词+NP"的短语时,这个"形容词+NP"也常常具有同义的陈述性。

有的时候,定语不是形容词,而是数量短语,也可以是名词性短语做谓语。如:

(71) 天上一片娇晴。(《老舍短篇小说选》)
(72) 中间一条宽阔的马路。(叶圣陶《游了三个湖》)

例(71)中,"娇晴"不能直接做谓语,加上"一片"做定语后就可以了;例(72)中,"宽阔的马路"不能直接做谓语,加上"一条"做定语后,也具有了陈述性。这类用法,常常用于交代背景等,有时可以在中间加上"是",如"天上是一片娇晴""中间是一条宽阔的马路"等,这里的"是"一般不是表示判断,而是表示存在。

(三)前加状语增加陈述性信息量

在现代汉语中,名词做谓语较多的用法是前面出现副词。如:

(73) 脸色不好时,就化一点淡妆,让人看上去很阳光。
(74) 婚后生活我不想多说,我只说她很个性。

以上例句中,"很阳光""很个性"都可以出现在谓语位置上,主要是前面的副词使其内涵凸显了,因为每一个名词都有其外延和内涵,当其前出现数量词或其他定语时,凸显的就是外延义,指称性强;而当前面出

第三章 陈述性信息在篇章中的配置方式

现程度等副词时，就不再是凸显外延，而是内涵了，这时其陈述性与形容词的功能有点接近。

（四）后带补语、宾语增加陈述性信息量

（75）李十五匿在一家里门洞里，龟成一团，勾下头，憋着声，苦着。

（76）要是我在电影里，哈哈哈，好歹也要"狼"那么一把。

带补语是动词和形容词的句法特点，名词带上补语后，就临时具有了动词或形容词的特点，具有了陈述性。如例（75）中，"龟"是名词，后面加上"成一团"后，表达的意义就变成像"龟"一样地缩着，具有了陈述性；例（76）中，"狼"是名词，加上了宾语"那么一把"，而可以带宾语是动词的典型特征，所以这里"狼"就有了动词性，自然具有陈述性。

（五）后带"了""着"等

（77）大姑娘了，要注意整洁！
（78）站在一旁的小姐，脸钢着，鄙视着阿成。

例（77）中，"大姑娘"带上"了"后以上表示变化义；例（78），"钢"后带"着"，表示存在状态，表示"脸像钢一样"。

第六节　小结

本章首先讨论了如何判断句子的陈述性信息量大小，不仅可以通过推导来判断，还可以考察其在篇章中的自由度，一般来说，越自由，陈述性信息量越大。增加动词的陈述性信息量的方式常常是增加时间、空间和结果信息等；增加形容词陈述性信息量的方式主要是增加程度信息，对比项和否定形式也可以增加其信息量。一个句子中的主宾语指称性强弱也影响句子的陈述性信息量，主语和宾语的指称性越强，宾语与动词搭配的频率越低，句子的陈述性信息量也越大。通过赋予名词顺序义、程度义、变化义来凸显内涵等，使名词出现在谓语位置，也可以增加其陈述性。

第四章

"知道吗"的前景化及相关格式的信息配置功能[*]

在现代汉语中,"(你)知道吗"常有以下的用法:

(1)我说我看看您来啊!他说不要到这边来呀,<u>我是右派分子</u>你知道吗?我说您是右派我才想来,右派不能接近吗!右派也是人哪!

(2)蒋寒十分严肃地对老向说:"今天应该冷静一些了。你知道吗?<u>她在门外等了一夜</u>,你们见面很难。希望你抓紧时间,我们下午等你,最后再好好谈谈。向书武,你该意识到这是你最后的机会了。"

例(1)中,"(你)知道吗"格式语义指向前面的信息"我是右派分子";例(2)中,指向后面的信息"她在门外等了一夜"。刘丽艳(2006)认为它们是话语标记"你知道"的三个变体之一。据我们考察,这两个"(你)知道吗"表达功能上也存在着差别。

第一,语义前指的"(你)知道吗"一般可以省略,而语义后指的"(你)知道吗"不能省略。如例(1)中,去掉"(你)知道吗"不影响原文的表达,但例(2)中,去掉"(你)知道吗",变成:"今天应该冷静一些了。她在门外等了一夜,你们见面很难……"上下文就不连贯了。所以语义后指的"你知道吗"还有篇章衔接功能,但语义前指的没有。

第二,有的"(你)知道吗"前后位置虽然可以互换,但互换后表义有差别。如:

---

[*] 本章主要内容发表于《语言科学》2015年第2期。

（3）a. 亲爱的读者，你知道吗，这位受到国际权威学者肯定的侯永庚副研究员，竟是一个双目失明已达13年的人！

b. 亲爱的读者，这位受到国际权威学者肯定的侯永庚副研究员，竟是一个双目失明已达13年的人，你知道吗？

（4）a. 我不管你想杀谁，我只想看事实。帝国主义有洋枪洋炮你知道吗？

b. 我不管你想杀谁，我只想看事实。你知道吗？帝国主义有洋枪洋炮。

例（3）中，从告知读者信息的角度看，b的说法似乎不太礼貌；例（4）中，b的说法在这里也不合适。所以语义前指和语义后指的"你知道吗"的表达功能也有区别。

有的时候，"知道吗"前的"你"不出现，或者出现的是"你们""您"等，另外"知道吗"前也可以加入"不"等。如：

（5）孟良天真地笑了。"怎么啦！我们正要找你去呢。知道吗，我特别欣赏你那四川口音。来段四川清音怎么样？我敢打赌，就凭你这嗓子，一唱准保红。"

（6）一位看上去并不虚弱的老人伸手向他要胡萝卜，他不愿给，他说："您知道吗？我们一个月只发十五根胡萝卜，这是我带进城……给我妈的礼物。"

（7）直到有一天，指挥说："你们知道吗？许多独唱的人才，都是在放炮的时候被发现的。"

（8）警官对打扮入时的女士说："小姐，你不知道吗？在这海滩上，不准穿两截的泳装。"

例（5）中，"你"未出现；例（6）中，出现的是"您"；例（7）中，出现的是"你们"；例（8）中，"知道"前出现了"不"，所以"你"在这个话语标记中还没有完全固化，虽然刘丽艳（2006）把"你知道吗"看作一个话语标记，但我们认为固化的是"知道吗"。

由于语义前指和后指的"知道吗"功能有区别，来源也可能不同，我们先讨论语义后指的"知道吗"的信息配置功能及虚化路径，再讨论相关格式的篇章功能。

本章主要从北京汉语言研究中心语料库（CCL）中查找以"知道吗"为关键词的例句，从中遴选出233个属于讨论范围的用例。

第一节　前景信息的篇章特点与"知道吗"的前景化功能

一　"知道吗"语义指向的句子与前景信息

（一）自立小句与前景信息

叙事语篇中，构成事件主线、直接描述事件进展的信息属于前景信息。围绕事件主干进行铺排、衬托或评价的信息属于背景信息。（Hopper, 1979; Tomlin, 1985）

Hopper 和 Thompson（1980）将信息属性与小句的句法特征和及物性联系起来，指出前景信息所在小句往往具有一系列高及物性特征，背景信息所在小句则常具有一系列低及物性特征，在小句层面上分别具有以下特点：

自立小句（independent clause）常用于表现前景核心信息；

依附小句（dependent clause）常用于表现背景信息。

"知道吗"辖域内可以是一个小句，其语义指向这个小句内的某一个信息，这个小句一般是自立小句。如：

（9）在影剧院的台阶上，王岭全身已经湿透，他满面笑容地看着白树。"你知道吗？"王岭说："地震不会发生了。"

（10）周恩来一到越南，就对驻越大使王幼平伤心地说："知道吗，国华同志死了！"

（11）谭震林动情地向大家介绍说："你们知道吗？这就是真正的阿庆嫂！"

以上三例中的小句"地震不会发生了""国华同志死了""这就是真正的阿庆嫂"都是自立小句。陈满华（2010）指出，作为句法单位，不同类型的小句有不同的句法属性，有的小句具有独立性，承载的是前景信息；有的小句具有依附性，承载的是背景信息。以上小句都是自立小句，具有独立性，说明其承载的是前景信息。在所有用例中，有136例"知道吗"辖域内是自立小句，占总数的58.4%。

（二）主句与前景信息

1. 两个小句的情形

方梅（2008）指出，小句与背/前景信息的关系大体为：从句是背景，表示事件过程以外的因素，主句为前景，表达事件过程。在句法上，主句可以不依赖其他小句而进入语篇。"知道吗"后的小句，有两种情况。

第一，等立关系。方梅（2008）采用 Foley 和 Van Valin（1984）对小句句法等级的划分方法，根据"依附"和"内嵌"两个基本参项，把两个小句之间的关系分为等立、主次、从属三种。表示前景信息的两个小句常常是等立关系，"知道吗"辖域内的两个小句也可以是这一关系。如：

(12) 老周，你知道吗？<u>中华人民共和国在北京成立了</u>，<u>你们湖南也和平解放了</u>……

(13) 母亲！您知道吗？您的残废儿子，<u>不是弱者</u>，更<u>不是无能的人</u>。

例（12）中，"中华人民共和国在北京成立了"和"你们湖南和平解放了"是等立关系；例（13）中，"不是弱者"和"不是无能的人"也是等立关系。

第二，主次关系。"知道吗"辖域内的两个小句，也可以是主次关系。如：

(14) 医院大夫得知他要走的消息，含着眼泪挽留他："你知道吗？<u>你才47岁</u>，可是你的脑部组织的检查结果表明，你的大脑已萎缩成60多岁的样子了。……"

(15) 你们知道吗？<u>遵义这个城市不大</u>，可是<u>个具有历史意义的地方</u>。

这两例中，"知道吗"后两个小句似乎都在其辖域内，但实际上两个小句的信息地位不同。这个可以从两个角度进行证明。

一是能否省略。"知道吗"后主句必须出现，但次句有时可以省略。如例（14）中，可以说："你知道吗，你的脑部组织的检查结果表明，你的大脑已萎缩成 60 多岁的样子了。……"例（15），可以说："你们知道吗？遵义是个具有历史意义的地方。"这两个例子中，"你才 47 岁"和"这个城市不大"可以省略。

有时候，主次关系的两个小句的次句在后时，也可以省略。如：

（16）我记得，格瓦拉从未在我们面前谈及自己的功劳，惟独对他取得古巴国籍十分在乎，不止一次对我们说："知道吗？我享有古巴公民的一切权利，包括可以当选总统，尽管<u>我不会有此奢念</u>。"

例（16）中，"尽管我不会有此奢念"这个次句不出现，也不影响主句的自由使用。

次句可以省略，证明"知道吗"所指向的信息所在的小句可以不依赖其他小句进入语篇。

二是是否具有启后性。张伯江（2009：245）指出，典型的新信息的主要功能之一是"引出一个即将在下文中成为引述中心的事物或人物"，具有"启后性强"的特点。在语篇中，前景信息具有典型新信息的功能，制约后续句。如例（15）的后续句是："长征的时候，为了牵住蒋介石的牛鼻子，我们曾两次经过这里。"内容表明遵义"具有历史意义"。再如：

（17）您知道吗，要是那个老头子真把我弄去当他的小老婆，<u>我就咬下他的耳朵来。我真能那么办</u>。

例（17）中"真能那么办"是指"咬下他的耳朵来"，与主句"我就咬下他的耳朵来"直接相关。

以上用法共 75 例，占总数的 32.2%。其中等立关系的 46 例，占这类用法的 61%；主次关系的 29 例，占 39%。

2. 三个或以上小句的情形

有时候，"知道吗"的辖域是三个或以上的小句，这些小句之间的第一层次可以是等立关系，也可以是主次关系。等立关系的几个小句都承载前景信息，但内部存在主次关系的几个小句之间，情况稍微复杂一些。如：

（18）他对女友说，你知道吗？婚姻其实是一只巨大的圈套，｜只要你钻进去，‖<u>生活就变得莫名其妙</u>。

（19）杜小姐，你知道吗？这批货是块大肥肉，‖谁都想吃，｜<u>许多客户踏破门槛我都没有答应</u>。（今天你来了，我给你面子，但……）

（20）我亲爱的上校武官，你知道吗，<u>在我们中间出现了一个可恶的家伙</u>，｜他是一只披着狼皮的羊，｜享受着我国纳税人为他提供的金钱，‖却不停地<u>为我们的敌人效劳</u>！

例（18）中，"婚姻其实是一只巨大的圈套"是第一层次的次句，第二层次的次句是"只要你钻进去"，主句"生活就变得莫名其妙"是全句的前景信息，所以其辖域是"次+主［次+主］"，辖域到主句；例（19）中，虽然第二层次内部存在着主次关系，但第一层次主句"许多客户踏破门槛我都没有答应"是一个紧缩复句，其中"我都没有答应"是前景信息，辖域范围是"次［次+主］+主［次+主］"，辖域到主句；例（20）中，第一层次是并列关系，第二层次前面部分为并列关系，后面部分为转折关系，辖域范围是"等立［主+主+（次+主）］"，最后的主句在辖域内。这类用法共22例，占总数的9.4%。

以上按照"知道吗"辖域内小句的数量的不同考察了其前景信息的特点，在所有用例中，一个和两个小句的一共211个，占总数的90.6%。从表达功能看，在一个或两个小句中，"知道吗"的前景信息突显作用都比较明显。

二 时体特征与前景信息

Hopper 和 Thompson（1980）认为，小句的及物性越强，充当前景的可能性越大。屈承熹（2006：63）讨论了他们给出的十个及物性特征中与汉语体标记有关的三个：动作性、完成性、时点性，并得出汉语体标记能够充当前/背景的可能度大小的序列：

```
←————了———起来———过————在————————着——→
 前景                                        背景
```

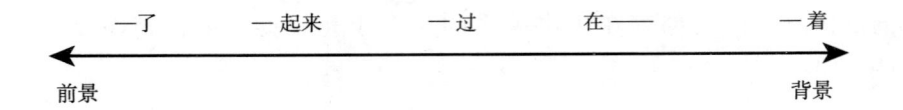

"知道吗"指向信息所在的句子中，也会经常出现这些体标记。如：

(21) 你知道吗？那天我去了码头，我到的时候你已经走了。
(22) "当年桑桑太小，她不能了解。现在呢，你也卷进去了。知道吗？当年，我见过万老太太。"

例 (21) 中出现的是体标记"了"；例 (22) 是体标记"过"。在所有的用例中，出现体标记用法的 45 例，占所有例子的 19.3%。其中用"了"的 32 例，占全部有体标记用例的 71%；用"过"的 10 例；用"在"和"着"的分别是 1 例和 2 例，占整个用例的 9.4%。而且出现在"在"后、"着"前的，不是动作动词。如：

(23) 知道吗？我在想你，每天只想你一次，每次都是从早到晚。
(24) 你们知道吗，这长青的缅桂，记着他的恩惠呢！

例 (23) 中出现在"在"后的是"想"；例 (24) 中"着"前的动词是"记"，都是心理动词而非动作动词，所以其体标记性不强，由此可以看出，"知道吗"辖域内的句子排斥容易进入背景信息的体标记，换句话说，就是其体标记分布的情况，符合前景信息的特点。

三 焦点标记与前景信息

焦点是言者最想让听者注意的地方，是言者赋予信息强度最高的地方（徐烈炯、刘丹青，1998：94），所以焦点很自然会成为前景信息。在汉语中，有很多焦点标记，可以直接出现在"知道吗"语义指向的小句内。如：

(25) 傅雷佛然忍耐了一分钟，然后沉着脸发作道："杨绛，你知道吗？我的称赞是不容易的。"

（26）"不远。"田大瞎子说，"你知道吗？中央军的势力，现在可大多了。"

（27）知道吗？寒冬就只能吃那个。

例（25）中，"是……的"具有突显焦点的功能；例（26）中，"可"具有突显"大多"的功能；例（27）中，"就"具有突显"只能"的功能。"知道吗"语义指向的小句可以出现焦点标记，也证明其所指向的信息具有前景信息的特点。由于自立小句中焦点标记功能一般比较单一，我们主要考察136例自立小句中的用法，其中有焦点标记的38例，占总数的28%，说明这一现象还是比较常见的。

从以上两点分析可知，"知道吗"语义指向的小句，排斥充当前景信息可能性小的体标记，却可以出现具有突显功能的焦点标记，也从反正两个方面证明了这些小句具有前景信息的特点。

四 前景化与"知道吗"的前景化功能

有的语言形式，可以突显相关信息，使其成为前景信息。把一个信息标记为前景信息，可称作前景化。从前面分析可知，"知道吗"所指向的信息都是前景信息，其具有前景化功能。如：

（28）她笑的时候格外美丽。"老宋，知道吗？<u>这个世界其实就是以这种方式构筑着某种平衡，让所有人都能生存，都有活路</u>。"

（29）这时，邓颖超同志慢悠悠走上前，慢条斯理、轻声低气地指着总理说："你们知道吗？<u>他的大名叫周恩来，小名才叫总理</u>。共产党和国民党的区别，就是不能让他到了哪里，都叫老百姓立刻躲开……"

例（28）中，"这个世界其实就是以这种方式构筑着某种平衡，让所有人都能生存，都有活路"是一个可及性比较高的信息，用"知道吗"突显，将其标记为前景信息；例（29）中，"周恩来是总理"也是众所周知的，是一个已知信息，在这里用"知道吗"把它们标记为前景信息，表示特殊的含义。

第二节 "知道吗"的虚化路径及动因

从语料上看，以上讨论的"知道吗"用法主要是在现代汉语中出现的，所以我们从共时平面研究"知道吗"的虚化路径。张伯江（1997）认为，共时的语法化跟历时的语法化并不是对立的概念，只是观察问题的角度不同。共时语法化研究也有助于我们了解语言的规律。

考察"知道吗"的虚化，需要解决以下几方面的问题：（1）"吗"的语义虚化，即如何从承载疑问语气到不表示疑问语气；（2）"知道"语义的虚化；（3）"知道吗"前景化功能是如何产生的。

一 "知道吗"的虚化路径

（一）目的不同的两类"吗"问句

刘月华（1987）提出"S吗"问句的询问意义类型有三种。

（1）问话人预先没有倾向性的答案，问话的目的是从对方得到答案；

（2）问话人预先有倾向性的答案，问话的目的是从对方得到答案；

（3）答案对问话人并不重要，或问话的目的不是求答案，而是另有目的。

从言者是否寻求答案的角度，可以把"吗"问句分成两类：第一类是寻求答案的，也就是希望听者给出肯定或否定回答的，以上的第（1）（2）种属于这类；第二类主要不是寻求答案的，而是有其他目的的，以上的第（3）种属于这类。与我们讨论的"知道吗"相关的主要是第二类，如：

（30）有一天，康生碰到贺龙，问他："你知道杨植霖这个人吗？"

贺龙说："我知道。"

康生说："他到伪军里工作，是叛徒。"

贺龙反驳说："他不是叛徒，是组织上派他去的。"

例（30）中，使用"你知道杨植霖这个人吗"这个问句的目的不是想知道贺龙是否知道这个人（实际上问话人知道听者知道），而是通过这个问句自然过渡到告诉贺龙"杨植霖是叛徒"。

（二）"知道……吗"问句的引发功能

沈家煊（1989）认为会话中最基本的单位是举动，包括言语举动和非言语举动，会话则是由这些举动构成的一系列引发"应答的连续组合"，对话的单位不光是两个举动构成的对答，还常常是两个举动构成的一组"引发、应答、反馈"。第二类含"知道"的"吗"问句就具有引发功能。如：

（31）过了一个星期，张常人急急忙忙打来电话问："你知道程思远先生吗？"　　　　　　　　　　　　　　　　　　　　　（引发）
胡友松答："知道，报纸电台常出现他的名字。"　　　（应答）
"好，知道就好。你下班后赶快换上一身漂亮衣服，等会儿程思远先生来接你。"　　　　　　　　　　　　　　　　　　（反馈）

（32）"你说得有理，只有沃尔特·佩特一人证明了《蒙娜丽莎》的真正价值。你知道克朗肖吗？他以前和佩特过往甚密。"（引发）
"克朗肖是谁？"　　　　　　　　　　　　　　　　　　（应答）
"他是个诗人，就住在这儿附近。现在让咱们上丁香园去吧。"
　　　　　　　　　　　　　　　　　　　　　　　　　（反馈）

例（31）中，问句"你知道程思远先生吗？"具有引发功能，"知道"等是应答，并且在应答的同时还希望了解"为什么问这个问题"，"你下班后赶快换上一身漂亮衣服，等会儿程思远先生来接你"是对听者疑问的反馈；例（32）中，"你知道克朗肖吗？"具有引发功能，"克朗肖是谁？"是应答，同时说明听者希望了解为什么问"你知道克朗肖吗"，"他是个诗人，就住在这儿附近。现在让咱们上丁香园去吧"是对听者疑问的反馈。

话语举动的构成一般要符合篇章信息配置的要求，而篇章信息的排列常常是从背景信息到前景信息。Givon（1987：176）指出：一个篇章 n 点位置上的命题（前景），在"n+1"点位置会变成预设（背景）。以上两例，就是用"吗"问句形式配置背景信息和前景信息。如列（31）中，背景信息"你"→（前景信息"程思远"→背景信息"程思远"）→前景信息"来接你"；例（32）中，背景信息"你"→（前景信息"克朗肖"→背景信息"克朗肖")→前景信息"(克朗肖)丁香园"。这一用法中,从言者的角度看,听者肯定或否定回答都不影响其前景信息成为后续句的背景信息。

(三)引发功能与"吗"的疑问性的减弱

由于"吗"问句的主要功能是引发,在有的用法中疑问性减弱,这时,言者可以在答句还没有出现时就直接引出后面的信息。如:

(33)本来,我只是因为我爸爸整过他,感到对不起他,才想办法了解他,帮助他。后来我就喜欢上他了。<u>你知道我爸爸吗</u>?他就是这个学校的党委书记奚流,是他把何叔叔打成右派的。

(34)但是,当有客初来此地,人们总是热情地介绍:"<u>你知道文天祥吗</u>?你读过他的《过零丁洋》吗?这就是伶仃洋里的外伶仃岛。桂山有他的雕像。"

例(33)中,问句的功能是引出"他就是这个学校的党委书记奚流,是他把何叔叔打成右派的";例(34)中,问句的功能是引出这里就是文天祥的《过零丁洋》中提到的"伶仃洋"。这两个例句,都直接通过问句引出前景信息,疑问对象(如"我爸爸""《过零丁洋》"等)变成了背景信息。在这种用法中,会话的"引发、应答、反馈"系列中的"应答"被省略了。

陶红印(2003)提到,这类用法的"知道吗"中的"吗"常常不用上升语调说出,同时,其与"嘛""吧"之间很难说有什么差异。这也从另外一个角度证明,"吗"问句的疑问性开始减弱。

(四)"知道"语义的虚化与"知道吗"话语标记的形成

当言者使用"知道……吗"问句引出前景信息,同时又认为"知道"的对象是听者已知信息的时候,"知道"的宾语常常被省略。如:

(35)"知道吗,"娟子走在宋建平身边,侧脸仰视着他,"今天<u>杰瑞说我是伯乐</u>。"

(36)他一口又喝干一杯,说:"你知道吗?<u>茅台性极烈,浓度又高。如果一个人喝了过多的茅台,饭后再点起一支烟卷,那他马上就会爆炸!</u>"

例（35）前有这样一段话：下班了，宋建平走在医院的林荫道上，娟子从后面赶了上来，兴高采烈的。院长杰瑞今天又一次夸她，为她引荐了宋建平。所以"杰瑞"是听说双方已知的信息，言者又希望用"吗"问句引出前景信息，"知道"的宾语"杰瑞"就省略了；例（36）中，"茅台"也是一般中国人都知道的，所以也不会出现"你知道茅台吗"的用法。再比较以下两个例句的用法：

（37）我是一个魔术师。我的职业是包装和制造偶像。隔一段时间，我就设计出一个穿着大红袄的角色，给世界带来一次激动。知道<u>巩俐</u>吗？她的那件大红袄，就是我给设计的，她一穿上它就红透了半边天。

（38）倒是有一天，三爷爷院里的四先生风风火火地跑来报告了一个惊人的消息："你们知道吗？王丝丝小姐的那桩官司，人家宋燕芳小姐'私了'了。……"

例（37）中，说话时"巩俐"还只是在一定范围中有名，所以言者用了"知道巩俐吗"；例（38）中，听说双方都知道"王丝丝"，所以"知道"后未出现。这两个例句，听者发生变化，其表达就可能变化，例（37）中，当言者知道"巩俐是什么人"是听者已知信息时，一般是如下说法：

（37'）知道吗，巩俐的那件大红袄，就是我给设计的……

例（38）中，当言者认为听者不知道"王丝丝"这个人时，一般是如下说法：

（38'）你们知道王丝丝吗？她的那桩官司，……

所以言者对听者信息状况的判断直接影响其选择何种表达方式，"知道"的宾语是听者的已知信息时一般会被省略，还可以从本章讨论的"知道吗"语义所指向小句的主语等进一步证明。在233例用法中，主语或者主语中心词的定语是"你""我"等人称代词的130例，是"这"

"那"等指代词的 14 例,是听说双方都知道的一般名词的 77 例,共 221 例,占总数的 94.8%。其余用法主要是通指或全指或主语隐含等。

这一用法中,"知道……吗"问句内部出现了一些变化。

(1)"知道"的语义开始虚化。陶红印(2003)指出,这类用法中"知道"作为一个通常认为能够带各类宾语的多能动词在谈话中呈现出许多正在走向固定化的有重要意义的结构式,这些结构式一方面排斥宾语,另一方面却跟其他句法现象(尤其是主语和否定)密切相关。由于这类问句承担了配置信息的功能,而且"知道"排斥宾语,所以表示心理感知的语义开始减弱,语义虚化。

(2)"吗"的疑问性消失,由于"知道"的宾语不出现,问句失去了疑问点,相应的"吗"的疑问性也随之消失。在实际使用中,一般也不需要回答。

(3)"知道吗"的辖域扩大。吴福祥(2005)指出,在主观化的过程中,话语标记的辖域也会发生变化,从以命题为辖域变成以话语为辖域。据我们统计,一般的"知道……吗"问句中,"知道"所指对象最多是两个小句,但"(你)知道吗"的辖域可以是多个小句。如:

(39)刚要开口告辞,却听雪瑛幽幽地凄凉地说道:"胡管家,你知道吗?小时候翠儿唱歌可好听了,就是因为她的嗓音好,唱歌像个百灵鸟那样动听,我爹才将她买来服侍我。那时还是孩子的我夜里睡不着,她就趴在我枕头边上对着我的耳朵唱歌,什么《走西口》呀,什么《站在高山嘹哥哥》啊,她都会唱呢。"

例(39)中,"知道吗"后面的几个命题都在其辖域内。这种用法的"知道吗"以话语为辖域,其中"知道"的语义虚化,"吗"的疑问性消失,"知道"与"吗"之间不能加入其他成分,而且不影响其后命题的真假与否,是一个固定化的结构,成为一个话语标记了。

刘丽艳(2006)认为这种"知道吗"具有开启一个话轮或在对话中重新开启一个话题的功能,就与它的来源有关。因为,这一用法的"知道吗"由"知道+吗"固化而来,其功能从"引发、应答、反馈"的第一个环节"引发"变成直接"引发+反馈","应答"省略了。由于引发的话语的主语或话题一般都是已知信息,其仍然符合语言信息配置的规律。

二 焦点转移与"知道吗"前景化功能的产生

一个句子常常都有一个焦点。吕叔湘（1985）指出，是非问句一般是对整个陈述的疑问，但有时候也会集中在某一点，形成一个焦点。这个焦点在说话中可以用对比重音来表示。如：

(40) a. 你去过纽约吗？
　　 b. 你去过′纽约吗？

例（40）a 中，疑问的对象是整个陈述"去过纽约"，例（40）b 中，"纽约"是用重音表达的，成为句子的焦点。

"知道吗"中"知道"失去了宾语后，问句也就失去了自己的焦点成分，由于其后有与省略或隐含的部分相关信息，问句的这个焦点就自然转移到后面的信息上，而由于是非问句的疑问点可以是一个陈述，也可以是一个点，所以焦点可能转移到整个陈述，也可能转移到一个点上。如：

(41) 然而，到了八十年代，当再有外地人来到耀邦的家乡时，家乡人便将那句话改成了："你知道吗？杨勇就是<u>胡耀邦的表哥哩</u>！"

(42) 他神秘地对记者说："你们知道吗，毛泽东告诉我们他<u>读过戴高乐的传记，读过关于拿破仑的很多书，他对基督教懂得比我还多</u>！"

(43) 亲爱的妈妈和妃妃：当你们看到这封信的时候，或许我早已离开了这个世界，你们知道吗，<u>是我</u>卖掉了你们，钱全被我吸毒吃了。

以上的用法中，"知道"没有宾语，疑问句的焦点后移，由于其后的部分可能是听者不知道的，所以从语义上来说命题或某个成分都可能是"知道"的宾语，也就都可能是焦点，如例（41）（42）中，焦点是后面的命题部分（画线部分）；例（43）中，焦点是"我"。从表达角度看，"知道吗"提升后面成分凸显度的功能，将其指向的信息前景化。

综上所述，我们简单总结一下"知道吗"的虚化路径：

具有引发功能的"知道……吗"问句→"吗"的疑问性减弱,答句可以不出现→"知道"的宾语省略→"知道"语义虚化→"知道吗"成为话语标记→问句焦点后移,产生前景化功能

三 "知道吗"虚化的动因

(一)"吗"问句的"双功能"及其分离

前面讨论时,我们关注到"知道吗"来源的"吗"问句最初都具有两方面功能:(1)具有疑问功能;(2)具有引发话题的功能。由于汉语中存在大量并不表示疑问的疑问句,所以这两个功能可能被分离,即不具有疑问义的疑问句可能仍具有引发功能,这为"知道吗"虚化提供了可能性。

(二)语境压制与疑问悬空

李宗江(2010)在讨论"我说"类词语变为话语标记时,认为其动因是语境。"知道吗"的语义虚化的动因也是语境的变化。Grice(1975)提出的"合作原则"下有一条数量准则,内容之一就是给听者足够的信息量,但在使用疑问句时,情形恰好相反,就是需要向听者索取一定的信息量。但在具体的语境中,当"知道"所指向的信息可能是听说双方共享信息时,如例(37')和例(38),语境就压制了问句的疑问功能,出现了疑问悬空现象,即有疑问的形式,但没有疑问的功能,这种情况下"知道"的宾语就不再能出现,"知道"的语义自然发生虚化,"知道吗"失去疑问句的索取信息的功能,成为一个话语标记了。

(三)焦点转移与功能固化

话语标记形成后,一般都具有自己的特定的功能。"知道吗"虚化后,在保留引发功能的同时,作为疑问句失去其疑问性,由于其疑问句的形式仍然保留,其焦点自然后移,在篇章中突显相关的信息,体现为前景化功能。

第三节 与"知道吗"相关格式的篇章功能

一 语义后指与语义前指的"知道吗"

以上我们主要讨论了"知道吗"的前景化功能及其来源和变化过程。从语义后指的"知道吗"的形成过程可以看出,其不太可能后置变成语义前指的"知道吗",它们的功能也有一定的区别。如:

(44) 今天我(万美辰)想坦率地告诉你(尹小跳),他本来就应该是你的。但是这仍然不能阻挡我对他的爱。离婚之后他把房子留给我,我已经有一段时间没看见他了,我也知道他现在在南方。我于是特别想看见你,只有和你在一起才能使我显得和他近了一点儿,并且安全,安全<u>你知道吗</u>,你使我感到安全。

冉永平(2002)指出,在听话理解中,听者可以在信息处理时直接根据话语标记语的解码信息,获知言者的言语行为类型,比如会话修正、会话转移、信息追加等。如例(44)的段落后,有这样的文字:尹小跳完全没有料到万美辰会说出这样一番话。万美辰用"你知道吗"将"安全"与自己为什么说出上面出乎尹小跳意料的话关联起来。再如本章开头的例(1)中,用"你知道吗"将"我是右派分子"与"(我为什么说)你不要到我这边来"关联起来。从表达角度看,例(2')中的"你知道吗"似乎也可以变成语义前指的用法:

(2') 蒋寒十分严肃地对老向说:"今天应该冷静一些了。(你知道吗?)<u>她在门外等了一夜</u>,你知道吗?……"

但这样后置后,言者就带有责备听者"不冷静"的口气,而例(2')本来没有这个意味。所以语义前指的"知道吗"主要功能是将其标记的信息与语境中的某一信息关联起来,起提示、突显作用。

从来源角度看,语义前指的"知道吗"来源于一个命题后表疑问或反问的"知道吗"。如:

(45) 酒喝多了,自然话也就多了。顺子咧斜着红红的眼睛盯着戴崴骂起来:"你说,你有什么能耐,比我强在哪?凭什么我为公司辛苦这么多年,你一来就占个位置,你以为你在这里能待多久?我要想干你,你根本到不了现在<u>你知道吗</u>?"

戴崴毕竟比他清醒一些,耐着性子说:"我知道,论动手我不如你,但是凡事得学着动脑筋。"

例(45)中,顺子使用"知道吗"并不是寻求戴崴的回答,但戴崴也可以回答,如果这个回答不出现,则可以看作语义前指的话语标记"知道吗"。前指的"(你)知道吗"关联功能的产生,也与"你知道吗"焦点功能转移有关,由于这类"知道吗"焦点只能前移,所以具有焦点指示功能,强调前面所指内容,表示这个事件与语境中的某一个事件相关。两者的差别如下。

表 4-1　　语义后指与前指的"知道吗"的篇章功能

功能	知道吗(语义后指)	知道吗(语义前指)
引发话题	+	-
衔接功能	±	-
语境关联	±	+
突显信息	+	+
前景化	+	+

二 "不知道吗"的篇章功能

刘丽艳(2006)指出,在话语标记中,"你知道吗"和"你不知道吗"有语义中和的趋势,只在语用方面有细微差别。它们的差别在前景化功能方面有所体现,"你不知道吗"主要把言者原以为是听者已知的信息表达为前景信息。如:

(46) 安萍和妹妹们欣喜若狂,谁知那中医后来竟见不到人影儿了。安萍去询问介绍人,介绍人说:"<u>你不知道吗</u>?他治好你妈妈的病是有条件的,就是让你嫁给他儿子啊。"

(47) 肖飞又问田春成:"你们谁的枪打得最好?"田春成没有回答。田有来说话了:"喝!<u>你不知道吗</u>?俺们中队长就是神枪手!他打了半辈子兔子,没有打过一个'死卧儿',还是尽打甩枪儿,别人谁也比不了。"

例(46)中,介绍人原本以为那老中医已经告诉她们来治疗的条件,安萍去问后才知道她不知道,用"你不知道吗"引出这个条件;例(47)中,"俺们中队长是神枪手"是全中队都知道的,肖飞问这个问题说明他不知道这个信息,田有来用"你不知道吗"引出后面信息的同时表示他以为肖飞应该知道这个信息。"(你)不知道吗"与"知道吗"在前景化方面存在细微差别,与它们的疑问度有关,一般情况下,否定式的疑问度比较低,也就是这种用法中言者对疑问点的确信度比较高(郭锐,2000),成为话语标记后功能方面也存在着以上区别。

"(你)不知道吗"的篇章功能如表所示。

表 4—2　　　　　"(你)不知道吗"篇章功能

功能	(你)不知道吗
引发话题	＋
语境关联	＋
前景化	＋
指向已知信息	＋

三 "你知道"的篇章功能

与"知道吗"的用法一样,"你知道"既可以在所指向的命题前,也可以在所指向的命题后。如:

(48) 博姆:<u>你知道</u>,我也许必须深信自己是善良的、正当的,而且能永远存在。

(49) <u>你知道</u>,这里是有名的穷山区、贫困县,有人说我是往"火坑"里跳。

(50) 独孤道:"那是跟你说着玩的,也是为了骗几个银子花,你知道。那马无论卖给谁、卖多远，听到我用啸声唤它都会回来。"

(51) "茉莉，"他握住她的两手，微笑地看着她。"你可以告诉我任何事，你知道。我关心你，我的孩子们也关心你。我们应该彼此坦诚。"

例（48）和例（49）中，"你知道"的语义指向后面的命题；例（50）和例（51）中，"你知道"的语义指向前面的命题。从功能方面看，语义前指的"你知道"主要是增加互动性。如：

(52) 他拿了一本书来到厨房，送给了玛利亚。"我写的，"他解释道，想消除她的迷惑。"就是在我那间屋里写的，看来你有些菜汤还给我的写作帮了忙呢。留下吧，这书送给你了。不过作个纪念而已，你知道。"

(53) "我睡了一个好觉。你跑得远吗？""我没有跑远，就在山后面。我一枪打中了这只野羊。""你打得挺出色，你知道。"

这类用法中"你知道"一般没有凸显功能，如例（52）中，前句中有表示无所谓语气的"而已"。如果去掉"你知道"，基本上不影响句子意义，使用的主要目的在于增加交际的互动性，即言者认为自己所说的话应该是对方了解的，利于对方接受自己所说的内容。下文主要讨论语义后指的用法。

刘丽艳（2006）认为："'你知道'的功能主要在于把理解话语内容或意图的背景信息假设为听说双方共同拥有并接受的信息，使听者更容易理解、赞成并接受言者的话语内容。"换个角度看，也可以认为"你知道"具有背景化功能。从实际情况看，其既可以将已知信息背景化，也可以将新信息背景化。如：

(54) "你知道，现在是冬天，哪来的桃子！"警察说。

(55) "你知道，杜鹃花是灌木，不会长多高的。但由于那里特定的自然条件，居然长成几米高的大树。"

(56) 你知道，美国一个女学者写了一本《江青自传》。实际上，江青要写传记时，并不是先找外国人而是先找的我。

(57) 林仙儿眼圈立刻红了，低头道："为什么不能？这些钱既不是偷来的，也不是抢来的，是我替人家缝补，用十根手指辛苦赚来的。"阿飞道："我不能用你的钱。"林仙儿说着说着，眼泪已流下来，幽幽地道："你知道，以前我那些钱，都已听你的话分给人家了，你难道不信？"

例（54）和例（55）中，"现在是冬天""鹃花是灌木，不会长多高的"是听说双方共享的信息，即已知信息，在以上例句中充当背景信息；但例（56）中，也许听者并不知道"美国一个女学者写了一本《江青自传》"，但因为对话的主要话题是讨论"江青为什么批判《红岩》"，所以这件事不需要凸显，言者就用"你知道"将其表达为背景信息；例（57）中，阿飞未必知道林仙儿已经将以前那些钱分掉了，但这里主要是说服阿飞用自己辛苦挣的钱，所以这件事也表达为背景信息了。这类背景信息，有的时候可以作为补充信息，出现在前景信息的后面。如：

(58) 停了一下，他又继续说："我今天来就特意把车停在离官邸很远的地方，以免法国情报机构和新闻记者的发现。你知道，在巴黎这个城市，要想保守秘密是很难的。"

(59) "但愿他不要干出什么傻事来，"她说，"你知道，他已不是小伙子了。"

(60) "噢，玛吉，我那天没空，我要到得梅因去采购，我压下了好多事没做，这是好机会，你知道，理查德和孩子们正好出门去了。"

例（58）中，用"你知道"补充相关信息，用来解释为啥车停那么远；例（59）补充说明为什么"但愿他不要干傻事"。这个补充信息也可能是一个新信息，如例（60）中，听者未必知道"理查德和孩子们正好出门去了"，但因为不是传递的主要信息，所以仍处理为补充信息，主要进一步说明"那天没空"。

在实际用法中，"你知道"也可以用来陈述推测的、未然的情况。如：

(61) 我很清楚我们说的不是时间，但是你知道，基督徒可能会说："上帝就是能量，也是所有能量的来源。"

(62) "现在听我说，"她急切地说，"你知道，如果给妈妈知道了，她恐怕会大生气的。"

(63) 我不是那种高尚的人。我爱你，但是却希望你在痛苦中尖声呼喊。你知道，因为我清楚你将会做出什么样的决定。我了解这一点，就像我身临其境……

例（61）中，"你知道"后有"可能"；例（62）中，有"如果"；例（63）中有"将会"，说明"你知道"后的句子陈述的内容都是推测的、未然的，这些句子并不都是背景句；例（61）在"但是"的辖域内，所以是一个主句；例（62）中，"你知道"所辖是整个假设复句；只有例（63），似乎可以理解为背景句，因为其所辖的句子中有"因为"。由此可见，"你知道"不仅仅具有背景化功能。

实际上，有些在语段中间位置的"你知道"有时难以辨别到底是前景化还是背景化相关信息。如：

(64) 我们必须认清它不是单独存在的。你知道，我们一向认为时间是有别于我们而独立存在的。

(65) "早上那件事，你何必那么生气呢？"他终于说道，"这事情不值得吵架。你知道，如果你真想去华克夏，你去好了。"

例（64）中，"你知道"的前句、后句语义相对，本句中的"你知道"前，也可以加上"但（是）"，但是加上"但是"以后语气强弱有变化；例（65）中，"你知道"后实际上是既可以看作补充说明说"不值得吵架"的原因，也可以理解为顺着前面的话往下说。

从上面的分析可以看出，"你知道"的功能不只是背景化，其主要功能是在背景化时或指向前景信息时缓解说话的节奏，寻求听者的认同或共识，以更加有利于言听双方的互动性。如：

(66) "其实我更喜欢恬静，独自品尝自己世界的甘苦……你知道，有时候孤独与伤感也是一种享受呢。"

(67) 我喜欢美国西部,我喜欢伯林顿公司拥有的数千英里铁路。你知道,如果国家前途黯淡,那铁路也没什么前途可谈了。

例(66)中,"孤独与伤感也是一种享受"可能只是言者的一种想法,但在表达中,加上"你知道"后,似乎变成了双方的共识;例(67)中,"如果国家前途黯淡,那铁路也没什么前途可谈了"是言者的想法,也是他"喜欢伯林顿公司拥有的数千英里铁路"的原因,用了"你知道",似乎也变成了听者的想法。

"你知道"的篇章功能如表所示。

表 4-3　　　　　　　　"你知道"篇章功能

功能	你知道
引发话题	+
突显信息	±
已知信息	±
背景化	±

四 "知道吧"的篇章功能

"知道吧"与"知道吗"相同,既可以后指,也可以前指。如:

(68) 娴抬起头看了眼小杜,然后指了指影集说,你知道吧?我从前是个电影明星。

(69) 他在厂里就是专管那些女工的。他是公司经理的侄子,你知道吧,所以,女工们自然就得对他毕恭毕敬。

例(68)中,"你知道吧"指向后句"我从前是个电影明星";例(69)中,"你知道吧"语义指向前句"他是公司经理的侄子",这个句子中,虽然"你知道吧"可能有一定的实义性,但去掉不影响基本意义的表达,所以仍可以看作是一个话语标记。

在表达中,"(你)知道吧"常常在一个名词性成分后面,这时"(你)知道吧"所指的成分作为开启话语的起点,"(你)知道吧"具有引发功能。如：

(70)"发行部的小郑，<u>你知道吧</u>？他哥哥就是长宁分局的，这个事情就是他哥哥组的头儿处理的。……"

(71) 萝萝<u>你知道吧</u>？黑豆叔的闺女，我也是刚听人说，这小石匠早就暗中和萝萝好上了，很可能他是为了萝萝，只不知萝萝和赏心苑结下了啥恨啥仇，也不晓得那两个小伙是和哪俩闺女好。

(72)"我那个妹妹<u>你知道吧</u>？这段日子，戴崴总是话里话外地带出来他们正在一块忙活着弄钱。听口气是一大笔钱呢。……"

语言的信息配置，通常是从已知信息到新信息，但有的时候，言者并不能确认一个信息是不是听者已知的，就用疑问等方式引入，例（70）中，实际要说的主要人物是"发行部的小郑的哥哥"，但从言听双方来说，可能熟悉的就是同一个公司的"小郑"，这里就是用"你知道吧"引入一个不确认是否对方已知的信息作为开启话语的起点；例（71）也是如此，先是用"你知道吧"引入"萝萝"，再补充相关信息"黑豆叔的闺女"，然后展开与之相关的话题；例（72）中，用"你知道吧"引入"我那个妹妹"，后面展开的是与之有关的内容。

有的时候，"（你）知道吧"直接引出一个背景句。如：

(73) 汤姆，<u>你知道吧</u>，吉蒂·基恩今儿个生日，她要请客，准备了大蛋糕，还有许许多多……

(74) 等着发奖的时候，谷老师再次到后台找她说："我办了个谷建芬声乐培训中心<u>你知道吧</u>？你要愿意来就回家跟父母商量一下。"

(75)"难道不能通过交谈解决所有的问题吗？<u>你知道吧</u>，小家伙，世界上没有任何东西不可以通过好好交谈加以解决的。"

例（73）中，"你知道吧"指向的"吉蒂·基恩今儿个生日"，是背景句，引出后面与生日相关的活动；例（74）中，"你知道吧"语义前指，这也是一个背景句，目的是问"你是否愿意来这个培训中心"；例（75）中，前句"难道不能通过交谈解决所有的问题吗"用了反问形式，是一个前景信息，"你知道吧"后面的信息是补充说明前面为什么这样说的原因，也是背景信息。

在有的用法中，"（你）知道吧"指向前景信息。如：

（76）博罗维耶茨基满身白粉，过一会后，他走了过来，和莫雷茨寒暄了几句，便凑近他耳朵说："你知道吧，他们不送颜料来了，借口是没有现金。"

（77）芒罗说道，"在非洲，一旦发生战争，动物就变得古怪起来，你知道吧。"

例（76）中，"你知道吧"指向的是后面的信息，这是新的信息，也是前景信息；例（77）中，"你知道吧"指向前面的复句，包括前景信息。

综上所述，"（你）知道吧"具有引发功能，可以指向一个名词性成分，作为开启话题的起点，其引发功能比较强；它还可以指向一个背景句和前景句，正因为如此，其凸显信息的功能不太明显，主要增强了交际互动性。

"（你）知道吧"的篇章功能如下表所示。

表 4-4　　　　　　　　"（你）知道吧"篇章功能

功能	知道吧
引发话题	+
突显信息	−
已知信息	±
背景化	±

五　"你可知道"的篇章功能

从用法看，"你可知道"主要指向后续句，这个句子可以是一个独立的句子。如：

（78）然后他才压低声音道："你可知道，三十年前横行天下的

'梅花盗'又出现了!"

(79) 马承林说着,用手指着李小芳,接着说:"<u>你可知道</u>,他是有根底的人呢?"

"你可知道"可以在一个语段的中间,指向主次关系的主句。如:

(80) 歌唱演员珠圆玉润的歌喉给人很强烈的感染力。然而<u>你可知道</u>,人的声带却是很娇嫩的,受着多种因素的影响,饮食就是其中之一。

(81) 李广华优美的旋律,如诗如画的意境曾征服了几代人的心,但<u>你可知道</u>,这首"经典"歌曲,原是一名大学一年级学生的一次极平常的作业。

有的时候,"你知道吗"指向整个复句。如:

(82) 作为母亲,她对自己的孩子写道:"<u>你可知道</u>,你那甜甜的笑,使妈妈懂得了伟大的母爱,懂得了付出也是甜"。

(83) <u>你可知道</u>,你若再不现身,一切便太迟了!

例(82)中,"你可知道"指向后两个句子,它们是等立关系的;例(83)中,"你可知道"指向后两个句子,这两个句子是主次关系的。

从上可知,"你可知道"主要功能是前景化,与"知道吗"基本相同,只是"你可知道"的语气要稍微缓和一些。

"你可知道"的篇章功能如下表所示。

表 4-5 "你可知道" 篇章功能

功能	你可知道
引发话题	+
语境关联	-
前景化	+
突显信息	+
已知信息	-

六 "你知道的"的篇章功能

在用法上,"你知道的"一般表示其后小句传递的信息是一个已知信息,其最主要的用法是引出一个背景信息。如:

(84) 吴明雄愣住了,过了好久,才仰天一声长叹:"老陈,我们已经没有退路了,在这种关键时候,你这老伙计就别再逼我了好不好?<u>你知道的</u>,我吴明雄一生没求过谁,今天,我就求你这一次了。"

(85) 李霞的拳头雨点般打在她身上,她却还是死缠住不放:"我也跟男人一样好,<u>你知道的</u>,你为什么……"

例(84)中,"你知道的"引出背景信息"我吴明雄一生没求过谁",引出主要信息"今天求你";例(85)中,"你知道的"语义前指,前面这个信息也是背景信息,前景信息是提问所在的句子。

在有些问答句中,"你知道的"语义所指向的句子也可能单用。如:

(86) 宋美龄的睫毛垂下了几秒钟,旋再抬起来,眼光定定地停在刘纪文的脸上,咬了咬牙说:"纪文,<u>你知道的</u>,我最讨厌纠缠不休的男孩子。"

(87) 成王爷双手一摊。"我拿她没辙,<u>你知道的</u>。"他用眼神诉苦道。

在问答句中,因为有具体的语境,所以以上两个句子虽然可以单用,但其实际要表达的意思都是言外之意。如例(86)中,是刘纪文一直坚持要订婚,所以这句话的意思是"你再坚持我就讨厌了",也就是一种拒绝;例(87)中,成王爷表达的意思也是"不要看我,我也没办法",所以独立用法的功能主要是语境带来的。

少数情况下,"你知道的"语义所指向的内容是前景信息,但一般情况下,在传递这个信息的句子中有标记前景信息的成分。如:

(88) "我们一直都很要好,是真心对彼此好。但<u>你知道的</u>,年轻人容易冲动，情到浓时就什么后果也不顾。"

（89）"我喜欢你，张老师，但是，我爱的是子宁，<u>你知道的</u>。"

上两例中，"你知道的"都指向前景信息，但例（88）中"你知道的"在表示转折的"但"后；例（89）中，"你知道的"语义所指向的句子前有"但是"衔接，可以认为这两个句子中与"你知道的"相关的小句虽然是前景信息，但主要是这两个标记词的作用，而不是"你知道的"的功能，这两例都是表示拒绝的话，"你知道的"在表达中的主要功能是增加交际互动性，缓和语气。

"你知道的"的篇章功能如下表所示。

表 4-6　　　　　　"你知道的"篇章功能

功能	你知道的
引发话题	+
语境关联	±
突显信息	−
已知信息	+
背景化	+

第四节　小结

本章首先证明了话语标记"知道吗"具有前景化功能，其在篇章中的独立性和时体征等都符合前景信息的特点，而且可以与焦点标记共用。话语标记来源于具有引发功能的"知道……吗"问句，由于"知道"后的信息是已知信息，疑问句的疑问度降低，"知道"的语义虚化，"知道吗"变成一个标记，同时疑问句的焦点后移，使其具有了前景化的功能。还讨论了与"知道吗"相关的格式，它们功能有同有异，共同成为一个系统，为使用者提供选项，同时都增强了交际互动性。

第五章

"不是……吗"反问句的背/前景化功能

关于反问句的研究,一直是汉语研究的热点之一,很多学者都进行了研究。如殷树林(2006)、于天昱(2007)、胡德明(2008)等的博士论文都是关于反问句的,其研究范围涉及语义表达和分类等多方面。刘娅琼等(2011)从社会交际的角度来理解反问句。以上的这些研究,大大深化了人们对于反问句的认识,但是目前对于反问句的篇章组织方面的功能,研究得还比较少。

另外,关于反问句的表达功能,不同的学者也提出了不同的观点,如郭继懋(1997)认为是"间接地告诉别人他的行为不合情理",于天昱(2007)认为,表示辩驳、埋怨、责怪是反问句最主要的功能,刘娅琼等(2011)认为否定反问句具有负面事理功能。但这些都不能解释下列"不是……吗"反问句的用法。如:

(1) 于是,胡健中拨通了陈家的电话,对陈立夫说:"你不是想见王映霞吗?怎么个安排啊?"

陈立夫立即回答:"王女士既然在你处,我马上来看她。"

(2) 有一天,屈原在江边遇见渔父。渔父对屈原说:"您不是楚国的大夫吗?怎么会弄到这等地步呢?"

(3) 毛的这一想法也许是对的,甚至1966年夏,刘还不是要求和苏联采取"联合行动",建议派中国队去越南,帮助越南人反对美国吗?这样一来,不是又要引起一场朝鲜战争吗?

(4) 唐由之感到迷惑:难道这就是毛主席吗?外面不是一直说他老人家身体非常健康吗?

例（1）的用法中，在打电话之前，有这样一段话："你（王映霞）刚来，他（陈立夫）就打电话问我（胡健中），想来看你，叫安排个时间。"所以"你不是想见王映霞吗？"没有任何负面或否定的意思；例（2）中，反问句"您不是楚国的大夫吗"主要也是引出后面的问句。我们关注到，这类反问句，有时也可以用肯定形式表达，如例（1），可以说："你想见王映霞，怎么个安排啊？"但在这个语境中，如果用肯定用法感觉言者不太礼貌，也不太自然。例（3）（4）也不表示负面意义，主要表示言者一种疑惑的心理，不过在位置上，它们与前两例不同，都在一个话轮或一个话题的最后面，功能也有一定的区别：前两句中反问句传递背景信息，后两句中传递前景信息。以下具体讨论。

第一节　"不是……吗"反问句的背景化功能

屈承熹（2006：171）提出，如果不做特别标记，小句间的结合应是由背景向前景推进的过程，但小句也可以通过从属结构明确标记为背景。实际上，"不是……吗"反问句的部分用法在篇章中提供背景信息，反问句具有背景化功能。以下具体考察。

一　背景化的"不是……吗"反问句的篇章位置

（一）"不是……吗"反问句用于一个话轮的最前面

刘娅琼等（2011）认为，在现代汉语中，反问句不用于对话的开始，总是出现在一定的话轮之后。实际上，在现代汉语中，"不是……吗"反问句可用于一个话轮的最前面。如：

（5）乔冠华听罢符浩吟出一首唐诗，沉思片刻，突然将手中茅台一饮而尽，说道："贾宝玉不是说述旧不如编新吗？我把这首诗略加改动，且看新意如何？"

（6）就在小艳琴不知如何是好的时候，民警们走上前，拉着小艳琴的手说："小艳琴，你不是非常想读书吗？今天我们是来帮助你重返校园的。"

例（5）中，乔冠华用"贾宝玉不是说述旧不如编新吗"引出自己后面的话，在一个话轮的最前面；例（6）中，"你不是非常想读书吗？"前有称呼"小艳琴"，从表达上看，这是一个独立成分，是"称呼"语，没有的话也不影响表达。所以"不是……吗"问句可以用在话轮的最前面，而且是引发而不是承接对话的。

（二）"不是……吗"反问句用于一个话轮中间

（7）"哼，你妈也太有用了，其实也赚不了几个钱，还不如你奶奶赚得多呐。对了，小丹丹，<u>你不是想要那小轮盘的自行车吗</u>，等你再长大一点，后年……不，明年。明年你过十岁的时候，奶奶买一辆送给你。"

（8）他把六国旧贵族和有功的将领一共封了十八个王，自称为西楚霸王。<u>春秋时期不是有霸主吗？</u>项羽自称霸主，等于宣布他有权号令别的诸侯，诸侯都得由他指挥。到了第二年，项羽干脆把挂名的义帝杀了。

例（7）和例（8）中，"你不是想要那小轮盘的自行车吗"和"春秋时期不是有霸主吗"都位于话轮的中间。这类用法常有转换话题的作用，如例（7）中，反问句前有"对了"这个常表示转换话题的标记。例（8）中，前面说的是"自称霸主"，后面是解释，换了一个角度。

二 背景化"不是……吗"反问句的篇章功能

（一）"不是……吗"反问句是非自足句

在实际使用中，这一类"不是……吗"反问句一般不能独立使用，必须有后续句。如：

（9）贺龙元帅说："<u>杨子荣不是有匹马吗？</u>京剧里骑马上山会比踏雪上山更好看。"

（10）周总理说："这事不能怪演员，你们要给演员想得周到些，<u>老戏黄天霸身上不是有只镖囊吗？</u>现在也可以搞一个相似的东西，这样演员无论在台上怎么动联络图也不会掉出来了。"

例（9）中，如果后面部分"京剧里骑马上山会比踏雪上山更好看"

不出现，反问句"杨子荣不是有匹马吗"表达的意思就有变化；例（10）中，"老戏黄天霸身上不是有只镖囊吗"后面部分不出现，也不能表达完整的意思，它们必须有后续句。所以在这些用法中，"不是……吗"反问句是不自足的。

（二）背景化功能的"不是……吗"反问句一般是次句

（11）1964年，我在总局招待所开会，晚饭后，在走廊中，无意碰见丁玲，我正想侧身让过，她发现前后无人，忙说："你不是要转给我老聂的诗集吗？能不能晚上送到我的房间来？"并低声告诉我房间号，就匆匆走了。

（12）乔冠华喜形于色但却小声告诉陈毅："老总，你不是讲'好有好报，恶有恶报，不是不报，时候未到'么？我今天特地来告诉你，报应到了！到了！因为有纪律，我还不能明说，先让你高兴高兴。"

例（11）中，反问句说的是"你要转给我老聂的诗集"，后续句说"晚上送到我房间"，前面是次句，后面是主句；例（12）中，反问句"你讲过'好有好报，恶有恶报，不是不报，时候未到'"，是次句，也是为了引出后面的话"报应到了"。方梅（2005）指出，句子层面上，主句为前景，表达事件过程；从句为背景，表现事件过程以外的因素，如时间、伴随状态等，这类"不是……吗"反问句一般是次句，属于从属性的小句，也证明其表达的内容是背景信息。

与"因为"等具有背景化功能的标记语所在的句子语序可以比较灵活一样，为满足表达的需要，"不是……吗"反问句有时也可以后置到主句的后面。如：

（13）村南头，有一间孤零零的低矮的草房，小马指着草房说："这就是俺的家。"苏梅一下子惊呆了："别骗俺了，你不是说家里有三间大瓦房吗？"小马低着头说："俺怕你不愿意跟俺，所以才骗了你。"

（14）天津站警卫部门报告：铁路员工偶然在专列要经过的铁轨中间发现了一颗手榴弹。罗瑞卿闻听大吃一惊。他问天津站的警卫人员:"怎么才发现?<u>不是早就进行过清理了吗</u>?"

例(13)中,反问句中的"你说家里有三间大瓦房"是已知信息,虽然"别骗俺了"在反问句的前面,不过这个反问句还可以前置,说成"你不是说家里有三间大瓦房吗?别骗俺了",也不影响言者表达的意思;例(14)中,也可以说成"不是早就进行过清理了吗?怎么才发现"。对于这类用法,虽然反问句不在话轮的最前面,但由于它可以变换到前面的位置,所以仍然看作反问句在前的用法。如果不使用反问句的形式,语序可能就是不自由的,如例(13)用一般形式只能说:你说过家里有三间大瓦房,别骗俺了。

三 "不是……吗"反问句的背景化对象

"不是……吗"反问句,不仅可以将已知信息背景化,也可以将新信息背景化。

(一) 已知信息的背景化

(15) 这时候他也想起体面来:<u>大家不是轻看小福子吗</u>,她的爸爸也没饶了她呀,他逼着她拿钱,而且骂骂咧咧,似乎是骂给大家听——二强子没有错儿,小福子天生的不要脸。

(16) 他的侄儿许大权补充说:"我一直守在他病榻前,他对我说,大权,<u>你不是会开车吗</u>?你能搞到一辆解放牌吗?你开车把我送回去。然后,他说,在广州,在北京,他还有很多书,他把毛主席要他读的书送给我。……"

例(15)中,"大家轻看小福子"是一定范围内都知道的信息,是已知信息;例(16)中,"你会开车"也是言听双方都知道的信息,也是已知信息,这里都表达为背景信息。

(二) 新信息的背景化

(17) "是了,先生!"祥子也想了想:"先生,我送回你去吧?"
"不用;<u>我不是到上海去了一程子吗</u>,回来以后,我不在老地方住了。现今住在北长街;我晚上出来走走。后天见吧。"曹先生告诉了祥子门牌号数，又找补了一句："还是用我自己的车。"

　　（18）听了一会儿，他笑道："值得，再贵也值得！"又朝上一指，反问，"怎么是送给别人了呢？<u>不是铺在我屋里的天花板上了么？</u>"

　　例（17）中，祥子作为听者，并不知道曹先生前一段时间去了上海，所以这个信息对他是个新信息；例（18）中，"他"买的地毯是铺在楼上别人家的地板上，但言者这样说是表达自己"把别人的地板看作自己的天花板"的想法，这一想法在这里也可以看作一个新信息。在这两例中，它们都不是前景信息，而是背景信息，"不是……吗"具有把新信息背景化的功能。

四　背景化的"不是……吗"问句的语用功能

　　屈承熹（2006）认为背景主要表达三种语用关系：（1）事件线索；（2）情景设置；（3）降低权重。我们认为以上用法的"不是……吗"反问句也表达这几种关系，具有相应的语用功能。

（一）提供事件线索

　　（19）事后面对愤慨的评论家，他们却说："<u>现在不是讲走向市场吗</u>？为了促销，我们才这样干的！"

　　（20）<u>上海的一批剧作家陈村、宗福先等33人不是共同签署了《931约定》吗</u>，就是旨在保护自身权益——稿酬的最低标准，电影剧本每部为15000元，三集以下的每本电视剧本每集为3000元，多本剧集为2500元。

　　例（19）中，反问句中"走向市场"是"为了促销，我们才这样干的"事件线索，这个反问句有释因功能；例（20）中，反问句提到"上海的一批剧作家陈村、宗福先等33人共同签署了《931约定》"，目的是说明他们"旨在保护自身利益"，反问句的内容是一个听说双方的已知信息，后一信息从这个信息自然引申出来的。

(二) 构建下一个事件的基础

（21）冯骥不慌不忙地说："我临走的时候您<u>不是说过，这儿缺什么就买什么吗</u>？我觉得您这儿别的不缺少，缺少的是老百姓的情义，所以我把'情义'买回来了。"

（22）他对一个姓柯的客户说："<u>你不是也想买车吗</u>？我这车转让给你，除了抵欠你的2万元外，再补给我6万元。本来我的车至少值10万，但我们做生意人还是以'发'为原则，8万元给你。"

（23）"颖如，你还望什么？"郑父焦急地问。"<u>你不是说通知家宝与我们一起去台湾吗</u>？怎么到现在还没有来？""谁知道呢，也许他碰上什么急事……"

例（21）中，冯骥解释自己之所以把债券烧了，是因为"您说过这儿缺什么就买什么"，而我认为您缺少的是老百姓的情义，我这么做就把"情义"买回来了；例（22）中，因为"你也想买车"，所以"我"可以把"这车"转让给你；例（23）中，"你通知家宝与我们一起去台湾"是问"怎么现在还没有来"的原因，意思是按理应该来了，实际却没有来。这几例中，"不是……吗"反问句的内容是构建下一个事件的基础。

(三) 降低自身权重，凸显其他事件或情景

（24）这件事让太后知道了，马上把明神宗找来，狠狠地责备一顿，还叫左右拿《汉书·霍光传》叫神宗读。西汉霍光辅政的时候，<u>不是有个昌邑王刘贺即位后，被太后和霍光废掉皇位吗</u>？现在的张居正的地位就像当年的霍光一样，神宗想到这里，吓得浑身哆嗦，跪在太后面前求饶。

（25）<u>西晋时代不是有大富豪石崇吗</u>？北魏的河间三元琛，也要学石崇的样儿。

例（24）中，"不是……吗"所在的句子中，"昌邑王刘贺即位后，被太后和霍光废掉皇位"对明神宗是一个新信息；例（25）中，听者不一定知道"西晋时代有大富豪石崇"，所以也可能是新信息。但两例中，这两个信息都不是前景信息，而是背景信息：例（24）中，表示张居正

也可能像霍光一样废掉神宗；例（25）中，并不是要说石崇，而是说王元琛要学石崇的样儿。这两个例子中，"不是……吗"降低了其所在句子的权重，不是把新信息表达为前景，而是作为背景，从而突显了其他的事件。当然，也有少数用法背景化的程度不高。如：

（26）李栾氏和李德文商量时，起初李德文不同意，他说："女子无才便是德。女孩儿念了书，有了学问也没有用。将来还不是嫁人吗，生孩子搞家务认不认字儿有什么要紧？"

在这个例子中，"将来还不是嫁人吗"可以与前面的句子一起理解，后续句没有的话也不影响其完整性，但是有了后续句以后，其似乎又与前面的句子一起充当背景句了。

第二节 "不是……吗"反问句的前景化功能

一 前景化的"不是……吗"反问句的篇章位置

根据考察，具有前景化功能的"不是……吗"反问句主要有以下位置。

（一）在一个话轮结束处

（27）郑莉放下电话跟人生说："正好他们都在家，他们听说你在这里，都很高兴，答应一会过来。"人生说："还没有忘记我啊，呵呵，对了，我问你的问题你回答啊。"郑莉说："没有啊，去年咱同学聚会的时候，你不是知道了吗？"

（28）随即，尚奎给我介绍说："这是贺子珍同志。"
贺子珍？这个名字好熟悉呀！想了很久才突然记起，这不是毛主席原来的夫人吗？

例（27）是一个对话的答句，因为不想直接回答，用"去年同学聚会的时候，你知道"这个事件来作为回答，结束话题；例（28）中，反问句不是用在转换的话轮中，而是自言自语的状态，说的是在想"贺子珍是什么人",想到了"她是毛主席原来的夫人",这个话题就结束了。

(二) 在一个话轮的中间,后文一般是转换话题,或者是另一层次

(29) 架子在哪儿呢?这便触发了我去想当年在火车上碰着沈达人,居然不认识,还问他在常州做什么工作,<u>这不是摆架子吗</u>?而且是好大的架子啊!后来领导登了门,连回拜都不曾,<u>这架子不是摆到天上去了吗</u>?看来我是无可狡赖的了。

(30) 有一回,他赌红眼了,连水枝也押上了,结果赢家非要来拉走水枝不可。水枝眼下穷得连五尺土布都买不起,春夏秋冬穿不上件囫囵衣裳,你和水枝相比,有棉衣有单衣,又不用担心被男人赌出去,<u>不是好多了吗</u>?世上事样样都好的没有……

例(29)中,整段话是一个话轮,"这不是摆架子吗"和"这架子不是摆到天上去了吗?"都在中间位置,前文说的是火车上的事,后文说的是"领导登了门"后的情况,转换了话题,说的是另一件事,又用一个反问句结束这个方面的话题;例(30)中,"不是好多了吗?"说的是对前面所说的具体情况表示自己的看法,后面的小句"世上事样样都好的没有"说的是一般性的情况,是总结性的话语,与前文不在同一个层次。

(三) 单独使用,常用于答句中

(31)"呀!"我叫了一声,"这是谁呀?"
素来反应迟钝的仲这次居然一眼看清,虽然他从未见过少年时的我:"这是谁?<u>这不是我们的病号吗</u>!"

(32) 卢小波说:"上面为什么就不同意我?"
站长说:"这不明摆着,<u>你不是刚刚从拘留所出来吗</u>?"

上两例都在答句中,可以单独表示完整的意思,例(31)中用"这不是我们的病号吗!"表示言者认为:病号怎么会不认识,提问很奇怪;例(32)用反问句回答表示对方应该知道原因。

二　前景化的"不是……吗"反问句的篇章功能

（一）前景化的"不是……吗"反问句具有自足性

从上文可以看出，前景化的"不是……吗"反问句可以在一个话轮的最后或独立使用，具有自足性。如：

（33）发生在那个不正常年代和不正常政治生活中的不正常事件，<u>不是可以让人看到、感到和想到些什么吗</u>？

（34）若真能这样，名义上林彪掌权，<u>实际上还不是叶群说了算吗</u>？她那点小心眼儿，我算看透了——她想当西太后！

例（33）是一个句子，不需要后面出现其他句子，表意也是完整的，所以是一个自足的句子；例（34）中，"实际上还不是叶群说了算吗"虽然在话轮的中间，但是后面实际上换了一个视角，这一部分即使没有，也不影响句子的完整性，所以句中的反问句仍然具有自足性。

（二）前景化的"不是……吗"反问句是主句或自立句

第一，前景化的"不是……吗"反问句是主句。如：

（35）如果你应了，会给人以误解，以为你与他一样喜欢他；如果对方根本就是轻佻呢，<u>不是太轻贱自己了吗</u>？

（36）可是，洛宾啊！你又何必如此正规，像迎接什么贵宾似的讲究礼仪？我不就是你的"平平"吗！随便一些，轻松一些，<u>不是更好吗</u>？

例（35）中，前句有"如果"，表示假设关系，后句"不是太轻贱自己了吗"自然是主句；例（36）中，前面有"可是"，其后的几个句子之间是等立关系，都是主句。

第二，前景化的"不是……吗"反问句是自立句。如：

（37）"夕阳无语，最可惜一片江山"诸语，其怀乡思亲，以酒浇愁的心绪不是一览无余了吗？

这类用法常常是自言自语，或对某事某物表示看法。如例中"'夕阳无语，最可惜一片江山'诸语"应该是一个话题，这个句子是一个自立句。

三 "不是……吗"反问句前景化对象

(一) 新信息的前景化

通常情况下，新信息易于处理成前景信息，当这个信息进入"不是……吗"问句，出现在相应的位置，就充当前景信息。如：

(38) 瞎爷临死前，听到老伴在床头哀哀哭，还用极微弱的声音劝道："哭啥？我已经活了七十二了，比起那些活八十、九十的人，我不算高寿，可比起那些活四十、五十就死的人，<u>我不是好多了吗</u>？……"

(39) 不料瞎爷看后却很满意，他拍着豁唇奶的肩头说："这棺材比起富豪大家们的上等柏木棺是差些，可比起那些穷得根本买不起棺材，尸体用草席卷的人，<u>不是要好得很吗</u>？我日后睡到里边总也可以少了日晒水浸吧？好，好！"

例(38)中，"临死"自然是一件不太好的事件，但瞎爷拿自己与"活四十、五十就死的人"比较，已经活得久了，所以得出"我好多了"这个新的结论，借此安慰老伴；例(39)中，瞎爷的棺木不是很好，家人不满意，但瞎爷与"尸体用草席卷的人"比较后，得出"好很多"的结论。

(二) 易推信息的前景化

(40) 儿女们心疼我，要把老头子送到临终关怀医院，钱由大家出。我坚决不同意，只要我在，就不能这样办，老头子如果真的死在外边，<u>不是让街坊邻居们笑话吗</u>！

(41) 不过，以此一端，就可以推想你的所谓一切揭露的真实性了，这<u>不是你自己证明你自己做假揭露吗</u>？

(42) 为了自己的感情需要，而去牺牲女儿的感情；用我们母女的痛苦，来换取自己的满足，还认为能用自己的影响来弥补一切，<u>那</u>

不是太可笑太荒唐了吗？

例（40）中，"老头子如果真的死在外边，会让街坊邻居们笑话"是一个易推信息，这里表达为前景信息；例（41）中，前一句话中"可以推想"表明很容易得出"你的一切揭露"是不真实的，所以"你自己证明你自己做假揭露"是一个易推信息；例（42）中，前面的内容明显是负面的，而且前句还使用了"还"，表明"太可笑太荒唐"是一个可以自然得出的结论。以上"不是……吗"中的命题都是具体语境中的易推信息，用反问句的方式将它们前景化了。

（三）激活已知信息成为前景信息

（43）突然，一个十分熟悉的声音从收音机里传出，她凝神细听，这不是毛泽东在说话吗？

（44）任远已走到近前，借着路灯一端详，才猛然想起，这不是江青吗？毛泽东的夫人！

（45）"上层鸡吵鹅斗，是他们的事儿。可太监一掺和，准坏事！"陈师父又讲起了另一件事。"不记住，就有杀头之祸啊！就说，安德海吧，他可以说是为慈禧立了大功的，到后来还不是被砍了头吗？"

例（43）中，收音机里传出的是"熟悉的声音"，是一个记忆中已经存储，但没有激活的信息，用"这不是毛泽东在说话吗"表示激活了已知信息，知道是谁的声音了；例（44）中，前文中有：看到这个人，"任远觉得此人有些眼熟，一时又想不起在哪里见过"。"猛然想起"说明激活；例（45）中，安德海的事是言听双方都知道的信息，但在整个具体语境中，听者可能没有将其与谈论的话题联系起来，就用反问句激活这个信息。以上用法中，"不是……吗"都激活已知信息成为前景信息。

（四）已知信息的前景化

（46）"放屁！我亲眼看见你给了他两个。""是！副指导员。给两个也没多给呀，他能吃两个，咱们的伙食不是随便吃饱吗？"

（47）"小莉还小，你把她一个丢在北京不管，出了事怎么办？"

他认真地说，"'四人帮'打倒不久，社会上还不很安定，你不知道吗？""我们管不上，不是还有你管吗？"

例（46）中，副指导员找茬，问为什么给彭真两个馒头，答者就用规定来回答，表明没多给；例（47）中，"你管"是听说双方都知道的信息，用来回答"出了事怎么办"。与激活已知信息不同之处在于，这类用法中，这个信息是具体语境中不用提示，双方都知道，前景化这个信息的目的常常有一定的轻反驳意味，如例（46）中，是对对方质疑的反驳，例（47），是证明不会"出事"，而上文讨论的激活已知信息的用法不一定有这方面的语用功能。

四 前景化的"不是……吗"问句的语用功能

（一）凸显语用推理意义

（48）其实康伟业没法很快去接林珠，段莉娜发动了一场声势浩大的"人民战争"。段莉娜找了康伟业的父母，康伟业的父母来找他谈话了。康伟业说："你们不是一直都不喜欢她吗？"

（49）张艺谋笑问：这是啥？巩俐答：学螃蟹。我说，小心艺谋下次让你扮螃蟹。巩俐不解并探问式地看着我。"你在《红高粱》时扮孕妇逗乐，不是让艺谋在《秋菊打官司》时用上了吗？"我又说。

例（48）中，康伟业没有直接回答父母的问题，而是说"你们不是一直都不喜欢她吗"，想说明的是自己是有道理的。从表达的角度看，也可以看作其后省略了"为什么不同意我们离婚"，但是如果出现了后句，在语义上就变得更加直接、明确，而这个成分不出现，给听者自己想象的空间，显得委婉一些；例（49）中，因为"巩俐不解并探问式地看着我"，我用这句话来说明"为什么下次让你扮螃蟹"，"扮孕妇"在"《秋菊打官司》时用上了"是一个已知信息，在这里凸显的语用推理义是：在《红高粱》时扮孕妇→《秋菊打官司》时扮孕妇，现在你学螃蟹→让你扮螃蟹。

这个语用推理意义在具体的语境中容易被补充出来，而且意思一般是比较明确的。如：

（50）我记得一次看总理视察邢台地震的纪录片，里边只有总理和受灾群众的镜头，却没有我父亲。我们问爸爸，"你不是和总理在一起吗，怎么电影里没有你？"爸爸说："我一看见拍电影的就赶紧躲开，应该宣传周总理，我决不抢镜头！"

例（50）中，反问句"你不是和总理在一起吗"后有问句"怎么电影里没有你"，但如果在大家一起看影片的过程中，可以省略提问的句子，只用反问句"你不是和总理在一起吗"也可以表达疑问的意思。至于为什么可以省略，是因为在具体语境中，如果一个成分的易推性很强，完全可以采用零形式（方梅，2005）。所以，反问句的用法，不仅仅是强调，也可以使表达的意思比直接表达委婉一些，给交际的双方更多的进退空间。

（二）凸显否定功能或反驳功能

（51）这样做作的东西就拿出去糊弄人，不是砸咱们自己的牌子吗？
（52）一个相声演员参加世界乒乓球锦标赛，这不是胡来吗？
（53）在家的每一件事，不是都听老婆的吗？
（54）今天能取得这样的成就，不是他勤奋得来的吗？

曾毅平、杜宝莲（2004）讨论了反问的否定功能，刘娅琼、陶红印（2011）认为否定反问句常用于地位比较平等的言者之间，通过已知或常识类知识表达言者对听者的不同程度上的负面事理立场。例（51）（52）中，反问句都表示不同意前句中所陈述的做法，即具有否定功能；例（53）（54）是反驳对方所说的话。

具有前景化功能的"不是……吗"反问句中，常常可以出现"难道""何尝""岂""还"等表示强语气的语气副词，但背景化的反问句中不可以，这也与它们的语用差异相关。

第三节　小结

本章主要讨论了"不是……吗"反问句的背景化和前景化功能，背景化用法的问句可以在一个话论或话题的开头，一般有后续句，通常不具有自足性，不能单独使用，多充当次句，出现的问句中的信息既可以是已知信息，也可以是新信息，在篇章功能方面，这类用法常常是提供事件线索、构建下一个事件的基础和降低自身权重等。具有前景化功能的"不是……吗"反问句一般在一个话论或者话题的结束处，具有自足性，常做主句或独立使用，其可以将新信息、易推信息和已知信息前景化，在语用方面具有凸显语用推理义、反驳或否定等功能。

第六章

反问标记"不"的前景化功能及其来源[*]

第一节 反问标记"不"及其前景化功能

一 反问标记"不"的用法

在现代汉语中,"不"一般被看作副词,除单用外,常常用在动词、形容词或个别副词前,表示否定。不过,我们关注到,"不"还有以下用法:

(1) 泰安市的胡建学们一窝7名贪赃之官,<u>不也被一网打尽了</u>?这叫恶有恶报。

(2) 光荣哥,您<u>不一直敲打我要学知识学文化</u>,今儿这话可不像您嘴里出来的。

以上例句中"不"的用法与其作为一般否定副词的用法有所区别,主要表现在两个方面。

第一,从语序角度看,在短语层面[①],一般不会出现"不也被一网打尽""不一直敲打我要学知识学文化"这样的否定结构。袁毓林(2002)具体讨论了副词的语序问题,指出否定副词"不"一般只能居于语气副

---

[*] 本章的部分内容发表在《新疆大学学报》2019年第3期(第一作者为邵洪亮)。
① 又称句法层面,相对于动态的句子层面而言。

词之后，时间副词"一直"等只能居于否定副词之前等。而例（1）"不"后是语气副词"也"，例（2）"不"后是"一直"。所以以上用例中的"不"与一般副词的语序规律不一致。

第二，从焦点情况看，否定句常常有一个否定的焦点，这个焦点一般是句子末尾的成分。袁毓林（2000）认为："在无标记的情况下，否定的辖域一定是否定词以后的成分。"李宝伦、潘海华（2005）认为在没有对比焦点的情况下，否定词否定的是受其成分统制的成分。综上可知，在没有使用标记词、重音等语言形式的情况下，总能够在否定词的后面找到否定的成分。如：

(3) 他不去。
(4) 他不读小说。

例（3）"不"否定的是其后的谓语中心"去"；例（4）"不"除了可以否定宾语"小说"外，也可能否定谓语中心"读"。总之，"不"否定的都是否定词后面的成分。

但在句法上，例（1）（2）找不到"不"否定的对象，例（1）"不"不否定"一网打尽"；例（2）"不"不否定"一直"和"敲打我要学知识学文化"中的任何一个。这类用法中"不"的有无不影响句子的逻辑真值语义（基本意义），但对句子的语气表达产生影响。由此可以看出，这里的"不"已经不是一个一般的否定副词，它比一般副词的语义更加虚化，可以看作是一个专职的反问标记，属于句子层面的语用成分。

二 "不"标记的反问句的前景化功能

"不"标记的反问句，凸显前景信息。主要表现在两个方面。

第一，可以单用。Hopper 和 Thompson（1980）将信息属性与小句的句法特征和及物性联系起来，指出前景信息所在小句往往具有一系列高及物性特征，背景信息所在小句则常具有一系列低及物性特征，在小句层面上，自立小句（independent clause）常用于表现前景核心信息。这类"不"所在的句子，可以单用。如：

(5) 她把脸转向一边："你不是大路朝天，各走一边吗？"我笑着说:"这不又走到了一块儿?"

(6) 徐慧说:"除非我死了,只要我活着,这辈子都不会做对不起你的事。"欧阳一鸣说:"这不就行了?再说你都接受我家的传家金镯子了,你也就是我家的人了,我还能咋样啊……"

例(5)(6)"不"所在的句子用于答句中,都是自立小句,表达前景信息。

第二,在偏正复句中一般用于正句。方梅(2008)指出,小句与背/前景信息的关系大体为:从句是背景,表示事件过程以外的因素,主句为前景,表达事件过程。"不"标记的反问句不单独使用时,可以与相关的小句构成偏正关系的复句,其所在的句子一般都是正句。如:

(7) 大企业都这么搞,<u>市场的秩序不就乱了</u>?

(8) 刘东旭忍不住说道:"如果他们长驱直入,<u>我们不还得跟着他们转</u>?"

(9) 倘若不加解释,<u>不又等于承认给中堂大人吃脏东西</u>?

从以上分析可以看出,这类反问句,一般都表达前景信息,"不"标记的反问句具有前景化的功能。以下从构式省形的角度探讨"不"的产生机制、产生条件以及前景化功能的来源等。

第二节 构式省形与反问标记"不"的形成

一 构式与构式省形

构式是近年来一个非常受关注的概念。Goldberg(1995)对构式的定义是:"C 是一个独立的构式,当且仅当 C 是形式和意义的配对<F_i,S_i>,而且 C 的形式(F_i)或意义(S_i)的某些特征都不能从 C 的构成成分或先前已有的其他构式中推知。"严辰松(2006)对构式的定义要宽一些,他认为语言中各种规约化的"形式—意义/功能"结合体都是构式,构式存在于语言的各个层面。

构式的构成成分(又称为"构件")的意义相加不一定能得出这一构

式的整体意义，与此相关，一个构式内部某些构件的变化也可能不影响构式义。语言中存在着某些构式隐省一些构件或子构件，且不影响构式义的现象，我们称之为构式省形。构式省形与省略的区别在于：第一，省略形式本身是不自足的，必须在一定的语境或上下文中通过语用推理补足省略语方能完整理解，而省形之构式本身在意义的传递上是自足的；第二，省略成分的补足完全依赖语境，通过具体语境的介入才能实现。而省形之构式与原构式之间存在一种衍生关系（从共时角度来看，它们之间又可以看作是一种变体关系），因此，省形之构式与原构式之间的对应关系是唯一的、固定的。一个构式之所以能够省形而意义基本保持不变，是因为保留下来的构件吸收了原构式的构式义。

构式省形在汉语中是很常见的，如王灿龙（2008）讨论"非VP不可"中"不可"的隐现问题时提到："我非去不可"可以说"我非去"，两者表达的意思基本一致。这里"非（VP）"可以看作"非（VP）不可"构式省形的结果。

之所以出现构式省形现象，是语言的经济性起作用，语言的经济性要求语言在没有歧义的情况下用尽可能少的形式表达尽可能多的意思。如"连……都"出现在"连他都来了"和"连他们都来了"中，在不考虑其他表达形式（如口语中的重读等）时，前者"连"可以省形，后者不能够省形。因为"都"既可以表示范围，也可以表示主观强调或者表示"已经"（此两种用法本来就只能依靠语境而无法依靠语言形式来分化），在"连他都来了"中"他"是个体，"都"不可能理解为范围副词，所以"连"可以省形；而后面一个句子中因为"他们都来了"中"都"还可以理解为范围副词，如果"连"省形就可能造成歧义。

二 构式省形与反问标记"不"的形成

我们认为，本章讨论的反问标记"不"也是由于构式省形产生的。它来源于"不是……吗"反问句。如：

(10) 你不是喜欢吗？
(11) 你不是吃了吗？

例（10）（11）中的"不是……吗"，其形式和意义的配对已经规约化，可以看作一个构式。这一构式中，"不是"与"吗"是其中的两个构件（"不是"内部也可以再细分出"不"和"是"两个子构件），它们形成一个框架，与一个论断（记作P）组配，构成典型的汉语反问句。所以这个构式（形义对应体）可用公式"C<F_i，S_i>"表示如下：

   C< F_i， S_i>
     不是……吗（+P） 反问

但是，在汉语中，还可以经常看到如例（1）（2）的反问句。再如：

  （12）这下，可吓坏了仲的母亲，好不容易把这个独子养大成家，万一有个三长两短，不就断了祖宗的香火。

例（12）中，"不就断了祖宗的香火"仍是一个反问句，但其构成情况有所不同：

   C< F_i， S_i>
     不（+P）   反问

这个反问句中，构成反问句的是"不"和P，我们认为其中的"不"是"不是……吗"中的"是"和"吗"省形后产生的，它既可以看作是原有构式"不是……吗"的一个特殊变体，又可以看作是一个独立的反问标记。之所以认为"不"是"不是……吗"省形后产生的，基于以下几点考虑。

  第一，从历时角度看，在清代白话小说中，就出现了"不是……吗（么）"反问句的用法，但基本没有发现如例（12）用"不"单独标记的反问句，在早期的现代汉语作品中也没有发现，说明"不是……吗"的用法早于"不"。①

  第二，从分布角度看，"不是……吗"的使用比较自由，但"不"标记的反问句的使用有一定的限制。"不"标记的反问句一般都可以用"不是……吗"反问句表达，但"不是……吗"反问句只有在一定的条件下

---

① 我们查找了清代的白话小说《儿女英雄传》《孽海花》《老残游记》《官场现形记》《二十年目睹之怪现状》等，均出现"不是……吗（么）"表示反问的用法，但除了在"岂、何、可、何尝、难道"等表示反问的词后面以外，只在《儿女英雄传》中发现1例单用"不"标记反问的。在早期现代汉语的作品中，如鲁迅的《朝花夕拾》、老舍的《四世同堂》《骆驼祥子》等，也没有发现这类用法。

才可以转换成"不"标记的反问句,所以"不是"和"不"并非对立和互补的。在共时平面,还存在着大量的"不是+↗(升调)"和"不……吗"的反问句,说明从"不是……吗"到"不"有明显的中间状态。

第三,从表达角度看,"不"单独标记的反问句具有部分"不是……吗"反问句的语用功能,即"不"标记的反问句所具有的语用功能,"不是……吗"反问句都具备,但"不是……吗"反问句的部分语用功能,在"不"单独标记的反问句中已经丧失。足见两者之间具有明显的传承性(详见本章第五节)。

第三节 构式省形的条件——不影响表义

一 "不是……吗"中"是"隐省的用法

构式省形不是随意的,当以不影响意义的表达作为其前提条件。

上文提到,反问标记"不"是"不是……吗"省形而来的,我们首先讨论"是"为什么可以省形。如:

(13) 有了钱后,我不就可以安心地搞我的"艺术"了吗?
(14) 贺芳就笑道:姐夫天天忙得恨不得长出四只手来,这事你还烦他啊!你自己去办办不就行了吗?

例(13)(14)中的"不……吗"虽然在形式上"不"后的"是"没有出现,被隐省了,但在意义表达上却与"不是……吗"一致。

二 "不是……吗"中"是"隐省的条件

以上例子中的"是"为什么可以隐省却不影响构式的意义呢?我们认为这需要从汉语中判断一般否定和特殊否定的句法标记以及它们出现的句法环境谈起。

沈家煊(1999)曾具体讨论过现代汉语中的一般否定(无标记否定)和特殊否定(有标记否定),指出一般否定否定的是句子的真值条件,特殊否定否定的是句子在具体语境中的适宜性。一般否定常用"不"表示,特殊否定在形式上有一些额外的标志，汉语一般要在"不"后加"是"，说成"不是"。所以"不是"常常用来表示特殊否定，以区别于表示一般否定的"不"。胡德明（2008）认为"不是"与"不""没有"的根本区别在于前者是引述性否定标记，否定一个论断或已有的说法，后者主要是描述性否定，主要用来否定真值条件。语用否定（即特殊否定）倾向于用否定标记"不是"正是由"不是"的引述性否定的性质决定的，因为所有的语用否定都是引述性否定。Horn（1985）所谓的"元语否定"（metalinguistic negation）指的也就是这种引述性否定。但是，当句子中还有其他的语言形式可以用来标记特殊否定的时候，"不"后"是"的标记作用就会弱化。

本章开头提到，表示一般否定的副词"不"只能用在"个别副词"前，说明其在副词前的句法位置有一定的限制，而表示特殊否定的词一般没有这些限制。如：

（15）教育优先发展的战略地位问题，绝不是已经解决得差不多了，而是还差得多。

（16）他们并不是刚刚学会了几出戏可以上台演出，他们已经是卓然自立，可以让你一睹风采了。

例（15）"不是"在"已经"前；例（16）"不是"在"刚刚"前，而"已经"和"刚刚"前都不能出现表示一般否定的"不"，所以一般否定词与特殊否定词句法位置分布特点有所不同。而这种分布的不同，足以用来区分一般否定和特殊否定。

"不是……吗"反问句中的"不是"后也常常会出现不能出现在一般否定副词"不"后的副词。如：

（17）你不是就是要证据吗？

（18）直到今天，我们不是还可以从寺庙里香炉的外形上看到昔日鼎的遗风吗？

（19）他担心地问萍萍："你们这个知青建筑站不是也归区站管吗？"

例（17）"不是"后是"就"；例（18）是"还"；例（19）是"也"。否定副词"不"一般不能出现在这几个词的前面，而表示特殊否定（引述性否定）的"不是"可以出现。显然，"不是……吗"反问句中的"不是"也是引述性否定标记。但"不是……吗"反问句一般是言者故意将自己认定是正确的或已经成为事实的某种论断以否定形式提问，从而提醒听话人注意或让听话人发现自身逻辑上的矛盾性，即言者的真正目的是想肯定、强调该论断而不是否定该论断。当语境中的这种矛盾性越凸显（即言者在主观上越是肯定该论断），句子的反问语气便越强烈。因此，反问语气对语境有很强的依赖性，语境也可以帮助判断一般否定和特殊否定。

事实上，除了"不是……吗"反问构式，包括反问语气、语调，以及特定副词的位置，都可以成为特殊否定的形式标记。而出现这些标记后，"不"后的"是"标记特殊否定的作用就大大降低，有时甚至成为一个羡余成分。与此同时，由于"不是"后的"也""就"等多数是单音节的词语，它们与"不"的组合是双音节的，这正好符合汉语的韵律特征，因为一个标准的汉语韵律词就是由两个音节构成的（冯胜利，1996）。实际上"不"单独标记反问句时，如果后面没有"就、也"等单音节词与其构成一个韵律词，其与表示一般否定的"不"仍有明显的韵律差别，即其音长要长一些，且可以有停顿。

另外，在反问句中，"不是"一般不能是句子中的重读部分，而"是"作为特殊否定的标记作用减弱后，又是"不是"中的轻读部分，所以是"轻上加轻"，自然更容易隐省。

由于"是"的省形，构式变成"不……吗"，但构式义未发生变化。但是，倘若在一定的语境中，"不……吗"到底是反问句还是一般疑问句不确定，即无法消除歧解时，"不"后"是"的特殊否定标记作用又会再次凸显。比如，有的语境中，"他不来了吗"有可能被理解成一般疑问句（其中的"不"表示一般否定），那么改为"他不是来了吗"则一定是反问句，而不可能是一般疑问句。因此，构式省形的条件是不影响表义的准确性。

第四节 构式省形的对象——非核心构件

一 非核心构件可能被隐省

在一个构式中,几个构件可能同等重要,也可能其中一个/些是核心,另外一个/些是非核心。构式的核心构件一般是不可隐省的。比如"非VP不可"中"不可"可能被隐省,而"非"必须保留下来。王灿龙(2008)指出其原因在于:在"非NP不可"中的NP变成VP以后,在解读者心理认知层面,"非"的作用被凸显,并想当然的认为其句式义不是"非"和"不可"共同造成的,而是"非"单独带来的,或主要是它带来的。所以"非"是核心构件,"不可"是非核心构件。

当然,构件是核心还是非核心,有时还受句法语境的影响,即在某一句法语境中是同等重要的两个构件,在其他语境中可能重要性不一样。比如在汉语中的"VP不VP"(如"喜欢不喜欢"),可用于句中"你喜欢不喜欢国画",用于句中时也可以说"你喜不喜欢国画?"但不能说"*你喜欢不国画";它也可以出现在句末"国画,你喜欢不喜欢?"用于句末时还可以说"国画,你喜不喜欢?"和"国画,你喜欢不?"可见,"VP不VP"出现在不同位置,可以隐省的成分不一样,在句子中间时后一个VP不能省形,而在句末时可以。这是因为正反问句一般采用"X不X"这个格式提问,"X"和"不X"既负载了疑问信息,又是疑问的焦点。所以在句中时后一个X(即"喜欢")是核心构件,不能省形。而当"国画"在句首、"VP不VP"在句末时,由于后面没有宾语,其功能与"VP吗"相似,后一个VP不再是焦点,变成了非核心构件,就可能隐省了。所以焦点成分(即核心构件)不能隐省,非焦点部分(即非核心构件)则可能。由此可见,同一个构式中的子构件在不同的句法语境中关系可能发生变化,这对其能否被隐省产生影响。

江蓝生(2000)指出:当一个成分在结构中变得越来越不重要时,它就不断虚化,发展到极端,就变成一个零形式,从结构中消失。邵洪亮(2015)也曾考察过一些句法语义标记词因其标记功能羡余而在形式上弱化甚至脱落的现象。如果这种变化发生在一个构式内部,就可以看作构式省形,而被隐省的不重要成分,便是非核心构件。

二 "吗"是非核心构件

吕叔湘（1985）指出，是非问句一般是对整个陈述的疑问，但有时候也会集中在某一点，形成一个焦点。这个焦点在说话中可以用对比重音来表示。如：

(20) a. 你学过钢琴吗？
　　 b. 你学过'钢琴吗？

例（20）a 疑问的对象是整个陈述"学过钢琴"；(20) b "钢琴"是用重音表达的，是句子的焦点。所以是非问句中整个陈述或者某一个对比项可能成为焦点，而"吗"不是焦点，这还可以从下面两点进一步证明。

第一，"吗"有不同的变体或记音符号。在现代汉语中，"不是……吗"的句末语气词可以是不同的形式。如：

(21) 这样一来，不是又要引起一场朝鲜战争吗？
(22) 我一路上又不接见外宾，现在国家有困难，棉布紧张，这件衣服打个补丁不是还可以穿嘛！
(23) 刚走出内城门，觉得这不是自来送死么？

例（21）句末语气词是"吗"；例（22）中句末语气词是"嘛"；例（23）句末语气词是"么"。但无论使用哪一种形式，听话人都不会出现理解方面的歧义。选择不同形式的语气词，可能只是记音符号的不同，也可能是受到方言或个体语言习惯的影响，当然也可能存在语用方面的细微差异，比如正式和非正式、会话双方的关系等，但都未影响反问意义的表达。使用这个构式时，语气词可以有细微区别，存在着变体也正好说明它不是核心成分。

第二，疑问语气可以用语调表示。我们认为"吗"不是核心构件，还表现在它可能是零形式。事实上，语气词仅仅是语气的标记，相同的语气可能使用不同的语气词，甚至不使用语气词，而只是依赖说话时的语调来表示。陆俭明（1984）指出，在一个不包含表示疑问的词语的语段中，可以用"句尾趋升"的形式表示疑问。袁毓林（1993）具体讨论了北京话里疑问句的情况，认为通常所说的是非问句至少包括以下两类：

A	B
姥姥起床了？（↗）	姥姥起床了吗？（↘）
他知道这事？（↗）	他知道这事吗？（↘）

A类问句可以看成一个论断（P）和一个升调构成的（即"P+↗"），B类问句可以看成一个命题和一个疑问词"吗"构成的（即"P+吗"）。在"不（是）……吗"反问句的用法中，有时句末也不出现语气词，而是用语调来表示语气。如：

（24）"你知道我是谁吗？""刚才带我来的那位同志不是介绍过了？（↗）你是林副部长……"

（25）她去请桐芳帮忙。桐芳建议从墙头上爬过去。她说："咱们的南房西边不是有一棵小槐树？（↗）上了槐树，你就可以够着墙头！"

以上两例中，都是用升调表示疑问语气，例（24）可以说"刚才带我来的那位同志不是介绍过了吗"；例（25）可以说"咱们的南房西边不是有一棵小槐树吗"，所以"不是+↗"构成的构式与"不是+吗"表达功能一致。

三 "吗"的隐省与反问标记"不"的形成①

"不是"中的"是"隐省后，如果句末不出现语气词，只是依赖语调凸显其疑问语气，那么"不都/也/就/又……+↗"仍然是一个反问句。如：

（26）后来，我那会儿我就不下跪，我不下，我就给她鞠躬不就

---

① 本书为行文的方便，先讨论"是"的隐省，再讨论"吗"的隐省。实际上，也可能是"吗"先隐省，再"是"隐省，因为从真实的语料不难看出，这两种情况都存在。但无论路径如何，都不影响本书的观点。

完了？（↗）

(27) 那剩下的地，不就全是你的了？（↗）

例（26）（27）中，前面都是"不"，后面的"吗"没有出现。当语气词不再出现，"不"已经不能与其构成框式，这时在线形序列上"不"成为反问标记，也就是原来作为构式的"不是……吗"，变成了"不+↗"，但句子仍然是反问句。实际上，从表达角度看，"吗"的省略或者说本身不出现更能加强"不"的反问作用，因为用语调表示疑问本身带有明显的倾向性，即信大于疑，说话人对肯定的回答抱有或多或少的希望（袁毓林，1993）。所以这时反问的意义似乎是由"不"带来的，我们可以把它单独看作是一个表示反问的标记了。

第五节 构式义的传承性

当"不"单独标记反问时，传承（或称"吸收"）了原构式"不是……吗"的构式义，但与"不是……吗"反问句相比，语用功能上有了一些改变，主要表现在以下三个方面。

一 有疑与无疑

齐沪扬等（2010）指出，反问句有时也可以有疑问用法。如：

(28) "吉阿弗雷先生，今天不是该您召开每周的例会吗？""呃，不错，是有个会，不过……"董事长显得很不自在。

例（28）言者的主要意思不是为了强调"今天应该您召开每周的例会"，而主要是想询问"为什么今天没开会"。但是"不"标记的反问句，一般不能出现有疑问的用法。如：

(29) 黄兴安兴奋得满脸放光，"图穷匕首见！高科技、现代化喊破了嗓子，最终不还得在陆地战中一决高下？常麻秆这回不惜血本，不就是冲我来的吗，……"

(30) 你们在里边忙乎什么？你们把李老喜杀了，村长就轮到你

们了？<u>你们不还做饭喂马？</u>

例（29）（30）两个问句都不表示疑问，只表示强调，例（29）强调"最终还得在陆地战中一决高下"，例（30）强调"你们仍然做饭喂马"。

二 引发与结句

上一章我们讨论过，"不是……吗"反问句既可能引发话题，也可能完结一个表达。如：

（31）<u>你不是说那车好卖吗</u>？我做一种车跟你的车长得一模一样，又不侵犯你的专利。

（32）那么一点伤还要打上石膏，住进医院，花那么多钱，<u>不是要嫁祸于人吗</u>？

例（31）只说"你不是说那车好卖吗"，话就没有说完，这句话主要是引出后面的"我（可以）做跟你一模一样的车"，所以具有引发功能；而例（32）"不是要嫁祸于人吗"明确表示了言者的观点，具有结句功能。从具体的语料来看，用"不"标记的反问句不再具有引发功能。如：

（33）下意识一把拔出那牌子塞进裤兜，这要叫同事们知道，<u>不又多了一道茶余饭后的谈资</u>？

（34）省委组织部是这次机构改革的规划者和实施者，全省的干部都盯着你们，一有风吹草动，<u>还不都知道了</u>？

以上两例中，"不"所在的句子都是结句，表示一个话题的结束。

三 前景化与背景化

上一章我们讨论了"不是……吗"反问句具有背景化和前景化的功能。如：

（35）<u>我原来不是被判褫夺公权六年吗</u>？后来又改判四年，而褫夺公权的第一条就是不得做公务员，可是我出来后第十一天，就做了公务员，这不是证明国民党所谓法治是儿戏吗？

（36）你八嫂子为我生儿养女的，我要再娶一个，<u>不是对不起她吗</u>？

例（35）"我原来不是被判褫夺公权六年吗"中"不是……吗"具有背景化功能、引发功能，其内容"被判褫夺公权六年"引出后面句子提出相关问题；例（36）"不是对不起她吗"中"不是……吗？"具有前景化功能，因为在这个表达中，从"你八嫂子为我生儿养女的"容易推出"我要再娶一个，对不起她"，所以后者是易推信息，信息量不够，就用"不是……吗"加以凸显，使之前景化。我们在第二节讨论过，"不"标记的反问句，不再具有背景化功能，只表达前景信息。

以上"不是……吗"反问句与"不"标记的反问句的语用功能变化情况，可以概括如下。

表6-1　　　　　　　　"不"标记的反问句功能来源

反问形式	询问功能	篇章功能	信息处理
不是……吗	有疑或无疑	引发或结句	背景化或前景化
↓	↓	↓	↓
不	无疑	结句	前景化

其实以上三点，与"吗"的隐省有密切关系，因为"吗"问句对回答没有倾向性的猜测，对于肯定的回答抱有或多或少的怀疑（袁毓林，1993），所以"吗"承载一定的疑问性。由于"吗"的隐省，其部分或完全丧失了疑问性。张伯江（1997）曾提出，疑问域的不同反映了期待信息量的不同：疑问域小的问句所需要的答案信息量小，往往标志着一个话轮的结束；疑问域大的问句所需要的答案信息量大，常常标志着对一个新的话轮的诱导。所以疑问性的丧失也使这类句子不再具有引发功能。"不"标记的反问句，一方面不表示疑问，另一方面又常常是结句，而结句在没有特别标记的情况下常常是表达前景信息的。

王寅（2011）指出：如果一个独立存在的构式B在句法和语义特征上仅为构式A的一部分，则B就可视为A的一个分部，两者之间就存在着"分部性连接关系"。这里说的是B构式传承了A构式的部分句法语义特征。就我们讨论的情况看，省形之构式传承了原构式的句法语义特征（如"不是……吗"的"反问"义等），同时传承了原构式的部分语用功能。如果从广义的角度把语用功能也看作某个构式的句法语义特征，那么"不"所标记的反问句，对原构式"不是……吗"的传承关系也可以认为属于此类。

第六节 "不"的制约条件及引发的其他变化

"不"成为反问标记后，还有两个方面值得关注。

一 "不"使用有一定的制约条件

总的来看，构式省形产生的标记的使用有一定的制约条件。如王灿龙（2008）提到，"非"形成后，在"我"后相对比较自由，但在"你"后有一定的限制。以上讨论的这类用法的"不"，除了出现在语气副词"还""岂"等后面以外，在书面语中常常出现在一般否定副词"不"不能出现的位置。如：

(37) 再说，大家都下海，岸上没有啦，那<u>不</u>也太单一？
(38) 啊哈，你住进中国四合院的梦<u>不</u>已经在这儿实现一半？

例（37）"不"后是关联副词"也"；例（38）"不"后是时间副词"已经"，一般否定词"不"通常都不会出现在这几个词的前面。

二 "不"的形成引发其他变化

"不"形成后，会引起其他变化，主要表现如下。

第一，"不"单独标记反问后，句末的语气词"吗"的位置空缺，这就进一步为"不"与其他语气词共现创造了条件。反问标记"不"与其他语气词的共现，使得句子往往具有了一种"反问+确认"的复合语气功能。这种复合语气功能，是反问句与感叹句或陈述句糅合的结果，凸显了强调和肯定的语气，往往具有"夸张"的意味。如：

(39) 姚京脸红了，急急忙忙地说："不，您不了解情况，我决定嫁给他时，不还没有获得去美国的那个机会呢……"

（40）得！先骗过几块钱来再说！姐姐，咱们俩出去玩会儿好不好？等妈妈回来，咱们说把几家都拜访过了，可是都没有人在家，不就完啦。

（41）欧阳一鸣想了想说："也是，现在还怕啥？就一起来一起走。"徐慧说："就是嘛，你看好多人不都这样了啊！咱们俩干吗还跟做贼似的？"

例（39）是反问句"不还没有获得去美国的那个机会？"与陈述句"还没有获得去美国的那个机会呢。"这两个句子糅合的结果；例（40）是反问句"不就完了？"与感叹句"就完啦！"糅合的结果，其中"啦"是"了+啊"的合音；例（41）反问句"你看好多人不都这样了？"与感叹句"你看好多人都这样了啊！"糅合的结果。这些糅合句往往读成降调，句末使用句号或感叹号就是一个明证。反问句之所以能够与感叹句或陈述句糅合，正是因为反问句不是真性疑问句。这些糅合句的出现，丰富了句子的表达功能。下面两个句子也存在语气的变化：

（42）a. 你不去想它，不就解决了？（↗）
　　　b. 你不去想它，不就解决了。（↘）

例（42）a 仍是"不+↗"形式的反问句，而例（42）b 事实上也是一个糅合句，言者在句子的前半段还想使用一个反问句的形式，可是到了后半段却表述成了一个陈述句，是反问句和陈述句糅合的结果，句末使用句号就是一个明证。

第二，"不"成为其他语言单位的构件。构式的形式发生变化以后，可能会引发其他变化。比如汉语中出现了新的句法形式如"这不、可不、那不（都不表示否定意义）"等，它们的形成与我们讨论的"不"有直接的关系。因为上文已经提到，这个"不"与句子中其他句法成分没有结构关系，是一个属于句子层面的语用成分，另外又是一个单音节的语言形式，所以很容易与其前单音节词"这""那""可"等组合形成新的话语标记。如：

（43）杨妈急切地说，却说不到点子上："谁知道哇？我端来两碗莲子羹，摆到桌上，这不还在这儿摆着哪，……"

"这不还在这儿摆着哪"这样的句子，在"这不"后往往有一个停顿，而且整个句子也常常不使用疑问语气，其中"哪"是"呢+啊"的合音。显然，"这不"之类已经有明显的词化倾向，事实上成了一个具有"提醒"功能的话语标记。

第七节 小结

本章主要讨论了具有反问标记"不"的前景化功能，指出构式省形是其产生的基础，它的形成有一定的条件，就是不影响意义的表达和理解，而省形的对象一般是非核心构件。省形的结果形成了新的标记，这个标记传承了原构式的部分构式义，"不"的使用有一定的限制，而且引发了其他的变化。

第七章

"X 就 X"的负预期量信息表达功能

"就"有时可用于"X 就 X"格式中,对于这种用法中的"就",《现代汉语词典》的解释是"放在两个相同的成分之间,表示容忍"。如"大点儿就大点儿吧,买下算了"。但对于有些句子中的"就",用"容忍"来解释比较勉强。如:

(1)"我说的没错吧?"刘芳芳洋洋得意,"就是张雷!"
"是就是呗!你得意什么啊?"何小雨白她一眼。

例(1)中,出现在 X 位置的是判断词"是",我们从句子中找不到容忍的对象是什么,所以这一解释还存在片面性。

本章不单独解释这种格式中"就"的意义,而是把"X 就 X"看作一个固定的格式,并从预期的角度对其作比较全面的考察。

第一节 "X 就 X"使用条件和表示的意义

一 "X 就 X"使用的语境

"X 就 X"格式一般不单用,常出现在上下文中有与"X"相关内容的语境中。主要有以下两种情况。

第一,主要用在对话中。如:

(2)"那是不是上去唱一首歌?"杨伟只听过海燕在单位的小声哼唱,不知道她在这里敢不敢到台上表演。
"唱就唱,谁还怕谁啊。"拿过歌单,海燕认真寻找着自己最熟悉最拿手的歌曲。"就唱一声老歌《千年等一回》吧。"

在对话中，听者说话的内容一般与"X"有关，例（2）中，杨伟的话"是不是上去唱一首歌"，回答是"唱就唱"。

第二，"X 就 X"的前面或者后面有与"X"相关的内容。如：

（3）回家路上，李大白活像位会看阴阳宅的老先生，十分严肃庄重地向村里人们发表他的独到见解：方方正正、白森森的，我看不像啥好宅院，<u>倒像座炮楼子</u>。李大白话的这一看法，很快得到村里人们的认同。从此，白家峪的老少爷们，都笑称来顺新起的这幢豪宅为"炮楼子"。来顺听了嘿嘿一乐：你们是站着说话不嫌腰疼，四分宅基地，你能盖出多宽敞的楼来？<u>炮楼子就炮楼子吧</u>，为全村父老乡亲们站岗放哨、保家护院有啥不好啊。

在这个例子中，"X 就 X"前面的文字中提到这个建筑"不像啥好宅院，倒像座炮楼子"，内容与"炮楼子"有关。

二 "X 就 X"的使用条件

对于在什么情况下可以使用"X 就 X"，也有一定的要求，这可以用一个假设的情形具体说明。

假设在市场上有一个买主和一个卖主正在就一件商品商量成交价格，如果双方对这件价格最终成交价格的预期都是 100 元，实际成交价格可能是 110 元或 90 元，那么可能有下面的两种对话：

（4）买主：最高 90 元。
　　　卖主：90 就 90，成交。
（5）卖主：最低 110 元。
　　　买主：110 就 110，打包。

在以上两组对话中，如果 90 元成交，那么买主就不能说"90 就 90"，反过来若 110 元成交，那么卖主就不能说"110 就 110"，同时在成交价格是 100 元时，两个人都不能说 100 就 100 吧。所以"X 就 X"的使用条件是：要有与 X 相关的预期，而且实际情况与预期不同，同时卖主必须在成交价格低于 100 元，买主在成交价格高于 100 元时。

三 "X 就 X" 表达负预期量信息

从上面假设的情况看，卖主在低于 100 元时可以使用"X 就 X"，买主在高于 100 元时可以使用"X 就 X"，这两者好像不一致，那么使用这一格式的规律是什么呢？对于买卖双方来说，有一点是确定的，那就是都存在一个满意度问题，对于卖主，价格越高就越满意，而对于买主来说，价格越低就越满意（如图所示）。

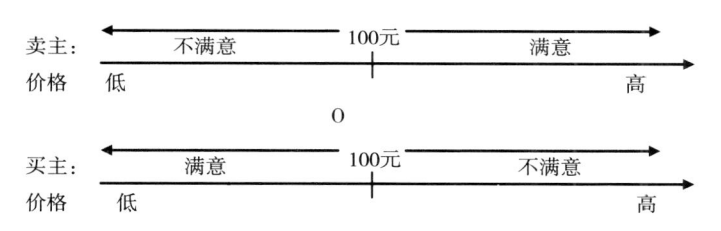

```
卖主：  ←——不满意——|100元|——满意——→
价格     低                         高
                    O
买主：  ←——满意——|100元|——不满意——→
价格     低                         高
```

图 7-1 预期量与负预期量信息情况

从图 7-1 可以看出，当成交价格在卖方的不满意一端，卖方可以用"X 就 X"，当成交价格在买方的不满意一端，买方可以用"X 就 X"，在这一点上，我们可以找到使用"X 就 X"的规律，在满意度方面实际情况低于预期值的可以使用。

如果我们把上面说明中的预期满意度看作预期量，就可以说在新信息的量低于预期量时可以使用"X 就 X"，换句话说就是"X 就 X"格式表达负预期量信息。

在以上的讨论中，我们假定言者都是用这一格式表示自己真实的想法。但实际上，在日常的使用中，有的时候出于一种说话的技巧而使用这一格式，比如生意人为了让顾客心里满意，即使成交价格高于其预期价格，也会使用"X 就 X"格式，这种情况不属于我们讨论的范围。

第二节 X 的性质及预期情况

以上我们是根据一个假设的情形得出结论的，在具体的使用中表达负预期量信息这一功能是不是符合其他用法呢？以下我们根据"X 就 X"中 X 的性质分别讨论，出现在 X 位置主要是动词、名词和形容词或相关短语，少数情况下也可能是主谓短语。

一　X 是动词或动词短语

（一）预期是言者想（或不想）发出或认可 X 所表示的动作行为。如：

（6）三人大笑，此际菜已上齐，三瓶精装二锅头摆上桌，酒量小的看见说不定晕倒。即便我们三个酒鬼，也只有旷工半天。"旷工就旷工吧"，鲁滨说。我释然。"老大姐动不动就罚款，原来是罚错了地方，也罚错了时间。"

（7）会后却没有动静了，他老是等人来对他说："你是个党员了。"可老是没人来说。

第三天上他截住文书问，文书对他说："看来是没通过，还要考验你哩！"他不知道，在这次会上，董班长的党员通过了，他还是杨义别着，没通过。许传颂心里有异样感，考验个鸟！不入就不入！还耽误老子打仗了？不过想想战斗中动不动有人喊共产党员上，共产党员上的，还是有点遗憾。娘的，真是不公平！

例（6）中，言者一般情况下也不愿意旷工，但为了喝酒，就接受了要记旷工的结果；例（7）中，许传颂认为自己开会以后已经是一个党员了，结果却是会上没有通过，与他的想法相反，"不入就不入"表示自己虽然很想入党，"不入"自己也不在乎，这一态度低于自己前面的预期量。有的时候，这个预期是言者认为听者是这样，实际情况不一定如此。如：

（8）"李子，要不你把何薇叫来，看我到底来了几回。"师老头有些沉不住气了。

柴经理一听乐了，说："嗨，老师，你还真当真了，没事儿，没事儿。逗你玩呢，来就来呗，我随便开个玩笑。"

（9）"你以为我真的怕呀，又不是搞地下工作，是刚从车上下来，车上热、车外冷，一下子没适应。"宋慧乔分辩道。

"怕就怕嘛，有什么要紧的，你不怕我还怕哩。"梅雨媚笑着向保安室走去。

例（8）中，听者认为言者不想或不太想让他来，"来就来"表示来没来都没关系；例（9）中，言者认为听者不愿意承认自己"怕"，"怕就怕嘛"表示你就承认吧。

（二）预期是听者认为言者想（或不想）发出或认可 X 所表示的动作行为。如：

（10）"都是这害了你，还是赶快收拾东西走人吧，真的，老板娘要是明白过来，要我们赔钱，我们真玩完啦。"

陆林林擦了擦泪："走就走！这鬼地方，我也待烦了！"

（11）丽娜："妈，你知不知道，物业公司是要收钱的，不像机关事务管理局，白为你服务。"

陶仁贤："我连这还不知道？收就收呗，反正也不是光收咱们家的，别人交我就交，别人不交我也不交。"

例（10）中，听者认为言者（陆林林）不想走，"走就走"表示的意思是"可以接受"；例（11）中，听者认为言者（陶仁贤）不愿意或不太愿意被收钱，"收就收"表示自己愿意。

（三）预期是有人要把活动扩展到 X 所表示的范围外。如：

（12）齐鲁急了说："咱们今天各是各，你不要胡缠，别得理不让人！"张敬轩说："喝酒就喝酒，不要提陈谷子烂糜子的事，酒桌上本来就没大小嘛！"

例（12）中，在喝酒的时候，有人把话题转到了其他的事情，"喝酒就喝酒"表示现在活动的范围就是喝酒，不做其他的事情，就是要求缩小谈论范围。

二　X是名词或名词短语

（一）预期是听者认为言者不接受X所表示的事物的性质、特点等。如：

（13）杜晋生打断她的话说："算了不说了，老陈已来看了两次了可能有事，哪天我来吃饭你让孙胡子提前叫我。""那就明天吧。""明天就明天，这次我看还有啥事能把咱的酒局搅黄了。"

（14）俗话说，酒醉心里明，酒后吐真言。我明白了老牛今天的用意啦。知道了他今天为什么请我的原因啦。我看这个老牛不是牛，而是个老狐狸。看来我取的这个外号有点偏颇。

王小娟，我的同学而已，能怎么样呢？何况她能干什么呢？我现在终于明白了一切。原来他是有预谋呀!？他怎么这么快就知道我们是同学的呀？同学就同学呗，又有什么呀？老牛竟然想抓住这个关系，佩服佩服。

例（13）中，听者觉得言者不一定会接受"明天"这个时间，"明天就明天"表示接受这个时间；例（14）中，因为王小娟的父亲是市长，所以老牛想利用这个关系，"同学就同学"表示我与王小娟的关系不像老牛想象的那样，就是同学，也就是可以利用的东西低于老牛的预期量。

（二）预期是言者认为一般人不能接受X所表示的事物的性质、特点等。如：

（15）情人就情人吧。算是自己欠他的吧，谁叫自己割舍不了和他的感情呢。女孩对着男人明媚一笑，一切自在不言中。

例（15），是言者想象的一段话，预期是一般人都不愿意当情人，"情人就情人"表示自己愿意接受这个身份。

三　X是形容词或形容词短语

一般表示言者认为听者不愿意接受X表示的结果，"X就X"表示希望听者承认这个结果。如：

(16)"我的任务是把你带回北京。"雷中校说，"至于其余的事情，不用你操心了。错就错了，但是他们别想得逞！别忘了，这是在中华人民共和国的领土！还轮不到他们逞强！"

例（16）的背景是，这里的听者是一个势力很大的犯罪团伙的知情人，这个犯罪团伙想杀人灭口，"错就错了"表示做错了就要承认，这与预期"不想承认自己犯的罪行"相反。

四 X 是主谓短语

X 是主谓短语时，表义特点基本与动词短语相同。如：

(17) 她斜着眼睛看着欢欢，这个孩子人小鬼大，一肚子坏水，越是装着无辜越证明暗地里藏着很多猫腻，说不定她一推开门真的会从柜子里蹦出一只大黄狗，还是小心为妙，别再让这个小兔崽子给耍了。
"那你来开。"她把身子让开。
"我开就我开呗。"欢欢好像还巴不得她这么说似的，迫不及待地冲了上去，推开了柜子的门。

这里听者认为言者可能不太愿意开门，欢欢用"我开就我开"表示情况与这个相反，他很乐意干这件事。

从我们分析的情况看，在使用"X 就 X"格式时，有时表示负预期量信息，有时表示结果与预期相反，从表量范围看，反预期信息也在负预期量信息的范围内，都可以看作表达负预期量信息。

第三节 "X 就 X" 格式的句法功能

上面我们讨论的"X 就 X"都是单独使用的，在实际使用中，有时还可以做句子中的一个成分。

一 "X 就 X" 做谓语

（一）单独做谓语。如：

（18）侯林奇道："让你这么一说，这事还真透着邪门，不过这跟昨晚闹鬼有什么关系？<u>人死了就死了</u>，你还真信会化成厉鬼不成？"

（19）我就说那傻老爷们属于缺心眼的那种人。你<u>吆喝就吆喝</u>，你糟蹋人你也选个安全的地方再糟蹋吧？居然就哭着喊着得意忘形地就把脸凑到了那窟窿附近了。

例（18）中，"死了就死了"前有主语"人"；例（19）中，"吆喝就吆喝"前有主语"你"，这两个例子中"X 就 X"格式都是谓语，它们与一般的紧缩复句有所不同。

（二）"X 就 X"后有宾语。如：

（20）江南点点头道："不错。万一叶书记的某些决策存在什么疏漏的地方，我们也可以第一时间进行补救。<u>怕就怕</u>，叶书记心里有别的想法，如果他认为是我这个老头子想插手市委的工作，那就不好了。明天我得和叶书记说说，让他不要用小雨了！"

例（20）中，"叶书记心里有别的想法"是"怕"的宾语。

二 用于兼语结构后一部分

（21）"昨天不是刚领吗？"小毛抬头不解地问道。

"让你<u>去领就去领</u>！"谌局长脸色一沉，小毛见状，忙丢下笔起身就往外走，并随手将门带上了。

例（21）中，"让你去领就去领"中"去领就去领"用于兼语的后一部分。

三 "X就X"用于紧缩复句

（22）按说，这种事稀松平常得很，<u>说过去就过去了</u>，做他这种营生，哪天还不遇它三两回。有的女人挺贱的，就是要白蹭他的车，也有的出手却挺大方，让他猛地能赚一把。

（23）"那好，我们明天上午10点体育广场汇合，在街上游行后再拉到刑场去枪毙。"常富波也作了妥协，领导<u>要求游行就游行</u>吧，"我跟陈院长汇报，再通知其他区县市的负责人。"

（24）赵吉乐："没精神病怎么可能关到精神病院？精神病院又不是孙国强家开的，即便是他们家开的，也不能<u>想关谁就关谁</u>啊。"

例（22）中，"说过去就过去了"相当于"（如果）说过去了（它）就过去了"；例（23）中，"领导要求游行就游行"相当于"领导要求游行（我们）就游行"；例（24）中，"想关谁就关谁"相当于"（他们）想关谁（他们）就关谁"，这样分析的话它们就相当于紧缩复句了。

第四节 "X就X"与"X是X"表达功能比较

齐沪扬、胡建锋（2006）讨论了"X是X"的负预期量表达功能，这与"X就X"的表达功能似乎相同，它们在表达负预期量信息方面有没有区别呢？以下简单讨论。

一 当X是名词或名词短语时

（25）机长犹豫着："这不符合演习规定啊？""规定是规定，你是机长！"小菲着急地说，"直升机上面就是你说了算！对不对？"

（26）白金高考失利，分数刚刚够了大专的线。依浦小提的意思，<u>大专就大专</u>吧，以后的路还长着呢，一个女孩子，学历太高了，将来还不好嫁呢。

例（25）中，"规定是规定"意思是小菲认为机长可以改规定的；例（26）中，"大专就大专"表示虽然原来想考本科，但大专的结果也可以接受。

二 当 X 是动词或动词短语时

(27) 穗珠道："难道通过正常渠道就抓不住一本赚钱的书吗？"姚宗民为难道："<u>有是有</u>，但是麻烦特别多，比如史枯的画册，史枯你知道吗？"

(28) 黄书琅和姬如意端起酒杯一饮而尽，姬如意问我："吴晴，你有男朋友了吗？"我笑而不语，姬如意说："<u>有就有</u>嘛，什么时候带给姐姐看看，什么样的男人是好男人，什么样的男人是坏男人，姐一眼能看出来。"

例（27）中，"有是有"表示渠道是有，但不像听者认为的那样容易抓住，很麻烦；例（28）中，"有就有"表示如果有，你就坦白，不要瞒着。

三 当 X 是形容词或形容词短语时

(29) "明天再给她注射一支，再给二虎打电话，记得叫他准备500万来赎人。这妞<u>好看是好看</u>，可是对二虎沾过的女人老子没兴趣。"马大少交代了事情后，开着车离开了仓库。

(30) 我看到有的人明明不好看，还有那么多虚伪的人说漂亮，不知道他们图什么？<u>好看就好看</u>，<u>不好看就不好看</u>。

例（29）中，"好看是好看"表示虽然好看，因为二虎的原因，所以不是他感兴趣的；例（30）表示的意思是，不好看的不要说好看。

从上面的比较可以看出，"X 是 X"主要说明听者认为 X 在实际情况方面低于预期量的方面，"X 就 X"一般表示在心理认可等方面，也就是"X 是 X"主要描写客观事实，"X 就 X"表示主观看法，所以两者表达的范围不同。

第五节 小结

本章首先用假设的方式讨论了"X 就 X"的负预期量信息表达功能，又在 X 是动词、名词、形容词（或短语）和主谓短语的具体用法中进行了具体考察，虽然有时候表达反预期信息，但根据相关定义，也可以归于负预期量信息。最后比较了"X 就 X"和"X 是 X"在表达功能方面的差异。

第八章

"X 就是 X" 的超预期量信息表达功能

"X 就是 X"也是一种同语式,刘志祥(2005)曾经专门进行过研究,提出"X 就是 X"有强烈的主观评价性,对上下文有特定的语义限制:即 X 对上下文的语义域有同义或反义的语义限制关系。不过他的研究主要集中在举例性的说明格式的评价功能和讨论上下文之间的关系,对格式的表义特点概括得还不够,而且也没有探讨为什么这一格式对上下文有这种限制关系。李树正(2015)从构式角度探讨这一用法,认为"它表示言者对谈论对象强调性的确认与肯定,但言者的个人情感和主观倾向则需要结合具体语境去体会"。

本章主要从预期的角度对这一格式的用法进行考察。

第一节 "X 就是 X"的表达功能

一 "X 就是 X"是一个非自足结构

从结构上看,"X 就是 X"中,第一个 X 是主语,"是"是谓词,第二个"X"是宾语,看起来是一个完整的句子,但从实际使用情况看,"X 就是 X"是一个非自足句,必须依赖一定的语境,才能显示具体意义。如:

(1) 工作就是工作。

(2) "我已经在这里干了几个月,觉得这里没意思。"方剑不想把话说得那么透彻,他怕伤着金大队长的自尊心。

"<u>工作就是工作</u>,什么有意思没意思!没意思就不工作了吗?"

金队长觉得现在这些年轻人,越来越让人猜不透。他想借这个机会,给方剑这小子上政治课。

在这两个例子中,例(1)没有明确的意义,只有在例(2)中,才能明确"工作就是工作"要表示的意义,金队长使用这一格式表达的意思是:工作无所谓有意义无意义,都要干。由于"X 就是 X"在具体语境中显示具体意义,所以同样的形式在不同的语境中所表示的意义可能完全不同。如:

(3)张海迪就是在这样的状况下充当了青年在同辈群体中第一个"权威代理",表面上看她是由主导文化推出的青年楷模,而当她被那时的青年人由衷地接纳下来后,我们却发现她对青年人的影响已经远离了作为道德楷模的初衷。主导文化更赞赏她积极向上、顽强拼搏和理想主义的人生观,并给予她 50 年代式的最高褒奖——新时期的吴运铎。而青年们则更注重她除此之外的另一个侧面,有独立的个性,独到的见解,丰富的知识,聪慧而多才多艺,在既往的英雄人物中,她是第一个敢于说出:我不是中国的保尔、海伦·凯勒,<u>我就是我</u>,她那一袭在当时并不多见的披肩长发,与其说装扮了她的容貌,不如说表达了她桀骜不驯、热爱生活的性格。

(4)我选择这一天告诉自己,从此别再期待别人的牵挂别人的呵护,从此必须自己面对生活,必须独立,必须坚强。这种感觉真好,它让我再一次知道,<u>我就是我</u>,要对得起自己,要珍惜自己,要为自己活着。

以上两个例子中,都有"我就是我",但其表达的意思不同,例(3)中,当时很多人,包括媒体都把张海迪称作"中国的保尔""中国的海伦·凯勒",这里的"我就是我"表明言者认为"我不是别人,我就是中国的张海迪";例(4)中,潘虹刚刚离婚,心情不好,她选择自己生日的时候离开朋友,在这种时候说"我就是我",表明她认识到以前对自己人生的看法有偏颇,人应该为自己活着,不应该在这样的时候消沉。所以"X 就是 X"到底表达何种意义是在具体的语境中体现出来的。

二 "X 就是 X"表达超预期量

对于"X 就是 X"的表达功能,刘志祥(2005)认为有强烈的主观评价性,但他没有讨论这种主观评价性的特点。以下探讨这种主观性表达有什么规律。如:

(5) 张艾嘉希望外界不要用"女性导演"这样的名词来注解她,"好烦喔,女人拍电影为什么就一定和妇女有关?<u>电影就是电影</u>,不该分女性或男性。其实我也是很柔弱的,需要有人疼爱的女人,跟大家没有什么不一样。或许,只是因为在这个阳刚味重的电影制作圈中出现一个像我一样的女人很怪吧!如果真是这个原因,那便牵涉到'男女平等'的问题上来了。"

(6) 孙犁是个厚厚实实的革命作家,三笔两笔只能写出他的名字,写不好他圆满的品质。说他像谁?像契诃夫?像鲁迅?像巴金?像赵树理?都有些像,又都不是。<u>他就是他</u>——芦苇荡里走出来的孙犁。

例(5)中,前面的句子是说,外界认为张艾嘉是一个女性导演,拍的电影"和妇女有关","电影就是电影"表明"电影没有女性和男性之分",意思与外界的看法不一致,超过了他们的认识;例(6)中,有人把孙犁比作契诃夫、鲁迅、巴金、赵树理等,"他就是他"表明把孙犁比作任何人都不合适,他具有其他人所不具有的特点,这也超出了前面这些人的认识。

如果我们把上面两例中的"外界的看法"和"有些人的比喻"看作一种预期的话,"X 就是 X"表达的意思就是在某一方面的实际情况与这种预期并不一致,超过了预期量,表达超预期量信息。

三 预期方向性的判断

胡建锋(2007)提到新信息与预期信息比较量的大小时要考虑方向性,这个方向性一般以言者的表达角度为标准。如:

(7) 他冷静地、几乎不动声色地讲述着这些三教九流们的日子。

他们（他们也是人）的近于原始状态的动物性在吃喝嫖赌、坑蒙拐骗、厮杀械斗中表现得淋漓尽致。在他们身上，什么都是直截了当的，吃饭就是吃饭，天天吃中国菜也不会想到这是一种文化；碰到女人即刻想到的便是与她睡觉，断断不会有情书一类的浪漫；一句话不对劲就可以白刀子进红刀子出，他们不在乎生命，明天对于他们是无须也无从计议的，他们是英雄好汉中的注定的那类悲剧角色。

例（7）中的"吃饭就是吃饭"可以从两个方向理解：（1）单从"吃饭就是吃饭，天天吃中国菜也不会想到这是一种文化"来看，可以理解成他们吃饭时不会像一般人那样想到文化，从这个角度看格式表达一种负预期量。（2）从"直截了当"的角度看，他们的做法比一般人都要简单，就是"不想别的"，从这个角度看，这一格式表示一种超预期量。如何确定其表示的信息类别呢？就看言者的表达角度，从整个语段看，主要是要说明这群人的近于原始状态的生活，在"简单"的程度上超过了一般人，所以主要表达超预期量信息。

第二节 X 的性质与预期的类别

在"X 就是 X"中，X 可能是名词（或名词短语）、动词（或动词短语）和形容词（或形容词短语）。X 的性质不同，预期的情况也有差别。

一 X 是名词或名词短语

在"X 就是 X"用法中，出现在 X 位置频率最高的是名词或名词短语。当 X 是名词或名词短语时，预期量一般是 X 的某一方面属性的量。如：

(8) 敦子，我们的目标也更明确了，要向高层反映！对任何事情要理解，不要怨嗟；要积极争取，不要等待。抽时间经常往中国驻日本大使馆跑跑，五次、十次地向大使馆提出申请，不要气馁，哪怕事情只有百分之一、千分之一的希望，你千万不要认为没有希望，希望就是希望，无所谓百分之一、千分之一。

(9) 骆宾基的辞世显然也极大地触动了老人。他对这位曾在牛棚干校共患过难的朋友评价极高。他得知一家出版社要出骆宾基的书，却指名道姓让另一位著名作家作序，否则不予出版。"这个风气太不好，好书就是好书，不用哪个名人作序抬身价。"

例（8），"希望就是希望"说明只要有希望，就比敦子的预期（认为没有希望）要好，预期量是在可能性大小方面；例（9）中，"好书就是好书"，表示好书是一种内在的"好"，而出版社要求的做法是"找一个名人来作序来提高书的知名度"，认为这样才能称为好书，所以言者对"没有名人作序的好书"的评价高于出版社。

有时候这一格式也有特殊用法。如：

（10）"他就是他呀！"妹妹"咯咯咯"地笑起来。
从他俩亲昵的态度中，我终于下了判断，他就是我未来的妹夫。

在这个例子中，前后两个"他"表示的意义并不相同，前一个"他"是一般人称代词的用法，后一个"他"指"男朋友"，属于一种特殊用法，这种用法不属于我们讨论的格式。

二 X是动词或动词短语

当X是动词或动词短语时，超预期量一般表现在对X的认可或接受程度等心理活动方面，而不是动词或动词短语本身的属性。如：

（11）秘书："你看你书记说的话，什么借不借的，急用就先拿去用呗，放着也是放着。"

赵宽："借就是借，其实最终还是得周主席还，我只不过转一下手，也算做个担保人而已，借条还是我给你打，然后再让老周给我打借条，咱们按照正规程序操作。还有，既然要保密就好好保密，你可别到处向人家吹牛，说你是我的债权人，到时候让人家说，老赵混到这个程度了，开始向自己的秘书揩油了。"

（12）然后我看见苹果园里面也有监视哨，但是没有公路上那么严格，也是4个，但是3个在树荫底下睡觉。一个拿着望远镜在看，也不知道看什么，好像是公路上有一个骑自行车的红衣地方女青年。

也不是说兄弟部队就怎么训练不好,军纪不严格,但是<u>训练就是训练</u>,不是作战,干部不在,几个兵你能指望盯多久?都苦惯了,休息休息也是正常的。

当 X 是动词或动词短语时,"X 就是 X"前的预期一般是听者不(太)认可或不(太)接受发出"X"表示的动作行为等。例(11)中,秘书的话是"什么借不借的,急用就先拿去用呗",意思是说"书记向他借钱"不太好,赵宽的话表示"你一定要认为是借",所以要打借条;例(12)中,"训练就是训练"表示不能把训练当作战,所以出现格式前所说的"有人睡觉"等情况是正常的,可以接受的,这是针对有些人把训练当作战说的。X 是动词短语时一般也是这样。如:

(13) 宋加强说:"不过传颂还是很勇敢的。这次拼刺刀,还亏他向我这里冲,鬼子一慌,我才把鬼子干倒了。我看也是,人<u>打死了就是打死了</u>,这个是否定不了的,该记的还是应该记。"

(14) 农人们饱食了一顿后才想起他们还没有闹董永的洞房,那天夜里他们卷土重来,企图按传统的习俗让七仙女穿越男人们的裤裆,但董永手执一根打狗棍挡在茅屋的门口,朝众人怒目相向。董永的叔叔说,你怎么这样小气?虽说你媳妇是个仙女,但她既嫁了你就是董家的人,就该按我们的风俗钻裤裆呀。董永说,<u>不钻就是不钻</u>,她是七仙女,怎么能让她钻你们的臭裤裆?你们谁敢来闹,谁闹我就打断他的狗腿。

例(13)中,"打死了就是打死了"是在讨论怎么记打死的日本鬼子的数量说的,有人不太愿意把这个功劳记在传领身上,宋加强的意思是要承认传颂的功劳;例(14)中,听者希望说服董永接受他们的做法,但"不钻就是不钻"表示自己态度非常坚决,其程度超过听者的预期。

三 X 是形容词或形容词短语

当 X 是形容词或形容词短语时,格式一般表示要对 X 表示的性质的认可态度。如:

(15) 孩子小时，父母要帮助他对自己正确评价，不能自卑也不能自傲。最重要的是对孩子的行为评价要实事求是，<u>好就是好</u>，不好就不能说好。

(16) 幸亏世上还是好人多。刊登建功短文的晚报下午发售，当天就有许多热情的读者、记者、评论家给他打电话表示支持，报名参加。更有大款愿意资助。杂志社、文联、作协也都接到报名电话，就连我这个邻居，都接到了中国作家协会创联部负责人的电话，要我向建功转达同行们的支持和喜悦——喜从何来？作品研讨会是高尚的学术活动，不请客，不送礼，清茶一杯，切磋文艺，好就说好，<u>不好就是不好</u>，把那些庸俗的吹捧拒之门外，可不是大善大喜的事情么！

例（15）中，这个孩子的父母为了照顾儿子的好胜心，总是说儿子好，也就是"不好的时候也说好"，言者的标准"真的好才说好"高于这一做法；例（16）中，有些人在评价文艺作品时，"不好也说好"，言者的标准"不好就说不好"高于这种做法。

四 X的肯定形式和否定形式

当X是动词（或短语）或形容词（或短语）时，可能是肯定形式，也可能是否定形式。如：

(17) 放心下来，转悠一阵踏上归途。那辆摩托竟眨眼间停在凉亭外！像围追堵截着他们。她想拉着他绕过凉亭。凉亭中已人声嚣嚣。

"妈的！你是老糊涂了！给你两角钱，这把破壶还不卖？！老子若是硬要，你莫非硬得过老子的枪？"警卫模样者如狼似虎。

"这是我祖传家宝呵——<u>不卖就是不卖</u>！你要硬抢——我告到蒋青天那去——"半瞎老倌抱住茶壶也不松。

(18) 刘芳芳脸上的光华消失了，又是羞涩："你别安慰我，我唱得不好。"

"<u>好就是好</u>，有什么不好意思的？"张雷说。

"那我唱完了，你有什么节目？"刘芳芳说。

例（17）中，"不卖就是不卖"中"不卖"是否定式的，表示言者认为听者对他前面所说的"不卖"的坚决态度认识不够，用这一表达形式表明自己的态度高于听者的预期；例（18）中，"好就是好"中"好"是肯定式的，表明张雷认为刘芳芳唱歌的实际水平高于她自己的预期。所以 X 本身是肯定式还是否定式对预期的方向性没有影响，决定方向的还是言者的视角。

第三节 "X 就是 X" 的使用框架

一 "X 就是 X" 的使用框架

从具体使用情况看，可以根据其在相关的评论性文字中的相对位置分成两类。

第一，背景式。这一类用法中，"X 就是 X" 一般在评论性文字的起始，其后续句的内容表示"X"在哪一方面超预期量，这类用法中常常是把一般人在某一方面具有的特点看作预期量。如：

(19) <u>市长就是市长</u>，威信自然高些；加上年轻，心理活动与年轻人相通。不管是不是这个原因，反正秦正联心里就是这么想的……

(20) <u>王名烈就是王名烈</u>，不乏大将风度，具有宰相的肚量和诸葛的智慧，事到临头他依然能够沉得住气。

例（19）表示市长的威信与一般人的威信比，要高些；例（20）中，就是遇到紧急事情时王名烈（市委副书记）的表现与一般人比，要镇静得多。这类用法中，有的时候 X 表示特定阶段的某种特殊性。如：

(21) 关于雅科夫的最终结局，俄罗斯《莫斯科新闻》前不久透露：当时，希特勒提出用雅科夫交换被苏军俘虏的德军元帅保卢斯，斯大林断然拒绝说："<u>战争就是战争</u>，我决不会用一位元帅换一名上尉。"

例（21）说的希特勒希望用斯大林的儿子雅科夫交换德军元帅保卢

斯，可能是认为斯大林会觉得儿子比敌方的元帅重要，但斯大林的意思是，在战争年代，只有元帅与上尉的比较，所以在儿子和元帅的看法上超过了对方的预期量：元帅高于上尉（他的儿子），所以不换。

在背景式用法中，"X 就是 X"表达的具体意思一般根据后续句进行解读。

第二，总结式。这类用法中，"X 就是 X"格式一般在评论性语段的结尾，对其前面的内容起一个总结评价作用。如：

(22) 但他还欣慰地看到，这孩子论酒经虽然有些嫩，可是到底不跑题，不豁边。<u>谈酒就是谈酒</u>。

(23) 大家一听哈哈笑了起来，纷纷说："不敢当，不敢当，部长夸奖得过分了！"李克农部长在烟灰缸里拧灭烟蒂，站起身来到侦察员面前，拍拍这个的肩膀，整整那个的衣领，十分深情地说："<u>干得好就是干得好</u>嘛！"

这一类用法，"X 就是 X"对前面的内容进行评价。如例（22）表示"他"认为这孩子谈酒时主题还是比较集中的，这是值得肯定之处；例（23）中，李克农的意思是"确实好就不要客气了"，他的评价超过了侦察员对自己评价的预期量。

在总结式用法中，"X 就是 X"表达的含义根据其前面的语段内容进行解读。

二 语境句与后续句

有时候，背景式的用法中"X 就是 X"的前面还有与其后续句意思直接相关的语境句，从语境句与后续句的关系来看，也有两种情况。

第一，承接。这类用法中，"X 就是 X"的后续句内容与语境句一致。如：

(24) "是的，酒吧是什么？酒吧是对深夜不归的默许，是浪子心灵的归宿，酒吧音乐是黑夜里的月亮，它能给你一点清辉，给你插上幻想的翅膀。酒是物化的音乐，音乐是精神的烈酒，酒吧音乐是血液的火药，私语的帷幕，是情人的玫瑰，夏夜的晚风。酒杯的碰撞与音乐的重锤猛击和谐交响,五彩斑斓,我喜欢在这样的一个夜里,就着酒吧的旋律,举杯释怀,畅饮豪情。当然,我所说的话语也只能代表我和同类的感触,而不代表其他的人的想法。"

"呵呵!<u>文人就是文人</u>,语言的表达能力就是强,意境都不一样。"听我说完宋佳笑了:"那我问你,你认为在这个世界上到底有多少你的同类存在呢?你找到他们了吗?"

例(24)中,"语言的表达能力就是强,意境都不一样"是对前面的一段内容的评价,意思是顺着语境句的内容说的。

第二,转接。这一类用法中,"X 就是 X"的后续句的意思与语境句的意思不一致。如:

(25)车队在战士们面前逐次停下,从山沟里面各个野战军侦察部分队抽调上来的兵们哪儿同时见过这么多将军?大校都不多见啊,那都得是师长啊!但是<u>事实就是事实</u>,车里下来的大校都是跟班的,前面戳着的是好几个将军。金灿灿的将星宣告着他们的威严,最大的是个中将,其余的都是少将。

例(25)中,背景句的意思是"难以相信",但后续句的意思表示这就是事实,意思与背景句不一致。这类用法中,"X 就是 X"前常有表示转折关系的词语,如"但是""可是"等。

第四节 "X 就是 X"的特殊用法

以上主要讨论了"X 就是 X"单用或在谓语位置上的用法,这种格式还有其他用法,我们称之为特殊用法。

一 连用,一般是两个对举

(26)他虽然知道橘子的父亲过去曾经是副省级的大官,橘子的哥哥现在是正厅级的大官,可是他认为那些跟他都没有什么关系,<u>他就是他,橘子就是橘子</u>,反过来他还特别忌讳别人把他跟橘子的家庭扯在一起,从来不对任何人提起橘子娘家的官方背景。

（27）我后来慢慢发现这个狗头大队真的不是吹出来的，是锤出来的。但是我自己心里还是不喜欢这儿，我是个性情中人，现在还是，<u>我喜欢就是喜欢</u>，<u>不喜欢就是不喜欢</u>。

连用时，常常表示前后两个格式里的 X 是不同的，预期是有人把这两个 X 当成一样的，或者把一个 X 当成另一个 X。如例（26）中，是对有些人"把他跟橘子的家庭扯在一起"来说的；例（27）中，是对有人"不喜欢也说喜欢"来说的。有时也有三个连用的，其表义特点与两个连用基本相同。如：

（28）以前我也想过，若是露露真的找到一个对她挺好的小伙儿，我会替她高兴，为她祝福。可现在我不这样认为了。<u>男人就是男人</u>，<u>女人就是女人</u>，<u>人就是人</u>。苏姐不是我亲姐，露露不是我亲妹子。

二　在标题中使用

有的时候在标题中也使用这一格式。如：

（29）语言学就是语言学
（30）规矩就是规矩

前面我们提到，"X 就是 X"一般不单用，当标题中使用这一格式时，一般都是在正文中对这一格式表示的意思进行说明，也就是在正文中交代预期。如例（29）的标题的正文中有这样的文字："如果甲的假说只适用于汉语，而乙的假说只适用于一种或几种语言，那就都不是普遍性的理论。至于语言学的研究性质、目标和方法，更加不会是各种语言各有一套。语言学就是语言学。如果还要提倡'有中国特色的语言学'，在二十一世纪就会落后于别人。"表明"语言学的含义超过'有中国特色的语言学'"，比后者要更有普遍性；例（30）的正文中有这样的文字："在英国学校，有些规矩虽然不尽合理，有的甚至颇没有人情味儿，但几年下来，却让我深深了解到规矩在社会上扮演着不可忽略的角色。在后来大学那种极不规律又比较松散的生活中,我发现了它的价值。"表明我以前认为有些不合理的规矩不好,现在觉得尽管是不合理的规矩,有规矩比没有规矩好。可以把文中相关的内容看作标题的语境句或后续句。

三 格式前面是一个主谓短语

有的时候,"X 就是 X"出现在一个句子的宾语部分。如:

(31)我仰着头对爸爸说:"爸爸,你看这被面好看不好看?"爸爸不经意地看一眼被子,说:"妈妈说好看不?妈妈说<u>好看就是好看</u>。"

(32)前不久,有朋友问孙犁是否看了当前非常畅销的一本大写性生活的书时,他说没看,"我说<u>没看就是没看</u>。"他加重一句,沉了沉说,"当前,因为评论不太正常,使得一些原来不错的青年作家变坏了,有的因为红得发了紫,变得忘乎所以,谁也不敢碰一点了。"

这一类用法,与单独的用法有所不同,一般表示强调认可"X"。如例(31)表示,只要"妈妈说好看",结果是"好看",这里爸爸(董必武)实际上是告诉女儿:妈妈在他心目中的地位可能高于女儿的预期量;例(32)中,"我说没看就是没看"就表示"确实没看",这是针对有些人可能怀疑他说的话而言的。对于这一用法中"X 就是 X"性质的分析,不同的角度可能会有不同的看法,由于在表义方面的特点与单用的基本一致,所以我们也放在特殊用法内讨论。

四 前有其他修饰成分

有的时候,在这一格式中,"就是"前还有其他修饰成分。如:

(33)宋美龄不以为然地撇撇嘴。她对老俄可没有什么好印象,虽说方良对她十分贤良听话,但她认定了<u>方良只不过就是方良</u>,哪有那么赫赫然又森森然的政治背景?

在"就是"前有其他修饰成分,有时对这一格式的表义有影响,例

(33),"就是"前有"只不过"表示对蒋方良不需要考虑多么多,原来想得太多了。

第五节 "X 就是 X"与"X 是 X"表达功能比较

"X 就是 X"与"X 是 X"两种格式都必须在具体的语境中才能体现具体意义,但其表达功能不同,以下从三个方面进行比较。

一 表示的信息类别不同

(34)"<u>规定就是规定</u>。"扎西次仁说,"我舍不得你走,更舍不得孩子。但是你是好兵就应该知道部队的规定是铁的,不能破坏的。"

(35)钱亮亮告诉常书记,这是市政府规定的。常书记说:"<u>规定是规定</u>,什么规定也得面对特殊情况。金龙宾馆是干什么的?金龙宾馆是市委、市政府接待上级领导和国内外重要客人的地方,上至中央领导,下到省里各个重要机关部门,还有港澳台、外国朋友到了金州不都住在金龙宾馆吗?这情况还不够特殊?难道让这些领导和外国朋友每天只能按照我们的规定用热水吗?节约用水也不在乎金龙宾馆多几吨少几吨,今后就这么办,谁要有意见就说是我定的。"

"X 就是 X"表达超预期量,"X 是 X"表达负预期量,所以后续句表义就有区别,如例(34)中,"规定就是规定"表示"规定"是"不能破坏的";例(35),"规定是规定"后是"什么规定也得面对特殊情况",也就是可根据特殊情况改变。两种格式的后续句的意义相反。

二 对举时表义侧重点不同

(36)"胡闹是什么意思?说清楚点。"方剑想,"仅凭一个'胡闹',接下来可没法处罚你。"想到此,进一步解释,"我们现在是在讯问,要做笔录的。<u>一就是一,二就是二</u>,清楚明白,半点也含糊不得。"

(37)彭总的语气缓和下来:"你文化基础差,看不下去,我不怪你,可你不该骗人呀!做人也是这个道理,<u>一是一,二是二</u>,要做一个诚实正直的人。"

例（35）中，"一就是一，二就是二"强调该怎么说就怎么说；例（36），"一是一，二是二"表示"该怎么样时就怎么样"，该一时不要用二做标准，该二时不要用一做标准。虽然两种格式的基本意义相同，但侧重点不同，"X 就是 X"从肯定的角度说，"X 是 X"从否定的角度说。有的时候，"X 就是 X"也和"X 是 X"对举使用。如：

（38）看得出，谢老对卓别林寄予的感情十分深厚，旁人无法全部理解。我隐隐感到，是卓别林和他的作品，是长年的孜孜以求、学以致用，才使得谢老及他的创作具备了常人难比的喜剧品位和幽默风格。有人说谢添是"中国的卓别林"，对此，谢老的回答非常干脆："我否认！"他说："卓别林就是卓别林，我是我。"

（39）何天亮也觉得她说得有道理，就说："那就这样，实际卖的有一千来块，明天你给黄老板汇过去三万，再提六千块我还给道士，办这个中心的时候从他手里拿的，道士虽然从来没提过，可是我们也不能老拖着不还给人家。"小草说："干脆跟他算总账的时候，让他从货款里面扣算了。"何天亮说："一码是一码，借的就是借的，货款是货款，别让人觉得咱们会算计。再说了，道士仗义，我们也不能不仗义，我看还是拿现金还给他。"

例（38）中，卓别林是谢老寄予深厚感情的人，在后面用了"卓别林就是卓别林，我是我"，这里不能说成"我就是我，卓别林是卓别林"，那样的话就可能表示"卓别林在某方面比不上我了"，肯定的是自己的某一方面了；例（39）中，"借的就是借的，货款是货款"表示借款不同于货款，应该分清楚，这两例中的"就是"和"是"的位置不能互换，否则表义就要发生变化。一般来说，在两个 X 中，言者认为更重要的那个中间用"就是"连接，另一个用"是"，如例（38）中，谢添认为卓别林比自己高明；例（39）中，何天亮认为"借款比货款重要"。

三 话轮中的位置不同

"X 是 X"只能在话轮的开头，"X 就是 X"可以在开头，也可以在结尾。如：

（40）让明理和让明全见谢书记如此讲，当然只有唯唯诺诺称"是"。赵鹏程说道："困难同志的想法好是好，但真正实施起来恐怕就不是那么容易了，而且许多实际问题也不好解决……"

（41）"好！袁大记者就是袁大记者，胆量和见识就是不一样。"范逸成鼓起掌来，袁雪的脸已经接近红苹果色。

（42）我家在东北的一个小城，我很了解农民，去年白菜价高，所以今年全种白菜，今年价又跌下来了，明年种白菜的就少了。这就是市场的规律，无论你怎么做都无法改变。市场就是市场。

"X 是 X"只能在一段评论性文字的开头，后面必须有后续句，如例（40）；而"X 就是 X"既可以在一段评论性文字的开头，如例（41）；也可以在结尾，如例（42）。

第六节　小结

本章主要讨论了"X 就是 X"格式的超预期量信息表达功能，分析了 X 是名词、动词、形容词或相关短语等时表义的特点，对语境句和后续句的关系进行了讨论，还考察了"X 就是 X"格式在单用和做谓语以外的特殊用法，最后比较了"X 就是 X"和"X 是 X"在表达功能方面的差别。

第九章

"V 个 VP" 结构的超预期量表达功能及其来源

第一节 关于 "V 个 VP" 结构的表达功能

本章的讨论对象，主要是如"吃个饱""吃个痛痛快快"（"个"后可能是 VP，也可能是 AP，都记作 V 个 VP）等的用法，对于这类用法，很多学者都进行过研究，其中比较受关注的一个方面是"个"的标量功能问题，如祁杰（2010）认为"V 个 VP"构式语义是表达主观大量；周清艳（2011）认为"V 个 VP"表达主观异态量，具体可分为主观大量和反预期量两种类型；任鹰（2013）认为"V 个 NP"结构具有"主观小量"特征，而"V 个 VP"结构则含有"主观大量"特征。雷冬平（2017）则认为如果说"个"既可以表示大量，也可以表示小量，是矛盾的，提出"V+个+NP"和"V+个+VP"都表达主观小量，"V+个+VP"表达的意义可以表述为："V 所表示的动作在短时间内轻松或者容易达到 VP 所表示的大量状态"。但"轻松或容易达到"这一表述在实际运用中有很多例外。如：

(1) 老夫生平仅见的第一勇士，连我们十三个兄弟联手，都击不倒他，还<u>吃个大败仗</u>，连大哥，十二弟也都赔上生命，唉！

(2) 那个老寡妇夜里睡不着觉，说得她肯下决心，撕破脸皮，到许家来<u>闹个翻天覆地</u>。

(3) 已经山穷水尽的找水人员，还是把铁镰山的沟沟岔岔来来回回<u>看个没完没了</u>。

(4) 时值新春佳节，技术副总经理也没休息，翻来覆去地<u>琢磨个透。

例（1）中，"V 个 NP"中"大败仗"表明不是一个小事件，也不是小量，"连我们十三个兄弟联手"是连字句，表示大量，表明付出了很多；例（2）中，"下决心、撕破脸皮"都表示"翻天覆地"不容易达成；例（3）中，"来来回回"说明花了很大的力气；例（4）中，"翻来覆去"表示花费很多的精力，从以上这些例子可以看出，"V 个 NP"可以表示大量，"V 个 VP"所表示的状态也可以不是"轻松获取或容易达到"的。

综合起来看，对于这类用法，还有一些问题可以进一步研究：

第一，一般说"V 个 NP"是小量，说的是事件大小，言者的口气等；而"V 个 VP"的大量是程度量，是事件的结果量，两个量是不同质的，将不同质的量放在一起分析，说前面是小量，后面是大量，实际上是不同层面的，它们可以同时存在，比如"吃个饭就吃掉半个月工资"中"吃个饭"是小事件，但"吃掉半个月工资"是一个大量。

第二，"V 个 NP"与"V 个 VP"中的"个"是一个"个"还是不同的"个"，如果是一个，如何解释他们的功能差异；如果是两个"个"，它们的关系是什么？

第三，"个"可以出现于"V 个 VP"与"V 了个 VP""V 得个 VP"中，它们是什么关系呢？有两方面的问题：（1）在具体的用法中，有的"V 个 VP"可以加"了"，有的不可以；有的"V 了个 VP"可以省略"了"，有的不可以。为什么？（2）"V 个 VP"与"V 了个 VP"中，"个"不能省略，或者省略后意义发生变化；"V 得个 VP"中"个"可以省略（加引号）。为什么？

我们认为，"V 个 NP"中"个"使其具有非叙实性，而非叙实性影响了"个"的功能变化。以下具体讨论。

第二节 "V 个 NP"的非叙实性

一 叙实与非叙实

Kiparsky 和 Kiparsky（1970）指出，在英语中存在叙实（factive）谓

词和非叙实（non-factive）谓词之别，所谓叙实谓词，其后的宾语小句一定是一个真实发生的事件，非叙实性则表示其后的宾语小句可真可假。如：

(5) I regret that it is raining.（我很遗憾现在正在下雨）
(6) I suppose that it is raining.（我假设现在正在下雨）

例（5）中，regret 后的"it is raining"一定是真实的事件；例（6）中，suppose 后的"it is raining"则可能是真的，也可能是假的。实际上有些副词或者小句也有这种区别，比如"他幸好走了"中"走了"一定是真实的，"他也许走了"中的"也许"后的"走了"可真可假；"吃了饭就走"中"吃了饭"既可以是已经发生事件，也可以是未发生的。

二 非叙实性与"V个NP"的表达功能

尚新（2009）指出，述宾结构不一定都表示事件，如"自古英雄爱美人"中"爱美人"不表示事件，因为其在时体上具有延续性特征；而有"个"，如"我就想爱个当解放军的女婿"则是事件句，因为"个"提供了一个边界，句子具有完整性时体特征。但从"V个NP"的句法功能看，它一般不能单独做谓语，即使与其他成分一起做谓语，也有一定的限制，主要有以下用法。

第一，出现在惯常句中。如：

(7) 过去仙给孙家当佃户时，每到秋季，常到东家来送个瓜枣，有时还帮东家扬场。
(8) 今年他整七十岁，在家成天养个花，弄个草。
(9) 我除了做农活，还能织织布，打个短工。

例（7）中，有"每到秋季"和"常"，说明"送个瓜枣"是惯常行为；例（8）中，"成天"表示"养个花、弄个草"是每天的工作；例（9）中，"打个短工"与"织织布"并列，而汉语的动词重叠表示的是一种封闭的情状，具有动态、持续、非完成的语义特征（陈前瑞，2001），"打个短工"也具有同样的特征。以上的"V个NP"都表示惯常情况。

第二，出现在疑问句中。如：

（10）一个人在外面，寻食，有谁要一起吃个饭啊？
（11）下次一起吃个饭，怎么样？
（12）前面有家茶艺馆，去喝个茶，解解酒，好不好？

以上三例中，都是对相关事件进行征询，例（10）是"特指问句"；例（11）中，征询是否接受提议；例（12）中，"好不好"是直接征询意见。"吃个饭""喝个茶"等都是未实现的。

第三，出现在祈使句中。如：

（13）睡觉的时候姐们儿打电话说："我只有一个小时，快出来吃个饭。"
（14）绵绵也意识到两个人的气氛怪怪的，遂轻快地说道："裴裴，我们喝个茶吧，就拿你最喜欢的那组青瓷茶具。"

例（13）"快出来吃个饭"是要求对方做什么；例（14）"喝个茶吧"是一个提议，表示想让听者干什么，都表示祈使。

实际上，除以上几种情况外，"V 个 NP"还有以下几种用法：

第一，出现在心理动词句、举例句中等。如：

（15）出差那么久，第一次来外滩！好想去对岸喝个茶，然后回酒店！
（16）我多希望他能像别人的先生一样，陪太太逛逛街，吃吃小馆，看个电影，偶尔买花送我，随时亲我一下……
（17）最近忙着上班、看"唐宫美人天下"、出去逛个街、喝个茶等等。

周清艳（2012）指出，心理动词句、举例句等一般不能表达具体的完整的事件。例（15）中，"V 个 NP"前有"想"，例（16）中有"希望"，都是心理动词；例（17）中，"逛个街、喝个茶"后有"等等"，表示是举例性的。

第二，出现在连动句、兼语句中，表示目的等。如：

（18）算了，你自己先来回练习走几遍，我去喝个茶。
（19）不要卖、卖半导体，留着听个歌儿，解解闷……你要钱，我，我借你……
（20）老公公拿出一些碎银子塞入那士兵手中，"一些意思，请官爷们喝个茶。"

例（18）中，"去喝个茶"是一个连动句，"喝个茶"表示"去"的目的；例（19）中，是说给听者的，"留着听个歌儿"，也表示为什么让对方"不要卖"；例（20）是一个兼语句，"喝个茶"是"请"对方干什么。这些用法中，"V个NP"都不表示真实的事件。

第三，句子中有表示未来的时间词。如：

（21）考试回来收拾下东西，明天睡到九点，起床收拾下吃个饭，然后打车去机场。
（22）以后活动要谨慎的，明天还得去吃个饭……

例（21）中，前有"明天睡到九点"；例（22）中有"明天"，都有表示未来的时间。

以上三种用法，都表示未然的情况，所以都不表示真实的事件。

综上可知，虽然有学者认为"V个NP"表示事件（尚新，2009；雷东平，2017），但其并不陈述真实事件。周清艳（2012）也认为，这类句子不表达具体的事件，句中不能出现表示过去或现在的时间词，说成如"我们昨天吃个饭""我们现在吃个饭"这样的句子，那么"V个NP"的表达特点是什么呢？因为"V个NP"不能独立陈述真实、具体的事件，我们认为其具有非叙实性。

三 有界、无界与"V个NP"的非叙实性

那么为什么"V个NP"表达事件具有这样的特点呢？我们认为与动词V与其后的NP的有界与无界有关。沈家煊（1995）指出："打破玻

璃""飞进来苍蝇""吃了苹果"等句法组合之所以不成立或不自由,那是因为其中的"打破、飞进来、吃了"是有界动词,后面的"玻璃、苍蝇、苹果"是无界名词,有界动词与无界名词不匹配。而"V个NP"的情况正好是另一种情况,其中的V后没有补语或助词,是无界动词,但NP前有"个",这里"个"的功能是"使抽象的、无指的名词离散化,而表示单一的、明确的个体"(石毓智、雷玉梅,2004),即"个"使NP有界化了,而无界动词和有界名词组合也是不成立或者不自由的。

沈家煊(1995)指出,"单个动词+宾语"的组合也有"活动"和"事件"之分。如"读书""看电影"是活动,而"读《红楼梦》""看那场电影"是事件,因为"书""电影"是无界的,《红楼梦》、"那场电影"是有界的。如果从有界、无界角度看,"动词+名词"表达的功能有四种情况。

表 9-1　　有界、无界与"动词+名词"组合的表达功能

动词	名词(短语)	功能	叙实与否
无界动词	无界名词	表达活动	非叙实性
有界动词	无界名词	表达事件	
无界动词	有界名词		
有界动词	有界名词		叙实性

从以上搭配来看,事件又可以分成两类:非叙实性事件、叙实性事件。"V个NP"属于"无界动词+有界名词",因此陈述非叙实性事件。

第三节　事件整合与"V个VP"结构的功能

一　"V个VP"是事件整合的结果

多数情况下,一个事件由一个小句表达,事件和小句是一一对应的,但也存在着一个小句表达多个事件的情况,就是事件整合。如郭锐(2002)讨论了多个事件(谓词)的整合问题,如"他唱哑了嗓子"就是"他唱"和"嗓子哑了"两个事件整合而成。而且一个动词的句子也可能表达两个事件,也是两个事件整合而来的,如:跑了个冠军=跑

(到)了个冠军（孙天琦、郭锐，2015）。从表达的角度看，非叙实性事件也有表达事件本身和预期事件中产生某种变化或出现新的结果状况的需求。

实际用法中存在动宾式"V 个 VP"为这种需求提供了路径。如张谊生（2003）指出，有些 VP 出现在"个"后，这时"个"修饰 VP，就是要将 VP 事件化。他所举的两个例子是：

（23）学诗学剑，两般都没个成功。（白玉蟾《玉蟾诗余》续一）
（24）你看我寻个自尽，觅个自刎。（《元曲选·曲江池》）

例（23）中的"成功"和例（24）中的"自尽""自刎"都是谓词性的，但在"个"后，既是"没"和"寻"的宾语，表示一个事件，同时也表示结果义。

当"V 个 VP"语义重心进一步向 VP 转移，整个结构就从动宾关系转向动补关系（张谊生，2003）。如：

（25）每天烹饪过后，她总是仔细地把煤气炉拭个干干净净，让它长年长日洁亮如新。
（26）村民们望着从水管子里哗哗流出来的清水，欢喜得又哭又笑，争抢着喝个痛快。

以上用法中"V 个 VP"一般不再理解为动宾结构和表示单一事件。张谊生（2003）认为这类"个"后补语大都表示一个相对完整的事件，我们赞成这一看法。从表达功能看，它们是把表达事件本身的小句和表达事件结果的小句整合成了一个句子，整个结构凸显动作致使的结果义。这类用法的"V 个 VP"包含两个事件"（NP+）V+NP"和"NP+VP"。如例（25）的两个事件是"（她）拭煤气炉"和"煤气炉干干净净"；例（26）的两个事件为："村民们喝水"［(NP+) V+NP］和"村民们痛快"［NP+VP］。

"个"后可以出现表示结果或状态的词语，与"个"的泛化有关，这类用法的 NP 前的"个"常常不能加上数词使其具体量化客观对象，也不能直接指称现实世界中的某一事物，如"可以说'看个书、画个画'"，但不用"一个书"指某一本书,"一个画"表示某一幅画等,"个"的泛化使其失去了量化名词的功能,这就为如例(23)—例(26)中的"个"的用法的出现提供了可能性。

二 事件整合的具体情况

从具体表达的角度看,整合的情况主要有以下两种。

第一,"V个NP"所表示的事件将要发生在具体语境中是一个已知信息,言者要凸显这个事件的结果。如:

(27)陈毅拿起茅台酒瓶,给每一位伸过酒杯的老部下斟上一杯,最后把自己面前的小酒杯倒满,举起,向众位说:"今天我们喝茅台,都敞开酒量<u>喝个痛快</u>!"

(28)小的儿闹不明白这是为了什么事情,眨了半天眼睛,她还是想<u>问个明白</u>。

例(27)中,前文是"喝茅台",所以"喝"的对象NP是一个已知信息,无须凸显了,这个"痛快"是"我们痛快",表示"喝"的程度;例(28)中,前文的"不明白这是为了什么事情",是"问"的内容,也无须重复,这里"她(小的儿)想"的是"明白(为什么)",所以凸显。

第二,"V个NP"中NP是泛指的,所以事件本身不是要表达的重点,而希望凸显这个事件的结果。如:

(29)有的同行甚至发誓:宁可<u>吃个一穷二白</u>,也要顶住目前的压力。

(30)商场把营业员的服务质量直接与他们的奖金挂起钩来,让消费者能<u>买个满意</u>。

例(29)中"吃"的对象和例(30)中"买什么"都可以是泛指的,不是言者关注的重点,例(29)中凸显的是"一穷二白";例(30)中凸显的是"满意",所以NP都隐省了。

从以上可以看出,"V个VP"可以是一个事件整合结构,主要凸显事件变化后的结果状态。从叙实非叙实角度看，整合的用法中，"V 个 VP" 一般仍不陈述真实的事件，比如例（27）—例（30）的用法都是未然的。

第四节 非叙实性与"V 个 VP"结构的超预期量表达功能①

一 非叙实性与 VP 表示的量

在"V 个 VP"中，VP 一般表示言者预期的非叙实性事件的结果状态，如果这个结果是一个预期信息，那么是信息量比较小的，就没有必要加以突显，所以 VP 表示的结果一般是与预期不一致的，通常在量上超过预期量，具有超预期量的特点。如：

（31）小和尚听后大吃一惊，紧紧地盯着身材瘦小的行德，似乎要把他从外到里<u>看个透心亮</u>。

（32）他不停地转动着茁壮的棉株，让大家<u>看个仔细</u>，<u>听个明白</u>。

例（31）中，一般情况下看人不会盯着看，"透心亮"是似乎要看透，程度大大高于一般情况；例（32）中，通常参观就是随便看看、随便说说，所以"仔细、明白"是超预期量的。

二 "V 个 VP"的超预期量表达功能与其对 VP 的选择性

具体地看，出现在"个"后的成分主要是形容词或动词短语，由于格式表达超预期量信息的特点，其对出现在 VP 位置的词语有一定的选择性，以下具体考察。

（一）VP 为性质形容词时的选择性

郭继懋和王红旗（2001）指出：粘合补语是规约性的因果关系（比

---

① 只在极少数有标记词的情况下表示低于常规量，如：我在潮白河边上的砂石场劳动，环境险恶，举目无亲，虽然还不至于饿死，但也只能<u>吃个半饱</u>。句子中的"半饱"是低于常规量的，但其前使用了"只"表示小量。

如说"吃饱了",因为"吃"是"饱"的因),组合补语表现的是偶发性的因果关系。性质形容词出现在补语位置时,一般是粘合式的,当然也存在"吃得/不饱"的用法,但这类组合式用法都是可能补语,而不是结果补语。而"V个VP"中,可以有"吃个饱"的用法,是组合式,表示结果的。如:

(33)摸摸肚子,小邢自言自语道:"好几天都没吃到好吃的,先找厨房<u>吃个饱</u>再说。"

(34)时间已经过去110年,那是很渺茫的事情,但林西一定要<u>查个清楚</u>,才安得下心来。

这类用法一般有一定的语境,VP所表示的状态与这个语境中的某一相关信息相比,是超预期量的。例(33)中有"好几天都没吃到好吃的",表示"吃饱"在这一语境中是超预期量的;例(34)中也是"林西"希望对"这件事情"从"不清楚"到"清楚"。所以性质形容词进入VP位置有两个条件,一是上文或语境中有对比项(可看作预期信息),二是性质形容词相对于这个对比项在预期的方向上是一个大量。

(二)VP为状态形容词或形容词性短语时的选择性

李宇明(1996)指出:"词重叠是一种表达量变化的语法手段",形容词重叠式主要有"AABB、ABAB、ABB、AA(儿)的"等,其中ABAB式含有"尝试、轻微、短暂"等语法意义,ABB具有描绘性的特点,一般不能表达"变化结果"义,所以不能进入VP位置。李劲荣(2015:232)将AABB和AA(儿)与状态形容词(主要是BA式)所表示的量的高低等级进行了排序:BA>AABB>AA(儿),这三种形式进入VP位置的情况如下:

第一,状态形容词能进入VP,主要是BA式的,如"精光、透心亮、稀烂、通红、透彻、净光"等。如:

(35)莫说农村是这样,我的粮食也不够,每天只有七两米,两个孙王海容和王启华在校读书吃不饱,经常把我的饭吃个<u>精光</u>,真是饿死老人,救活小孩。

(36)如果你碰到一个问题,先要仔细想个<u>透彻</u>,直到你能够清楚地说明你的问题为止。

有些 BA 式形容词"冰冷、雪亮"等，但主要用于静态的描写，表示伴随或存在的状态，不能突显变化性，不能进入该格式。

第二，AABB 式形容词重叠式可以进入 VP。如：

(37) 看来，对平均数做一番"透视"，将其看个清清楚楚，明明白白，真真切切，对于地方和基层领导来说是相当必要和重要的。

(38) 该县农民对这些收费项目稍有不明白，就会前往法律咨询中心进行咨询，弄个明明白白。

从李劲荣（2015）的量级序列可以看出，AABB 式也属于量级比较高的，可以进入 VP 位置。

第三，"AA（儿）的"式很少进入 VP 位置，主要是因为这一式表示的量比较小。我们在北大语料库中没有找到 1 例用法，只在非正式的网络用语中看过少数如"吃个饱饱的"等用法。值得注意的是，"AA 的"有时是"AA（儿）的"形式，它更加不能进入"V+个+VP"，这与其表量特点有关，如李善熙（2003）指出形容词后附"儿"表示一种"小量"的意义，姚占龙（2010）认为儿化具有减量的作用，"AA（儿）的"式的减量格式义与"V+个+VP"表示超预期量的功能不一致。

综上可以看出，该结构对形容词及重叠式的选择偏好于量级程度高的。对准入形容词成分的优先选择倾向也符合表达超预期量的特点。

（三）VP 对动词或动词短语的选择性

1. 隐喻与动词或动词性短语程度义的产生

从使用情况看，动词性短语（包括主谓短语）也可以进入 VP 位置，表明动词性短语能够表示量的大小，之所以动词性短语具有这一功能，是隐喻机制起作用。所谓隐喻，Lakoff 和 Johnson（1980：5）认为其本质就是通过另一类事物来理解和体验某一类事物，是从一个比较熟悉易于理解的起点域映射到一个不熟悉较难理解的目标域，在起点域和目标域之间有一系列本体的或认识上的对应关系（correspondence），就是把一个事件的概念映射到另一个领域。如：

(39) 孩子们早就盼着山上祭墓的种种乐趣，三口两口吃个碗底朝天，哪里耐性一双一双乖乖地吃。

"吃个碗底朝天"中，不可能因为"吃"出现"碗底朝天"的结果，而隐喻就是所用语言字面意义与语境发生冲突时所选择的与语境相符的另外一种理解（束定芳，1998），所以听者在理解"碗底朝天"时，并不会真的将其理解为一个真实的事件，但因为有人"做碗底朝天"的动作表示"碗里什么也没有了"，所以听者会把这个事件理解为"吃得一点都没有剩下来"，也就是"吃"的程度了，可以说"吃到'碗底朝天'的程度"。在这样的语境下，对其的理解就不再是事件义，而是程度义了，其意义就从表事件映射到表程度。

2. 动词或动词性短语表示程度量的主要途径

第一，语义内含产生的大量义，主要是通过自身内含的"满""遍""一……不/无"表示全量或大量的词语或表达方式等来实现。如：

(40) 他垂着笑眼凝眸胸膛上紧揪着他衣衫的苍白小手，怯懦地颤抖，仿佛担心自己下一刻会突然抓个满手空。

(41) 第二位丈夫嗜酒，酒后便打她，有时将她打个遍体鳞伤，至今在她的身上还留有伤疤。

(42) 如果换了别人，这样又杂又乱的经历和学历肯定弄个一事无成。

例（40）中的"满手"隐喻表示性质状态的程度高或动作的结果影响大。在现代汉语中表示空间或范围大的有"满"和"全"，但进入 VP 位置的，只发现"满+NP（+VP）"，没发现"全+NP（+VP）"，也与它们在 NP 前的功能有关，如储泽祥（1996）认为"满+N"与"全+N"，一个夸张，一个实陈。李文浩（2009）也认为"满+NP"相关的表达经常是主观夸张。所以"满+NP"可以进入 VP 中，"全+NP"一般不能进入；例（41）"遍体"表示事件发生的空间范围大，隐喻"打"的结果严重；例（42）中的"一事无成"是"周遍性"表达方式，表示事件的影响范围大，这里隐喻程度高。

第二，语用蕴涵产生的大量义，常常通过语用量级中不可实现的一端来蕴涵量化义。如：

(43) 我入伍那会也哭个黄河决裂，让老连长一直笑话到现在……

(44) 下班后还是忙个脚打后脑勺，买菜、做饭、洗衣、熬药……

(45) 屠老二被问个倒憋气，冷不丁地想起他的儿子小五。

例（43）中的"黄河决裂"是一个非常严重的情况，极为少见，在这里隐喻哭得很厉害，程度很高；例（44）中"脚打后脑勺"也是非现实的情况，在这里隐喻非常忙；例（45）中"倒憋气"是一种非常态的状况。所以它们都从事件实现可能性小隐喻为程度高。同样的还有"昏天黑地、粉身碎骨、哭笑不得、水泄不通、水落石出"等。

从以上分析可以看出，由于"V 个 VP"的表量特点，进入 VP 位置表示事件的主谓短语或动词短语有一定的限制，即其所表示事件的特点能够隐喻表示"大量"的程度义。

总体来看，性质形容词、状态形容词、形容词重叠式以及部分动词短语能够进入 VP 位置，但进入有一定的条件限制，既可以表示动作致使变化的结果义，又能在语境中表示超预期量信息。

第五节　时态助词"了"与相关结构的叙实性

一　时态助词"了"与"V 了个 NP"的叙实性

从使用情况看，当陈述真实事件时，一般情况下，需要在 V 后使用时态助词"了"，也就是一般所说的"了$_1$"（以下都称作"了"）。如：

(46) 早起带儿子去体检、打防疫针、上运动课，中午还去公司附近吃了个饭。

(47) 小伙子心仪一姑娘很久，于是借机找她帮了个忙。

(48) 今天刚看了个电影，一哥们让看的，你要不要也看看。

(49) 余德利提着包走进编辑部，和提着暖壶的刘书友打了个照面。

上面四例中,"V"后都有"了","V了个NP"所陈述的都是已经发生的真实事件,之所以加"了"后就具有叙实性特点,是因为"了"将前面的动词"吃、帮、看、打"等有界化了,有界动词搭配有界名词,自然可以陈述真实事件,其前也可以出现表示过去、现在的时间词,如例(46)的"中午"、例(48)的"今天"等。比较下面句子,可以体会它们的区别:

(50) a. 说不上是什么特色名菜,也就吃个鲜吧。
b. 说不上是什么特色名菜,也就吃了个鲜吧。

例(50)a中,为描写一般性的情况,而(50)b中,则通常理解为已经发生的某一次"吃"的情况,所以后者描写的是具体的事件。

二 "V了个VP"的叙实性及"了"的隐省

(一)"了"与"V了个VP"的叙实性

同样,"V个VP"的"V"后用了"了",也具有叙实性的特点。如:

(51)(出事后)他去出事现场看了个明白。
(52)(那天晚上)他差不多把能找的地方都翻了个遍。

上两例中,"看了个明白""翻了个遍"都表示事件已经发生,前面可以出现表示事件发生的时间词,如例(51)是"出事后",例(52)是"那天晚上"等。

(二)"了"的隐省及其条件

不过从考察的情况看,也有一些"V个VP"中并没有出现"了",但是陈述的却是真实的事件,我们认为这类用法是"V了个VP"中的"了"在一定的条件下隐省了。主要有以下几种情况。

第一,"把""被"等句式中。如:

(53) 令尹家看张仪穷，怀疑璧被张仪偷去了，把张仪抓起来打个半死。

(54) 沈由恩偷偷地自睫毛下瞟了火夕一眼，却被逮个正着。

"把""被"句一般表示处置，在这类句式中，处置对象NP倾向是有定的，句式的叙实性比较强，对于"了"出现的强制性减弱，也就是"了"对事件的叙实与否影响减小，所以常常可以隐省。

第二，兼语、连动句的后面部分。如：

(55) 大年初一他让全家人歇息，自己却在祠堂祭过祖宗之后就在祠堂门口领着锣鼓班子敲个痛快。

(56) 他一听《红灯记》里李玉和的"儿要把牢底来坐穿……"就忍不住伏在收音机上任泪水流个畅快。

"V个VP"可以出现在兼语、连动句中，但只能用在后面成分表示目的等，叙实与否有时不影响意义的表达。如例（55）中，所述情况是常规或已经实现两可，例（56）中，也是可以理解为表示条件或某一次情形，如果理解为条件句，可以在最前面加上"只要"，如果理解为具体的某一次事件，则不能加。这些用法中，语境补充了相关信息，所以"了"可以隐省。

第三，句子中有"是""连"等强调标记。如：

(57) 三十多场的比赛我是坐在小板凳上稳稳当当地一场一场看个仔细。

(58)（马）被狼群扑倒咬死，吃了一饱。连五脏六腑都吃个干净，只剩得一堆骨头。

例（57）中，有焦点标记"是"也表明已然的特点；例（58）是连字句，句中没有"要"等表示未然情态的词，也表示其是已然状态。

第四，后有语气词"了"等。如：

(59) 有一次闪电就击中了他身边的树，接着树就给劈个粉碎了！

第五，在表示结果的句子中。如：

(60) 满满一桌子食品没碰几下，但啤酒喝个一干二净。

例(60)是表示转折关系的复句，后句是正句，前有标记词"但"，"了"隐省了。

以上这些用法中，虽然"了"隐省了，但都可以补出来。只有特殊情况下不能补出。如：

(61) 他们冲进厨房，看到厨房里摆着贴着日本商标的酱油瓶子、醋瓶子，就立刻砸个稀巴烂。

例(61)陈述的虽然是已然事件，但其是条件句，前句中可以加入"只要"，后句中有"就"，不能说成"就立刻砸了个稀巴烂"，是因为条件关系的结果句一般也看成惯常句，不能加"了"。

第六节 "V个VP"中V的范围扩展与"个"的标量功能的专职化

一 "V个VP"中V的范围扩展

由于在一定的条件下，V后的"了"可以省略，"V个VP"中"个"的功能扩展，从有界化NP变成"个VP"整体标示V的有界性。这时，进入V位置的动词的范围也扩大了。主要有两个方面。

第一，不及物动词进入V的位置。如：

(62) 她双手掩住脸，缩在那儿哭，<u>哭</u>个天昏地暗，人也麻木。
(63) 农村说日本根子好可怕，说那时候一个受伤的日本根子进了村，可以吓得全村的男女老少<u>跑</u>个精光！
(64) 写完，自己都<u>笑</u>个人仰马翻。

以上三例中的"哭、跑、笑"都是不及物动词，没有对应的"V 个 NP"的用法，所以不存在 NP 的前置或省略问题，可以看作 V 的范围因为"个"的功能泛化扩大了。这类用法中，有些仍可以在动词后出现"了"，如"哭了个天昏地暗""跑了个精光"等，但相对来说，"了"出现的强制性变弱了。

第二，非自主动词进入 V 的位置。如：

（65）接着经历了两场面试，然后一跤<u>跌个满嘴是土</u>，弄脏了衣服，却认识了她这一生所见最摄人心魂的英俊男士。
（66）落在地上也<u>摔个稀烂</u>，更有许多没了影儿。
（67）我干脆步行往西走，没带雨具，让这天水<u>浇个够</u>吧，今天是黑色的日子，365 天重复一次！

前面提到，"V 个 NP/VP"主要表示非叙实的事件，一般也是可以预期的事件，V 主要是自主动词，但其功能扩展后，非自主动词也可以进入 V 的位置。如例（65）—例（67）中的"跌""摔""浇"等在具体语境中都没有自主性，但都可以进入 V 的位置。

二 "个"与"得"功能的同化

由于 V 的范围的扩大，在有些用法中，V 后不能加入"了"，但"个"可以直接替换为"得"。如：

（68）可是，内疚之余我还是认为，男人嘛就得出去闯事业，<u>活个踏实</u>。
（69）风速这样大，又接近正侧风，飞机落地后稍有不慎，就要被风<u>掀个底朝天</u>。这回又是人不留人天留人。

以上两例中，"活"是不及物动词，"掀"是"被掀"，但例（68）中有"就得"，例（69）中有"就要"，都是非叙实性的，V 后都不能加"了"说成"活了个踏实"和"掀了个底朝天"，但可以直接说"活得踏实"和"被风掀得底朝天"，在这种用法中，两者的功能同化了，只是在主观性表达方面有区别，"个"比"得"更强一些。

三 "个"专职标记功能的产生

由于"个""得"功能在有些用法中同化了,在表达已然事件时,有时既想表达事件的结果,又想凸显对结果量的主观看法,就出现了两个标记词同时出现的用法。如:

(70) 离寨子不远了,一不小心被石头绊倒摔了一跤,爬起来去找桶时,两只桶已<u>砸得个粉碎</u>。

(71) 曹军到了乌巢,就围住乌巢粮囤,放起一把火,把一万车粮草,<u>烧得个一干二净</u>。

以上用法中,"个"前都有表示结果补语的标记词"得",在这类用法中"个"一般可以省略,而且省略后表达的基本意义没有产生变化(但对结果描述的主观性变弱),"个"基本丧失了作为一个词的资格,功能进一步虚化,从助词变成一个标记词,专门标记超预期量信息。

第七节 关于"V个不停"类的用法

在本章的讨论中,还有一类"V个VP"没有涉及,就是如"V个不停"等的用法,这类用法中的VP主要是"不止""没完"等,主要表示事件的状态。如:

(72) 下课时间到了,大家噼里啪啦推椅子,还在说个没完。
(73) 露易丝和卡特莉娅两个人一直在说个不停。
(74) 他俩就这样各抒己见,说个不停。

尚新(2009)认为"V个VP"的用法中不能插入进行体标记"在",但以上这类用法中可以。如例(72)中出现了"还在",例(73)中出现了"一直在"都表示事件在进行中;例(74)中,"V个不停"表示事件的状态。这类用法与我们讨论的用法不同,主要有两点:第一,具有叙实性特点,即可以表示已经或正在发生的事情;第二,其主要表示事件在过去的某个时间点或现在正在持续,陈述的是一个事件的状态,不是整合两个事件的结果。对于这类用法是如何产生的，还需要进一步研究。

第八节　小结

　　本章主要讨论了"个"的超预期量信息表达功能的产生。由于"个"的有界化功能，使得"V个NP"具有非叙实性，当需要凸显这个事件的结果时，NP常常省略或者隐含，"个"后出现一个VP，这个VP表达超预期量；当其表示真实事件时，V后常出现"了"，不过"V了个VP"中的"了"在有些条件下可能隐省，这也导致进入V位置的动词范围扩大，"个""得"等功能有时同化了，进一步产生了"个"在"得"后的用法，这时"个"变成专职的标示超预期量的标记词了。

第十章

"人称+一个NP"的反预期信息表达功能及其来源

本章所讨论的"人称代词+一个NP"中的代词主要是单数人称代词"你""我""他（她）""人家"，对于这类用法，很多学者进行过研究，其中比较集中的一个方面是关于其指称性质的，如李劲荣（2013）、唐雪凝（2013）、刘探宙和张伯江（2014）、李广瑜和陈一（2016）、李文浩（2016）等。不过，在具体的用法中，"人称代词+一个NP"可能具有不同的性质。如：

（1）家珍那天晚上走了十多里夜路回到了我家。她一个孤身女人，又怀着七个多月的有庆，一路上到处都是狗吠，下过一场大雨的路又坑坑洼洼。

（2）我们当老人的客气，不好意思说，你一个大男人，怎么不说？她眼里有我吗？

（3）刘凯设身处地地为她想想，倒也是，人家在上班，你一个公安就在身边，换了谁受得了？

例（1）中，由于后一分句中有副词"又"，"又"又是连接谓词性成分的（刘探宙、张伯江，2014），所以"她一个孤身女人"中总是可以加"是"，说成"她是一个孤身女人"；例（2）中，可以说"你是一个大男人"或者"你这个大男人"；例（3）中，可以说"你这个公安"，但不能说"你是一个公安"，所以以上三例中的"人称代词+一个NP"性质有所不同，例（1）是主谓结构，而主谓结构的功能是陈述性的（朱德熙，2011：152）；例（2）既可能是主谓结构，即陈述性的，也可能是体词性结构，即指称性的；例（3）是体词性结构，是指称性的。

从以上分析可以看出,"人称代词+一个 NP"在不同的句法语境中表现出的性质可能不同。朱德熙(1982)采用指称化这一术语来研究动词性成分充当主语和宾语而造成的所谓"名物化"现象,本章从篇章的角度出发,首先考察其语用功能,再考察一个主谓结构的小句是如何从陈述性的变成指称性的,同时讨论伴随着指称化产生的语用功能。

在句法上,"人称代词+一个 NP"可以出现在句首(主语/话题)、动词宾语、介词宾语和兼语等位置,除在句首有多种可能性以外,在其他位置中都不能表示陈述,所以本章主要讨论其在句首的用法。本章语料主要来源于北京大学汉语言研究中心的现代汉语语料库,共 327 例。

第一节 "人称代词+一个 NP"的反预期信息表达功能

关于"人称代词+一个 NP"的语用功能,李劲荣(2013)认为这类组合的"谓语具有评价性质,围绕主语发表评论","探究相关当事人的责任";李广瑜和陈一(2016)认为是针对当事人展开评议、质疑、推测或询问等;李文浩(2016)指出该构式常常出现于反预期语境。研究者的视角不同,其结论可能也有区别。我们认为从预期的角度出发讨论其语用功能,其结论的概括性比较强,"评议""质疑"等都是基于这个基础上在具体语境产生的临时的功能。以下首先讨论其反预期信息表达功能。

一 NP 具有顺序义

在考察格式的表达功能之前,先看看进入 NP 位置的词的特点,它有一定的限制,一般都是指人名词。韩蕾(2001)把指人名词分成 6 类,直接进入本章讨论的 NP 位置的名词或"的"字短语主要有 3 类:

一是性质类,如"残疾人、草民、出家人、打工妹、单身汉、妇道人家、个体户、共青团员、孤儿、二流子"等。

二是职业类,如"农民、工人、商人",还包括"的"字短语,如"管规划的、养蜂的"等。

三是头衔类,头衔分学衔、军衔、职衔和官衔。如"博士、县长、师爷、师政委"等。

以上三类在使用时有一个共同的特点,在具体的语境中常常可以找到对比项，而且与对比项之间在预期信息方面存在着量的差异，符合"有序名词"的特点（关于有序名词，参见马庆株，1991），具有顺序义，NP 在这个集合中被序位化了。比如：

水平高低<学士，硕士，博士>　　职业好差<农民，工人，干部>

在以上集合中，"博士、干部"等在预期的量级序列中处于高位，"硕士、工人"处于中位，"学士、农民"处于低位。还有些名词，本身的顺序义不明显，或者言者认为不明显，就在前面加上修饰语，加以突显，主要有三种情况：

第一，加形容词性修饰语，如"大男人、单薄的女子、堂堂的市长、文弱书生、小小的镇委书记"等。这类用法中，言者认为 NP 的对比量级特征不够明显，用形容词来突显这种量差。

第二，加动词性修饰语，如"将死之人、朝不保夕的群众演员、刚毕业的学生、没有结婚的女孩子、目不识丁的农村妇女、退休的人、下岗工人、写小说的人"等。这里做定语的动词短语在具体的语境中所限定的对象也有对比项，且两者在某一方面具有量差，如"将死之人"与"一般人"相比，更容易说真话。

第三，加名词性修饰语，如"小学教师、农村女人、穷山沟的老婶子、外地男生、西方女子"等。这里的名词性的修饰语，多数也有对比项，且两者在某一方面有量级的差异，如"小学"与"中学""大学"教师相比，地位更低。

有些专有名词，在具体语境中也可能进入这一格式，同时也具有了顺序义，序位化了。如：

（4）九江长江大桥，几上几下，倾国家之力修了十几年，眼下还未通车，你一个陈天生就能让天堑变通途？

（5）人都说，整个江山都已姓元不姓宋了，你一个文天祥，还倔强个什么？

例（4）中，"陈天生"是人名，本身不具有顺序义，但在例句中，与"国家"形成了对比，在"修长江大桥"的可能性的序位上在低位；例（5）中，"文天祥"与"整个江山"相比，在序位的低位。

从统计的 327 例用法看，"性质类 NP" 145 例，"形容词+NP" 94

例，这两类用法 239 例，占全部用例的 73.1%，主要是这两类最易于突显量差。另外"动词性修饰语+NP"31 例，"职业类 NP"24 例，"名词性修饰语+NP"21 例，"头衔类 NP"12 例，一共 88 例，占 26.9%。各类用法的多少，与其是否有利于表达顺序义有关系。

二 "人称代词+一个 NP"反预期信息表达功能及方式

NP 具有顺序义，也就意味着其在与预期信息的匹配方面具有对比项。当然，在"人称代词+一个 NP"所在的具体语境中，有两种情况，一种是对比项出现，另一种是对比项没有出现或者说没有显性的对比项，它们表达方式有所区别。

第一，"NP"有对比项的用法。NP 有对比项的，对比项与 NP 的量差一般是：对比项>NP。基于这种量差，表达反预期信息有两种方式。

1. 言者认为对比项不可以具有预期的特点，具有 NP 属性的人称就更不可以，这类用法可以看作"递进式"。如：

（6）就连马占胜这样的精明人都说垮就垮了台，他一个不识字的农村干部又有多少能耐呢？

（7）你想想，要是她那可怜的碎了心的老父亲都打动不了她，我一个陌生人能行吗？

（8）对于过去我决不会自暴自弃，以后干什么工作，我都会全身心投入去做，历史上，大官革职为民的不少，我一个海南岛岛长降为一个县委副书记，有何不可？

例（6）中，关联的预期信息是"做好干部"，对比的两项是"马占胜这样的精明人"和"他这个不识字的农村干部"，按照社会的一般预期，前者明显高于后者，所以"马占胜垮了台，他更不行了"，是递进关系，例子中的前句是"连"字句，也表明"马占胜"在量级上高于"他"；例（7）中，关联的预期信息是"说服她"，言者用"陌生人"，与"老父亲"比较，在"说服她"这件事的可能性上应该是"陌生人"低于"老父亲"，所以表达的意思是"老父亲不行，我就更不行了"；例（8）中，述题是肯定式的，预期信息是"不能降级"，句子表达的意思是："大官革职都可以"，"我这个海南岛岛长"比他们职务低，就更可以了。

2. 言者认为对比项可以具有预期信息的特点，不过是可以具有这个信息的最低量，具有 NP 属性的人称低于这一量级，所以不可以，其表达的意思可以理解为：就算对比项可以，具有 NP 属性的人称也不可以，这一用法可以看作"让步式"。如：

(9) 后来堂兄被官府抓住了，我去探监，堂兄对我说："听着老妹，这个世界太不公平，我偷是为了打抱不平。你一个姑娘家，就别偷了，回家找二伯，相中一个差不多的就嫁人吧。"

(10) 他先把小宝抱回他写作业的桌子，轻轻拍着他的脸说："没出息，妈妈是女人，她可以哭，你一个大男人，怎么能哭呢？"

例（9）中，言者认为"我"是男人，就算"我可以偷"，但你是"姑娘家"，在"可以偷"的量级方面低于"男人"，所以"你别偷了"；例（10）中，言者认为就算"女人可以哭"，"你是男人"，"男人"在"可以哭"的量级方面低于"女人"，所以"你不能哭"。这种用法中，言者认为对比项是可以具有预期特点的最低量，具有 NP 属性的比这个量要低，所以就算对比项可以具有预期的特点，具有 NP 属性的人称也不可以，是让步关系。

第二，"NP"没有显性对比项的用法。这类用法表达反预期信息也有两种情况，都是直接否定预期的，可以看作"直否式"。主要有两种情况。

1. 预期为具有 NP 属性的人称应该具有某种特点，但实际却不具有。如：

(11) 说来惭愧，我一个堂堂须眉男子，居然不擅饮酒。

(12) 咳，叫吓成这样儿。你一个大男人当真就制伏不了一个女人？你就不会狠狠揍她一顿，那让她一见你就哆嗦？

例（11）中，预期是"男子应该擅长饮酒"，但实际情况是"不擅饮酒"，与预期相反；例（12）中，预期是"大男人应该能制伏女人"，实际情况为"非常害怕一个女人"，与预期情况不一致。

2. 预期为具有 NP 属性的人称不应该具有某种特点，但实际却具有。如：

（13）事后，几位同事问我："你一个教书匠，掏那么多钱订党报干吗？"

（14）冯老兰见大贵抓起笼子要走，着急败打地用手指头指着大贵说："你一个庄稼人，养个白家雀什么的！养这么好鸟儿，不是糟踏？"

例（13）中，同事认为"作为一个教师，没有必要订党报"，他的做法与此相反；例（14）中，冯老兰认为以大贵的身份养养家雀什么的比较合适，不应该养这么好的鸟，实际是大贵养了这么好的鸟，与他想法相反。

以上两种情况，我们说是没有显性的对比项，是因为对言者或听者来说，在具体的语境中，似乎都可以补出这个对比项，所以也可以看作是有隐性对比项。如：

（15）萧峰又是好气，又是好笑，说道："你一个小女孩儿，懂得什么？难道我想不到的事，你反而想到了？"

例（15）中，如果"难道我想不到的事，你反而想到了"没有出现，听/读者都能明白什么意思，但本句中后续句对前句进行了补充，使对比项"我"显化了。其他用法也常常如此，如例（14）中，"庄稼人"的对比项可以是"冯老兰"，也可以是"生意人""富贵人家的人"等。还有的时候，同一个对象也可以是对比项。如：

（16）临走时赵雅芝把她的手机号给了我，又要了我的手机号，一再叮嘱我要"常联系"，没事就到她那儿玩。可是，我一个朝不保夕的群众演员哪有心思到处串门呀！

例（16）中，主要表示"作为朝不保夕的群众演员的我"没有心思"常联系"，语境中并没有出现"谁可以常联系"，这一用法中，可以认为是"实际的我"与"赵雅芝认为的我"相对比,这时表达与赵雅芝的预期相反。

综上所述,由于 NP 都具有顺序义,如果把隐性的对比项也看作对比项,那么可以说"人称代词+一个 NP"的功能是激活 NP,并与对比项对比,表示其与预期信息的匹配度更低,从而表示具有 NP 属性的人称的实际情况与预期相反,即表达反预期信息。

第三,事件句与间接反预期。当然,并非所有的用法都同上面的分析一般明确地表示反预期信息。李劲荣(2013)认为这类述题几乎都是非事件句,但李文浩(2016)认为可以出现事件谓语,在我们查找的例子中,确实发现多例陈述事件的,这类句子都不是显性地表达反预期信息,其中有一些事件为表达反预期信息提供依据的。如:

(17) 我一个穷山沟的老婶子,在那明堂瓦合的四合院里住着,是有点不适称。

(18) 你一个女子有了娃子,你还敢提出离婚?你以为离婚荣耀呀?!

例(17)"我在那明堂瓦舍的四合院里住着"和列(18)中的"你有了娃子"都是陈述事件的,但它们主要是为表达反预期信息提供依据的,比如后文的"有点不适称"和"你还敢提出离婚"都是反预期信息。还有一些用法,陈述的是事件,后面也没有明确表达反预期信息的内容,但在具体的语境中,听/读者一般都能理解言者陈述这个事件的目的。如:

(19) 我一个大学毕业仅六七年的青年教师这次都涨了 100 多,工资单上也快小半千。

(20) 真把我当下人来使唤,我给你们拿蜡烛,你们坐着闲聊,我一个女的黑灯瞎火地来回跑。

例(19)中,其前的句子是:"以往我们常说,工人涨工资点钞票,知识分子涨工资够看报。"所以句子中用了"都",表示这次与预期不同;例(20)中,表示的是"与你们的想法不同,我不是下人"。这种表达中的句子在具体的语境中都有"言外之意",即间接反预期。从表达的目的看，使用这类用法，主要不是陈述事件作为新信息，而是表达反预期信息。

三 "人称代词+一个 NP" 表达反预期信息的篇章表现

全面地考察，"人称代词+一个 NP" 表达反预期信息，也有具体体现，主要有以下几种情况。

第一，反问句所占比例最高。如：

（21）刘黑七好容易被他推醒，揉揉眼睛，打个哈欠，冷笑道："你一个商人，也来和我论书？"

（22）终于有一天，老人说："我一个孤老太婆，有啥可看的？少来虚情假意。"

（23）顾远山大发脾气：不要造反一样地到处去找，丢人！他一个小孩子，能跑到哪里去？

以上句子都是反问句，表示否定，例（21）中，言者认为"商人没资格跟他论书"；例（22）中，言者认为"我没啥可看的"；例（23）中表示"小孩子跑不远的"。沈家煊（1999：44）指出：一般情况下，否定句总是"预先假设"相应的肯定句所表达的命题内容，"否定"作为一种言语行为，是对这个预先假设的命题加以否认或反驳。胡德明（2010：200）也认为反问语气是通过语法形式表达的言者针对句子命题的一种主观否定态度，所以常用来表达与语境中某一信息相反的信息。所以以上用法都表示反预期信息，这类用法有 169 例。有的时候，言者对出现反预期信息的原因进行提问。如：

（24）女人托起李嘉诚的手掌瞟了一眼，意外地怔了一下："咦，你一个学生，手掌为什么会有这么厚的茧子呀？看来你在香港就打过工吧？"

例（24）中，在言者看来，"学生"不应该"手掌上有这么厚的茧子"，所以问"为什么"，句中的"意外"也表明与预期相反。这类用法有 8 例，其与反问用法共 177 例，占总数的 54.1%。

第二，后续句直接对预期信息进行否定。如：

（25）张忠一听，"噌"地跳起来，激动得眼挂泪花，说："终于盼到这一天了，没想到我一个小工人写的材料会引起省委的重视！"
（26）柯琴芳主动要求参战，班长李朝玉说："你一个女孩子，挺危险的，不要去！"

例（25）中，出现了"没想到"，说明"引起省委的重视"是与预期相反的；例（26）中，"不要去"直接否定对方的"参战要求"，它们都属于反预期信息。这类用法共84例，占总数的25.7%。

第三，后续句中有反预期信息的标记词。如：

（27）我一个目不识丁的农村妇女，竟挂上了那么多头衔，可我觉得自己没文化，没有能力担任那些职务，后来，主动辞掉了，回到乡下种田。
（28）你一个大队长，居然把政委给我丢了。

例（27）中，有"竟"；例（28）中有"居然"，都是反预期信息的标记词。经常出现在述题中表示反预期信息的词语还有"倒、还、却、都"等。具体用法中，有这些标记词的用法共32例（不包括反问句中有标记的用法），占总数的10%。

第四，有一些用法，虽然没有明确表示反预期信息的表达，但在具体语境中听者能够理解言者的意思是与预期相反的。如：

（29）他的行动真是有感召力，我一个20岁的青年，从此更受到了大家的拥护，特别是比我年长的同志，也都很尊敬我。
（30）呼国庆说："小谢，千错万错都是我的错。可你为什么要辞职呢？你一个单身女子……"

例（29）实际表达的意思是"我没想到他的行动有那么大的感召力"；例（30）表达的是"自己不赞成对方辞职"，这一类用法，实际要表达的意思没有明确地说出来，但都是与某预期相反的信息，就是前面提到的间接反预期。这类用法共 30 例，占总数的 9%。

综上，"人称代词+一个 NP"的述题，明确表达反预期信息的共 323 例，占总数的 98.8%；不能确认是否表达反预期信息的有 4 例，只占 1.2%，所以从其表达功能来看，一般表达反预期信息，而且以直接表达为主。

那么，这一格式的表达功能是怎么产生的呢？以下具体讨论。

第二节 "人称代词+一个 NP"的背景化功能

一 背景信息与背景化

在叙事语篇中，构成事件主线、直接描述事件进展的信息属于前景信息。围绕事件主干进行铺排、衬托或评价的信息属于背景信息。(Hopper, 1979；Tomlin, 1985) 交际中言者为表达的需要，会使用一些方式凸显某一信息，将其前景化。如屈承熹（2006：63）在讨论词缀的篇章功能时，认为在"了、起来、过、在、着"中，"完成体标记'了'充当前景信息的能力最强"。同时语言中也有将一个信息表达为背景信息的方式，比如屈承熹（2006：175）提出四种从属结构（即背景化结构）：关系小句、名词化结构、连词和"非限定"动词形式。方梅（2008）指出汉语的主语零形回指也是背景化操作的一种手段。如：

(31) 病了，他舍不得钱去买药，自己硬挺着。（引自方梅，2008）

例（31）中的"病了"表达背景信息，主要是因为如果后续的句子不出现，就不能明确"病了"的指称对象，而张斌（1998：83）指出："有指称，不一定有陈述；有陈述，必定有指称"。因为"病了"只有陈述，没有指称，不能独自传递完整的信息，所以不具有独立性，不能单独使用，只能是背景信息。不过背景化的方法可以是多层面的，比如增加一个语言成分的指称性也是手段之一，下文将从这个角度讨论。

二 指称性强弱与语言成分的独立性

朱德熙（2011：176）指出："在汉语中，一种成分（谓词性成分）可以有多种功能（陈述和指称）。"即谓词性成分也可以具有指称功能。同时，汉语中存在体词谓语句，所以体词性成分也可能既有指称功能，也有陈述功能。但与谓词性成分相比，体词性成分的陈述性强弱也有区别，且陈述性和指称性的强弱影响其篇章功能，如张斌（2001）指出："常见的句子，大都既有指称，又有陈述。""如果只出现指称，提供的信息量显然不够，通常由语境（包括上下文）加以补充"。这里"由语境加以补充"可以理解为其不能在没有语境的情况下使用。由此可看出不同语言成分的篇章功能差异：陈述性强的语言成分独立性强，指称性强的语言成分独立性弱。可表示如下：

```
指称性强 ←——————→ 陈述性强
  弱   ←—— 独立性 ——→  强
```

从前景和背景的角度看，独立性强的语言成分易于表达前景信息，独立性弱的易于表达背景信息。前文已经讨论，增加语言成分的陈述性可以是前景化的一个手段，反之，增加一个语言成分的指称性，则可能是背景化的手段。比如在汉语中经常提到的体词性谓语句，虽然从句法的角度看是独立的，但从篇章的角度看，与一般的谓词性谓语句相比，其陈述性要弱一些，在语篇中常常出现在次句，充当背景信息。我们以"今天星期"为关键词在北京大学语料库中查找"今天星期（几）"的例句，剔除"忘了今天星期天"这样在宾语位置的用法，共25例，其中问答句中6例，主次句的次句18例，只有1例似乎主次句不是很明确的用法：

（32）她每逢一三五来，今天星期二。

例（32）出现于对话中，可以明确推断出言者实际要表达的意思是："（她）可能不来"，所以"今天星期二"仍提供背景信息。由此可以看出，虽然如"今天星期几"这样的句子在句法上是独立的，进入篇章以后却有一定的局限性。我们考察了其他的一些体词谓语句的用法，总体来看都使用受限或对语境有一定的要求。所以指称性与背景信息关联比较紧密。

三 "人称代词+一个 NP"的篇章功能与背景化

（一）"人称代词+是+一个 NP"与"人称代词+一个 NP"的功能差异

刘探宙和张伯江（2014）将本章讨论的"人称代词+一个 NP"格式看作"同位同指组合"，同时又指出："汉语的同位同指组合的前项与后项之间总是能加'是'。"王红旗（2015）则认为，"'是'字句所表达的词汇意义和语法意义与名词谓语句完全相同，其中'是'的作用只是把做主语、谓语的体词性成分组织起来"。由此看来，从整个结构表达的意义看，"人称代词+一个 NP"加不加"是"似乎没有变化。但如果从篇章角度考察，却是有区别的，以下具体讨论。

Foley 和 Vanvalin（1984）根据"依附"和"内嵌"两个基本参项，把两个小句之间的关系分为等立、主次、从属三种。一般把具有独立性的句子（等立句或主句）看作自立小句，依附于其他小句的（次句或从属句）叫依附小句（方梅，2008）。从篇章角度看，"人称代词+是+一个 NP"既可以单用，也可以与其他小句合用。如：

（33）在西方人眼里，他是一个"没有名贵房车和游艇的大商家"。

（34）我是一个有进取心的青年，很想多渠道地了解老一辈的无产阶级革命家的光辉业绩。

（35）读罢之后，她禁不住笑起来了，心想："这是情书啊！爱上了我真是奇怪，不过，他是一个可爱的学生，好男子……"

（36）或许，他在今后很长一段时间里依然辨认不出自己，因为他是一个并不全然属于自己的"社会人"。

陈满华（2010）指出，作为句法单位，不同类型的小句有不同的句法属性，有的小句具有独立性，承载的是前景信息；有的小句具有依附性，承载的是背景信息。从类别看，例（33）中"他是一个'没有名贵房车和游艇的大商家'"是一个自立小句；例（34）中"我是一个有进取心的青年"是主次小句的前一小句，是次句；例（35）中"他是一个可爱的学生，好男子"在主次小句的后一小句，是主句。从位置角度看，例（36）中，"他是一个并不全然属于自己的'社会人'"前有关联词"因为"，是次句，但是后置到了主句后面。

而"人称代词+一个NP"一般不能单用，其必须有后续句，而且与后续小句的关系有一定的限制。如：

(37) 他一个排级干部，又比你成熟那么多，干出那样的事来，当然该承担主要责任。

(38) 我一个寡妇，但也是要脸的人啊，这不是家里实在是没有钱嘛！

(39) 致庸笑道："刘寨主，这话该我先问你！你都吓住我了，你一个山大王，也看得懂《庄子》？"

上面几例中，"人称代词+一个NP"都有后续小句。例（37）中，后一小句中有"又"，表示"他一个排级干部"和"比你成熟那么多"是等立关系；例（38）中后续句中出现的"但"表明前面部分是一个小句，而且是次句；例（39）中，"你一个山大王"后续句"也看得懂《庄子》？"是一个反问句，也是主句。

同时我们也观察到，"人称代词+一个NP"虽然可以与后续句是等立关系，但是这一用法也有一定的限制。如：

(40) 他一个卖花盆的，又不脏，又没有气味，污染，他污染什么啦？

(41) 她看了钟离春一眼："不行，她一个女人，又是王后，怎可承担如此危险之事。"

(42) 小枫一下子站了起来，几乎是与宋建平脸贴着脸，"我能怎么着你？我一个小老百姓，你一个堂堂大医院大科的副主任，我能怎么着你？"

例（40）中，"他一个买花盆的"与"又不脏，又没有气味"是等立关系，但与后续句"他污染什么啦"是主次关系，是次句；例（41）中，"她一个女人"与"是王后"是提出后面问题的原因，也是"怎可承担如此危险之事"的次句；例（42）中"我一个小老百姓""你一个堂堂大医院大科的副主任"也是等立关系，共同做"我能怎么着你"的次句。

从上可以看出，无论哪种情况，"人称代词+一个NP"都不能单独使用，位置都是限定的。与其他小句共用时，都直接或间接做次句，不可能后置为后续小句。

所以从篇章功能角度看，有"是"的句子独立性强，可以是自立句，也可以是主句和次句，可以是自足的；无"是"的句子依赖性强，是不自足的。所以虽然都具有陈述性，但功能上有区别。如下表所示。

表 10-1　"人称代词+（是+）一个NP"的篇章功能

形式	自立句	主句	次句
人称代词+是一个NP	+	+	+
人称代词+一个NP	-	-	+

（二）"是"的有无与相关结构的指称性强弱

造成有"是"无"是"篇章功能差异的主要原因是"是"影响所在结构的指称性强弱。从句法角度看，"人称代词+（是）一个NP"中，"是"出现，是一个主谓结构，只能表示陈述；"是"不出现，有作"主谓结构（陈述功能）和同位短语（指称功能）"两种可能。可以表示如下。

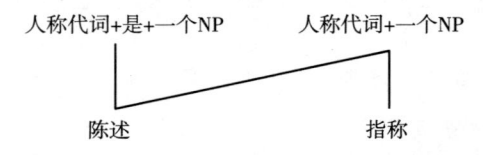

图 10-1　"人称代词+（是+）一个NP"的陈述和指称功能对应

王红旗（2015）指出："实词性成分固有的指称性有强弱的差别，体词性成分的指称性强于谓词性成分，只用来指称的体词性成分的指称性强于既可用来指称也可用来述谓的体词性成分。"这种差别反过来也一样，即只能用于陈述的成分的谓词性强于既可以用于陈述又可以用于指称的成分。且这种差异影响到一个语言成分的篇章功能。这一点，可以从有的等立关系的小句中"是"不能缺省进一步加以证明。如：

(43)（在他年轻的时候，）他是一个士兵，<u>又</u>是一个学物理科学的人。
(44) 他是一个天生善于讲故事的人，<u>又</u>是一个很好的听众。
(45) 他是一个好人，<u>也</u>是一个伟人。

上面三例中，前后小句位置可以互换，都是并列关系。静态地看，"他一个士兵""他一个天生善于讲故事的人""他一个好人"似乎都可以说，但在例句中"是"不可以不出现，因为前后句的信息地位大致等同，"是"不出现则句子的陈述性强弱发生变化，前弱后强，表达似乎就不是那么自然了。

（三）"是"的缺省①与"人称代词+一个NP"的背景化

那么选择"是"是否缺省的主要因素是什么呢？我们认为是传递NP的目的。言者根据表达的需要，选择"是"出现与否，如果NP是一个新信息或要凸显的信息，是前景信息，那么"是"必须出现。如：

(46) 陈玉英一听惊得从板凳上站了起来，"什么，你是一个外国人？"

例(46)中"什么"表明"（你是）外国人"对陈玉英来说是一个反预期信息，信息量比较大，是前景信息，这里的"是"必须出现。而"是"不出现的用法，即使保持陈述性功能，其凸显度也有所变化。如：

(47) a. 我是一个工人家庭出身的孩子，没有进过高等学府，能担当得起秘书工作吗？
　　　b. 我一个工人家庭出身的孩子，没有进过高等学府，能担当得起秘书工作吗？

---

① 之所以说缺省，是因为有些学者认为这不是省略了"是"的用法，如叶长荫（1987：137—139）认为："从选择性来看，有些体词可以做谓语，无须'是'的联系，这不是省略，而是体词所具有的一种特殊的表述功能。"

以上两个句子表达的意思，有细微的区别，"工人家庭出身"这个信息，在（47）a 中的凸显度更高，可以是新信息，也可以是激活度较高的已知信息；而（47）b 中一般是已知或激活度较低的信息。有的时候，新信息进入该用法后，凸显度也会降低。如：

（48）此时已入夏，<u>我一个没有结婚的女孩子</u>，怎好住在家里见亲戚朋友？

（49）信中说："<u>我一个小学教师</u>，呼天不应，叫地不灵，只好大胆地冒昧地写信来北京告御状。……"

例（48）中，"没有结婚"是听者未知的信息；例（49）是陌生人信中的话，所以读者也不知道"（对方是）小学教师"这个信息，但在例句中都是背景信息。由此可以看出，"是"是否缺省，与言者使用"NP"的目的有关，当 NP 作为一个新信息或激活度较高的信息传递的时候，一般用"是"；将这个信息表达为背景信息的时候，则选择"是"缺省的用法①。

从上面的分析可以看出，"是"的缺省，使句子陈述性减弱，指称性增强，"人称代词+一个 NP"成为背景信息。

第三节 "人称代词+一个 NP"成为话题及反预期信息表达功能的产生

一 属性谓语与"人称代词+一个 NP"的话题化

上文已经提到，在影响篇章功能的同时，"是"的缺省在句法上也产生了影响，"人称代词+一个 NP"从只能理解为一个小句到还可以理解为一个体词性结构。再如：

（50）a. 我是一个临时工，哪有钱买房子呢？

---

① 当然，根据表达需要，也可以选择添加标记词等方式来表达背景信息，此类问题不在本书的讨论范围。

b. 我一个临时工，哪有钱买房子呢？

例（50）a 中，"我是一个临时工"是一个主谓短语；例（50）b 中，"我一个临时工"是一个歧义结构：一是主谓短语，表达的意义同（50）a；二是同位短语，表达的意思是"作为临时工的我"。

那么到底应该理解为什么性质呢？这与后续句子的性质有关。王红旗（2016）认为："同位结构与体词谓语句的差别不在内部的语法关系上，而在语法分布上。"刘探宙和张伯江（2014）认为这种分布的差异体现在谓语的属性差异方面，他们指出：一个可能是主谓结构或同位同指组合的语言单位做主语时与谓语属性的关系如下。

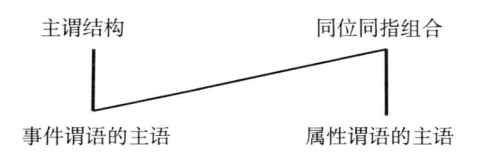

```
主谓结构           同位同指组合
   └──────┐   ┌──────┘
          │   │
事件谓语的主语    属性谓语的主语
```

图 10-2 主谓结构和同位同指组合与相关主语对应情况

"人称代词+一个 NP"可以出现在事件句中（李文浩，2016），但这类用法总体来看比例不高，其后续句主要是表示属性的，李劲荣（2013）认为这一结构在非事件句中只能充当话题，上面的"属性谓语的主语"也可以看作"属性陈述的话题"。所以，当后续句表示事件的时候，"人称代词+一个 NP"可能是主谓结构，也可能是体词性结构（同位同指组合）。但当其表示属性时，就只能理解为体词性结构了。如例（50）中，后续句"哪有钱买房子呢"是表示属性的，其话题既可能是"我"，也可能是体词性结构"我一个临时工"，当理解为（50）a 时，"临时工"可能是作为新信息出现的。但当言者知道听者了解自己的"临时工"身份，而且认为无须凸显这个身份时，就不会在中间加"是"，那么只能理解为"作为临时工的我"，这时"我一个临时工"不再是一个小句，而是一个体词性成分，主要表示指称，成为话题了。

之所以说是话题，还基于以下两个原因：

第一，在考察的所有用法中，有 43.6% 的"人称代词+一个 NP"后没有明显停顿（以书面语中没有标点符号为判断标准），说明言者已经不再将其看作一个小句,而是句子的一个组成部分了。

第二,NP 常常是一个已知信息,符合话题对信息类别的要求。如:

(51)<u>你一个寡妇人家</u>,怎么如此不避嫌疑?是不是你们之间,已有不可告人之事,你给我从实招来!

(52)风尘仆仆的茂才正气得跺脚:"<u>你一个赶车的</u>,怎么敢这么跟我说话?是你先撞了我啊!"那赶车的敢情也是个横主,干脆跳下车吵道:"<u>我一个赶车的</u>怎么了,你不就是一个卖花生的吗?你也不看看自己是怎么走的道!"

例(51)中,"你一个寡妇人家"是对方提醒她的身份,自然是一个已知信息;例(52)中,双方因为相撞发生争吵,所以"你一个赶车的""我一个赶车的"是言听双方都很明确的信息。这两个例子中"是"一般都不能够出现。

因此,当言者选择使用"人称代词+一个 NP"时,"NP"的信息地位进一步降低,主要不再是传递背景信息,而可能只是一个体词性结构,为会话提供话题了。虽然由于表达的需要,新信息也可以进入"NP",但其仍然可以是一个话题,这一功能是整个结构带来的。

二 言者视角与"人称代词+一个 NP"的反预期表达功能的产生

"是"缺省后,原来可以出现在"人称代词+是+一个 NP"前的"因为""虽然"等标示前后句关系的词语已经不再能出现,说明背景化的目的不在于凸显因果、条件等关系。当"NP"的信息地位进一步下降,整个结构成为话题后,"一个 NP"与后续的属性表达之间一般也不凸显这些关系,那么它的主要功能是什么呢?

从使用范围看,"人称代词+一个 NP"一般出现在对话语境中(李劲荣,2013),在这个语境中,人称代词是实指的,是一个已知信息,言者无须用"NP"来限定这个"人称"以区别于他人。但使用一个不提供新信息的语言成分,与语言的经济性相矛盾,所以其必然具有其他功能。

唐翠菊(2005)指出:"当宾语为新信息时,以'是(一)个 NP'的格式居多。"所以"是一个 NP"中 NP 一般是新信息或激活的信息,也是整个句子的信息中心。话题化以后,"人称代词+一个 NP"的句法功能降级了，从一个小句降级为句内成分，整个结构的信息地位自然下降，NP 不再是小句的信息中心，但仍然是这个结构的中心。作为充当话题的结构的中心，必然对述题的内容加以限制。从使用情况看，这一限制体现在言者从人称拥有的诸多属性中选择一个 NP 作为言者视角，陈述与语境中关联信息相关的内容。如：

(53)"喂，香港青年，你真想到我们公司打工吗？"这个女人凝视着双手抱头的李嘉诚，问道："你不知道我们招聘的二人都要吃苦吗？你一个学生怎么能够受得了呢？"

例（53）中，语境中的相关信息是"李嘉诚应聘到公司打工"，"这个女人"是面试人，她在李嘉诚拥有的诸多属性如"男人""青年""学生""香港人"等中选择"学生"作为 NP，是将"学生"这个身份与"这份工作"关联起来，因为这份工作太苦了，一般学生做不了，所以她认为李嘉诚不适合，述题是从 NP 的视角围绕相关信息展开的。"一个 NP"具有标示视角的功能，也与"是（一）个 NP"具有"主观评价"义有关（张伯江、李珍明，2002），因为从诸多属性中选择其中的一个，也是一种主观性的表达。有的时候，言者认为人称所拥有的不同属性相对于某一信息是同一个方向的视角，也可以同时出现。如：

(54) 刘黑七一愣，再次狂笑起来："你……哈哈，你一个财主，一个东家，一位巨商，每日只会挖空心思算计别人的银子，也敢自称是替天行道的英雄？"

例（54）中，"财主""东家""巨商"虽然是不同的身份属性，但相对于"每日只会挖空心思算计别人的银子"这一视角是同向的，同时出现，强化说对方不配"自称是替天行道的英雄"。

因为语境中的相关信息是先于说话时产生的，我们可以把这个信息看作预期信息。至于预期的种类，主要有三种：言者预期、听者预期以及包括听说双方在内的特定言语社会共享的预期（详见吴福祥，2004），其中第三种有时可以看作社会评价意义，第一、二种是言者和听者的。言者用"人称+一个 NP"凸显视角，一般是为了表达实际情况与这个预期相反。如：

(55) 他不相信地看着她，又惊又佩又痛地说："你一个弱女子，居然敢拿刀去对付魏一鸣，你到底心里是怎么想的呢？"

(56) 孟青彪：我一个小小的镇委书记，怎么请得动人？

(57) 孙小红道："我一个女孩子，怎么能跟你武拼，但文也有很多种，你可以随便选一种。"

例（55）中，预期是"作为一个弱女子的你不敢对付魏一鸣"，为言者预期，实际情况是"她拿刀对付魏一鸣"，与预期相反；例（56）中，预期是"你能请动人"，是听者预期，实际情况是"请不动"，与预期相反；例（57）中，预期是"女孩子不应该武拼"，是社会共享的一种认识，所以对方提出"武拼"与这种认识相反。以上用法中，都是有预期的，而且都表达反预期信息。

第四节 "人称代词+一个 NP"的指称性质与表达功能

实际上，"人称代词+一个 NP"的表达功能，还与其指称性质有关。关于这一点，学者们看法不尽相同。如李劲荣（2013）认为该格式的性质是类指，李广瑜、陈一（2016）认为其性质应确定为示类性单指，李文浩（2016）认为是表示类同的个体指。

一 "人称代词+一个 NP"的个体指功能

如果我们从其指称化的过程和条件来看，对其指称性质似乎可以更清晰。从上面的分析可以看出，在"人称代词+一个 NP"中，人称所代表的人可能具有［NP1］［NP2］……［NPn］等属性，"一个 NP"中的 NP 表示某一方面的属性，所以有时可以有多个并列，除例（54）外，再如：

(58) 你一个野人、黑户，管得了这些事吗？再不滚出这个镇子，我们就把你抓起来……

例（58）中，也有两个 NP，分别是"野人"和"黑户"，都是"你"的属性，但它们的前面只有一个"一个"。如果"一个 NP"表示一个类的话，会有多个类，就是多类指的，自然不太可能，实际上合起来就是"作为野人、黑户的你"，所以仍然指的是个体"你"。还有的用法，"一个 NP"前有两个人称代词，如：

（59）宋巩怒吼道："你！你一个奴才何来那么多废话！摘！"

在例（59）中，前面出现了"你"，后面"你一个奴才"明显与"你"所指相同，加上特定的语气和表情等，不用"一个奴才"，表达的意思也可以相同。另外，我们还发现在对话中人称代词甚至可以隐省。如：

（60）李铁笑笑说："怎么？一个姑娘家，领着妇女们跑跑步、唱唱歌啥的倒挺不错，当个演员也够格，可是，当政委，唉！"

（61）有人劝她，一个女人为学校房子在外面吃这么大苦，何苦呢？

白鸽（2014）指出有些"一量名"具有定指意味来自与之共同构成同位短语但又承前省略了的"人称代词/专名"，以上两例也是如此，句中的"NP"都是定指的，例（60）中，听说双方都知道讨论的对象，明显其前隐省了"她"；例（61）中"一个女人"前隐省了"你"，这里的"她"和"你"补出来以后表义与原句完全相同。从表达的角度看，在具体的语境中，这些人称代词的隐省不影响定指，隐省后不会理解为"她"或"你"之外的任何人，所以也可以证明其为单指。

二 "人称代词+一个 NP"的类指功能

我们发现在"人称代词+一个 NP"格式中，有 18 例人称是虚指的。如：

（62）你看天地它做什么，它什么也不做，结果把万事万物安排得非常好。你一个政治家要干什么呢？你如果什么都不干，自然社会上的事也会很好，所以他提出你什么也不要干。（颜世安《老子的自

然之道》）

(63) 你大老板系的高档腰带还说得过去，我一个大学生，我花爹妈钱。一个月就那么四五百块钱。(《金正昆谈礼仪之礼仪就在你身边》)

例（62）中，"你"不是指听者，而是指符合条件的任一个政治家；例（63）中，言者是"金正昆"，自然不是句中的"我"，所以人称都是虚指的，这一类用法多用于演讲或报告等，听者不止一个人，表示一种非现实的情况，这种情况下"人称代词+一个 NP"表示类指，它不能用于陈述事件，符合"类指适合的句法语境是属性谓语而不是事件谓语"的特点（刘丹青，2002）。在以往的讨论中，这一点未引起学者们的关注。

三 类指的"人称代词+一个 NP"的功能

与"个体指"时不同，"人称代词+一个 NP"表示类指时，一般表示一种观点和看法。如：

(64) 第三种表现呢就是悍勇，勇敢是为将必备的素质，你一个将军要不能打仗，不勇敢见敌就跑，那就坏了。

(65) 董事长跟我见个面，董事长把礼品拿出来，这等于是公司向我送礼，你一个部门经理拿出来，等于你这个部门向我送礼，层次差远了，还有什么呢……

例（64）中，主要说作为一个将军应该怎么样；而例（65）说的是任何一个部门经理，送礼的时候就代表自己的部门了，都是中性信息。之所以这类用法与人称实指的用法功能不同，与其本身的来源也有关系，这类用法中，不能加入"是"，说成"你是一个将军"，因为人称是任指的，所以不能与语境中的具体信息关联起来，也就不能判断与相关信息是一致还是不一致了。

第五节　小结

　　本章首先指出"人称代词+是+一个NP"具有反预期信息表达功能，并讨论了具体的表达方式，然后讨论"是"的隐省与"人称代词+一个NP"背景化，从陈述到指称的过程，以及话题化以后的具体表达功能的产生。最后指出个体指和类指的"人称代词+一个NP"具有不同的表达功能。

第十一章

"成"的反预期信息表达功能

在现代汉语中,"成"常常有下列句子中的用法:

(1) 陆紫翁微微笑着,便端起茶杯来,这回喝成了。
(2) 邓有梅的老婆答:"还不是为了转正的事,别的人不是有学问就是有靠山,有梅他什么也没有,就想找路子走走后门,家里又没钱,送不成礼。没办法,有梅就到山上砍了几棵树,偷着卖了。没想到被查了出来——余校长,你可不能见死不救哇!"

例(1)中,"喝成"表示"喝"动作实现了;例(2)中,"送不成礼"表示因为没有钱,"送礼"的行为无法实现。两例中的"成"有两个特点:一是"成"的语义指向前面的中心动词(以下记作 V);二是"成"不表示实际意义,只表示动作行为实现与否。目前这一用法并没有引起足够的关注,如《现代汉语词典》中就没有对其进行专门解释。下文涉及的"成",除特别说明外,都特指这类。

本章主要讨论三方面问题:(1)"成"的主要表达功能;(2) V 的语义特征;(3)"V+成"使用情况考察。

第一节 "成"的反预期信息表达及具体情况

一 "成"表达反预期信息

从功能上看,这类"成"表达反预期信息。在具体使用中,"成"与 V 等的组合使用情况主要有四种。如:

（3）电影看成了，可是在我的脑海中始终有个谜，那就是：在1956年，当时中日两国关系尚未正常的情况下，是谁把这部影片介绍到中国来的呢？

（4）我们一块逛商店，方方会时不时指这件那件衣服说，前两年很想买这么一件，没钱，没买成。

（5）子淇说："因为我在这里长大，现在好像回家一样。婚礼计划了一年，我们拍拖这两年多，我好像小说的主角一样，很多传媒写的东西都不真实，最重要是我们开心，在飞来澳洲时 Martin 跟我讲，我们能结得成婚算很好了，很多情侣因为传媒而分手，我们一直都很好，好到可以结婚，很难得遇到这么好的老公！我觉得好幸福。"

（6）后来苏醒了一会，艰难地嘱咐小陈：我答应过小梅秋后去收草的，看来我去不成了，你一定要将草收回来啊！

例（3）中，是"V+成"，这段文字前面有这样的话："人家是内部放映，我又没票"，当时肯定认为自己"不能看"了，最后看门的放"我"进去，预期"不能看"，结果是"看"了；例（4）中，是"没+V+成"，前面是"想买"，因为"没钱"，没有"买"；例（5）中，是"V+得+成"，与社会上很多人认为像他们这种情况最后不会结婚相反，他们"结婚了"；例（6）中，是"V+不+成"，前面是答应去的，但现在因病不能去了。所以在这四种情况下，都是前面有一个预期，这个预期的内容一般是发出或者实现某一动作行为，"V+成"和"V+得+成"前是否定预期，"没+V+成"和"V+不+成"前是肯定预期，"成"所在句子表示结果与这个预期相反，所以"成"表达反预期信息。

从使用频率看，"V 不成"最高，如在北大语料库中搜到 298 例，其次是"没 V 成"87 例，"V 得成"17 例，"V 成"5 例。否定形式占绝对多数，是因为一般情况下预期为"发出或者实现某一动作行为"，以肯定形式居多，所以下面列举的例句也以否定形式居多。

二 预期的对象

在"V+成"的用法中，预期的对象一般是 V 的施事。如：

（7）江青竟动起手来，硬要帮她穿，她还是不肯。王洪文在一边似笑非笑地说:"你不穿,今天大家就都看不成戏了。"

(8) 我于是问他:"今天你们开的是什么会?"

"批斗会。"他回答说。

"斗的是谁呀?"我又问。

"于光远。"

我说:"我就是于光远,没有我,这个会开得成吗?"

(9) 盼不来你的信,我强迫母亲为我订了去部队的票,可没等走成,我已病倒了……

例(7)中,预期的对象是"大家",这里是"大家"等着看电影;例(8)中,开会的对象是"你们","你们"开批斗会;例(9)中,预期的对象是"我",是"我"打算去部队。预期对象都是V的施事。

三 预期基本情况

(一) V的施事对自己的一种预期。如:

(10) 白元因为在前任书记面前迫不及待要了一回官,反而什么官也没当成。

(11) 汪先生笑道:"我这顿饭不是白请的,媒人做成了要收谢仪,吃你们两位的谢媒酒也得十八加十八——三十六桌呢!"

(12) 刘力把父亲的话原原本本跟黄丽说了,黄丽一言不发,脸上冷冷的:"那你敢不敢违抗你的父亲,陪我去一趟?"刘力不敢抬头看黄丽的眼睛,最后草原没去成,两人从此就不说话了,直到毕业。

例(10)中,想当官的是白元;例(11)想做媒人的是汪先生;例(12)中,准备去草原的是刘力和黄丽,都是V的施事希望或打算发出V的动作行为。

(二) 其他人对V的施事的一种预期。如:

(13) 布格道夫是隆美尔在德累斯顿步兵学校时的老战友,他用粗哑的嗓音告诉隆美尔:"元首让凯特尔元帅与你讨论你的未来。"

隆美尔感到有些惶惶不安:"恐怕我去不成,因为10号那天我和医生有个约会,他们说鉴于我的健康情况,一定不能做长途旅行。"

（14）后来政委一直空着,刘伯承在等待陈毅,直到1951年2月,陈毅来不成了,中央军委才宣布刘伯承兼任军事学院政委。

例（13）中,元首要求隆美尔去;例（14）中,刘伯承一直希望陈毅来当政委,预期发出者都V的施事以外的人。

（三）言者按情理的推断结果看作一种预期。如：

（15）钟瑞小时曾考上天津戏曲学校,因家里反对而没去成,但一直喜爱京剧,有时唱几嗓子,还真有那么点意思,可对体育比赛,当时兴趣并不怎么浓,但为了我,也常常随我的意愿。

（16）他成绩很好,却差点没读成高中。要按他的原出身是难以入读的,幸好身为理发师的养父成分尚好,但养父却想让他早点学门手艺,在唐浩明的再三求情下,才得以继续求学。

例（15）中,预期是考上学校就应该去读;例（16）中,成绩好就应该读高中,这两个例子中的预期都是说话者根据情理做出的一种推断。

（四）正常或已经发出的动作行为持续下去看作一种预期。如：

（17）剧组的人对我说:"我们要是有你百分之一的麻烦,就活不成了。"

（18）要是再投进去200万不见效益,我这个行长怕当不成了!

这种用法与我们前面分析的预期有区别,表示一个已经发出或者实现的动作行为不能持续下去。例（17）中,"我们"一直保持"活"的状态,"活不成"表示不能保持下去了;例（18）中,"我"已经是行长了,"当不成"表示如果情况不好,"当行长"的状态就不能继续保持下去了。这种用法中,V的动作行为保持下去是V的施事或言者所希望的,可看作一种预期,这类预期一般只在"V不成"用法中出现。

第二节 "成"前中心动词的语义特征

"成"在表达上的特有功能,决定了能进入"成"前的 V 也有一定的特点。

一 V 的自主性

马庆株(1988)认为,"自主动词从语义上说是能表示有意识的或有心的动作行为的","非自主动词表示无意识、无心的动作行为,即动作行为发出者不能自由支配的动作行为"。由于"成"一般用于表示动作行为等的结果与对"V"的预期相反,V 是可以预期的,是有意识或有心的动作行为。所以进入"成"前的 V 都是自主动词。如:

(19)马汉子急躁地再问:"到底跑是不跑?"驹子说:"跑,我认得下山的路。"马汉子说:"早年那些路全被土匪掐断,处处都有陷阱,瞎跑只有死。"驹子一惊,问:"那怎能跑得成?"

(20)但为《摇啊摇》,为了跟随他多年的创作集体,也为了巩俐,他强压了痛苦,甚至未对巩俐"捅破",因为一旦"捅破"了,戏也就拍不成了。

例(19)中,"跑"是有意识的;例(20)中,"拍"也是有心的,都是自主动词。进入 V 位置的也有少数被马先生归入非自主动词的,如"死"等。如:

(21)他吞过六六粉和火柴头,但是没死成。
(22)绝望之中,她掐死了自己的儿子,背着儿子的尸体到市残联自杀。

她没死成,当她被判死刑,缓期两年执行之后,各地群众纷纷打电话,写信甚至上访,强烈要求减轻对她的惩罚,同时追究其丈夫的刑事责任。

一般把"死"归入非自主动词是指自然的死亡,对于非正常情况,如例（21）中，他吞六六粉；例（22）中，她自杀，都是以人为方式"死"，这种"死"属于自主动词。把这类用法的"死"看作自主动词，与马先生判别两类词的标准并不矛盾。

二　V的有界性

沈家煊（1995）论证了汉语动词有界和无界的区别。根据 Langacker（1987）研究，它们在语义上有三方面的区别：①无界动作的内部是同质的，有界动作的内部是异质的。如"我希望你来"，在时间上任意分割，都是"希望你来"，但"他走了"，在他离开之前，就不算"走"。②无界动作具有伸缩性，有界动作没有伸缩性。如"我希望你来"在延续时间上增加或减少一些结果相同，但"他走了"如果在时间上减少一些就可能还没走，增加一些可能已经到目的地了。③无界动作没有可重复性，有界动作具有可重复性。可以是"他走了好几次"，不能说"我希望了好几次"。在句法上看，一般来说有界动词都可以与"已经"等连用。进入"成"前的 V 在语义上和句法上符合有界动词的特点。如：

（23）一次做除草试验，因农药刺激，她眼睛肿得只剩一条缝，车是骑不成了，可心里还惦记着试验……

（24）"我再也跳不成天鹅舞了……"天鹅又笑了笑，泪珠从她眼里流出来。

按照上述标准，例（23）（24）中的"骑"和"跳"都属于有界动词。

就有界性的动作来看，又有两种情况，一种是瞬间完成的，不能持续，如"逃""去"等，当动作发出的同时就完成了。还有一种是动作行为发出后可以持续的，如"吃""跑"等，我们在上一节讨论的预期的第四种情况，只有这类表示可以持续的动作行为才有可能。这类动词中的有些静态的"V+成"，如"我写不成了"等就可能有两个意思：一是还没开始写，不能开始；二是虽然开始写了，但继续不下去了。在具体的上下文中，一般可以判断属于何种用法。如：

（25）而且她一待就是半天，推拿按摩，没完没了，以致工作人员饭都吃不成。

(26) 刘先生告诉记者,因为是用电磁炉打火锅,停电后火锅也吃不成了,屋里漆黑一片。

例 (25) 中,"饭吃不成"指不能开始;例 (26) 中,是已经开始吃了,但由于停电,不能继续下去了。

三 V 的非致使性

从动词与其受事对象的关系来看,有的动词对受事对象产生影响,使其发生变化,具有 [+致使性] 的特点,有的动词对受事对象不产生影响,具有 [-致使性] 的特点。能进入"成"前的 V 具有 [-致使性] 的语义特点。如:

(27) 赫德不下命令,江海关税务司不肯出票,钱就借不成了。
(28) 债没讨成,亲事没说定,倒叫洋人诈去五毛钱,老张平生哪受过这样的苦。

例 (27) 中,"借"的动作发出与否对"钱"不产生影响;例 (28) 中,"讨"对"债"也不产生影响。有的 V,虽然可能具有 [+致使性] 的语义特点,在这一用法中也会失去,因为如果它表现出这个特点,其后的"成"就可能不再表示反预期信息,而表示动作发出后的结果。如:

(29) 陈祖汉沮丧地说:"还是做卖西药的生意,现在资本都赔光了,什么都做不成了。"
(30) 他费尽九牛二虎之力才拉来一个客户,做成了一笔买卖,可提成费一直没给他兑现。

例 (29) 中,"做不成"是指什么都不能做,指"做"的动作行为不能实现,"做"不具有"致使性";例 (30) 中,"做成"中的"做"对"买卖"产生影响,使其"成",具有 [+致使性] 的语义特点,"做成"不属于我们讨论的范围。

第三节 "V+成"结构使用情况考察

"成"表示反预期信息,这一功能对"V+成"出现的语境有一定的要求,可以分两种情况讨论。

一 "V+成"表示已经实现的情况

(一)预期+原因+结果[V+成]

先有表示预期的文字,然后出现了不利于(或有利于)预期实现的原因,最后出现"V+成"结构。如:

(31)我正要和他一起走[预期],不巧孩子得了重病[原因],我没走成[结果],他先走了。

(32)就在部队看演出[预期]吹哨集合的瞬间,他一把扯下了"两块红"的领章,借此向排长请假:要缝缀领章[原因],演出看不成了[结果]。

(33)老冯就带领了十来个男女老少和一具牛车,来到小册庄,要动手抬那碾[预期],随即被小册庄的人包围起来。……
她的身体和哭声终止了战斗,却没赢得小册主书记的同情[原因],碾没搬成[结果]。

例(31)中,预期是"我正要一起走",因为"孩子得了重病",结果"我没走";例(32)中,预期是"集合看演出",因为"要缝缀领章",演出不能看了;例(33)中,预期"动手抬那碾",因为"小册庄人不同意",没有搬。

有的时候,当"V+成"表示已经发出的动作行为不再继续时,不一定有直接表示预期的部分出现。如:

(34)几个月后阳光又让我祖父恢复了人的脸色,由于祖父体虚,四肢无力[原因],干不成体力事[结果],便在县城一家茶馆旁租了张桌子,桌上放一个砚台、一支毛笔和一卷毛皮纸,靠代写状子、家书和情信谋生。

（35）毛泽东去世，江青被捕，李讷那特殊的背景一下子消失了［原因］，中共北京市委书记当不成了［结果］。

例（34）中，"祖父"本来干体力活；例（35）中，李讷本来是北京市委书记。虽然两个例子中"V+成"所在的句子前面没有具体表示预期的句子，但在具体的语境中是一个已知信息，在书面上看是一个隐性预期。

（二）预期+［V+成］（表示原因）+相关结果

（36）原来说打个胜仗鼓鼓士气［预期］，这下倒好，胜仗没打成［原因］，自己倒死了十来个人［结果］；县大队本来人就不多，这下力量不更小了？

（37）一次游斗到她那个村，她发了疯似的要救他［预期］，冲入人群，与游斗者厮打，咬伤了他们许多人的手。她没救成他［原因］，反而加重了他的罪，使他从此被关进了牛棚［结果］。

例（36）中，预期"打个胜仗"，"胜仗没打成"表示没打胜仗，结果"力量更小了"；例（37）中，"她"的预期：救他，"没救成他"没有达到效果，结果加重了他的罪。这一框架中，预期和"V成"结构共同表示原因。

二 "V+成"用于假设句中

（一）预期+假设 V+成+怎么做

先假设出现反预期情况，后面说这种情况下做什么。如：

（38）过节那天，我有空就来看您［预期］，如果来不成［假设］，可别再等我了［怎么做］。

（39）考试的时候你帮帮我，能抄就让我抄［预期］，如果老师看得严抄不成［假设］，你就给我递纸条［怎么做］……

例（38）中，预期是我来看您，"来不成"表示假设情况与预期相反，您就别再等我；例（39）中，预期是考试时候抄你的，"抄不成"表示如果与预期情况相反，你就"递纸条"。

（二）假设条件+"V+成"结果

(40) 因为生物自身有个"食物链"，灭光老鼠［假设］，鼠的天敌也活不成了［结果］。

(41) 我要不调到常德［假设］，这顿饭就吃不成了［结果］!

例（40）中，先假设灭光老鼠，再写这种情况下的后果"鼠的天敌也不能活"了；例（41）中，先假设自己"不调到常德"，结果"不能吃这顿饭"（"死"的意思）。

第四节 小结

本章首先明确了本书讨论的"成"的范围，然后讨论了"成"表达反预期信息的功能，对进入"成"前动词的语义特征进行了总结，最后考察了"成"使用的环境。

第十二章

"虽然""尽管"的功能差异及原因分析*

"尽管"和"虽然"都是现代汉语中的常用关联词语,多数工具书认为两者的解释基本相同,即"尽管"作为连词时同"虽然"。如《现代汉语八百词》的释义是:"虽然【连】,表示让步,承认甲事为事实,但乙事并不因此而不成立。用在前一小句,可放在主语前或主语后,后一小句常用'但是、可是、还是、仍然、可、却'等呼应。""尽管【连】,表示让步:虽然。后一小句用'但是、可是、然而、可、还是、仍然、却'等呼应"。从以上解释看,两个词的用法似乎没有区别。如:

(1) 虽然他很年轻,但很有经验。
    尽管他很年轻,但很有经验。

第一节 "虽然"和"尽管"的使用范围

现代汉语的很多句子中"虽然"和"尽管"可以互换。如:

(2) 虽然天很热,他还是来了。
    尽管天很热,他还是来了。

我们同时也发现,能用"尽管"的一般可以换成"虽然",但有些用"虽然"的却不能换成"尽管"。如:

---

* 本章的部分内容发表于《池州学院学报》2014年第5期(第二作者是曹童)。

(3) 不过，上次为了写一份辞呈，用掉几十张纸，所以<u>虽然</u>有笔，但却没有纸了。躺在床上，一想到自己被审查会成员一个接一个审问的情景，霎时又觉得厌烦透顶。

(4) 在这一时期，初等教育<u>虽然</u>不断地发展，但始终未能达到基本普及的程度，以致新的文盲、半文盲不断产生。

例（3）和例（4）中，"虽然"都不能用"尽管"替换。那么为什么呢？两者用法有什么差别呢？

沈家煊（2003）曾分析过以下三个用"虽然"的句子：

(5) 虽然他没有被录取，但是他很高兴。
　　虽然他很高兴，但是他没有被录取。
　　虽然没有被录取，但是你为什么这么不高兴？

沈先生从"行知言"三域来分析它们的差异，第一个句子是"行"域的，意思是：按道理没录取应该不高兴，可事实是"高兴"；第二个句子是"知"域的，意思是虽然他很高兴，但我推测他没被录取；第三个例子是"言"域的，意思是：虽然你没被录取，但是我还是要问你为什么这么不高兴。我们发现，从能否被"尽管"替换的角度看，以上三个例子情况如下：

(5') 尽管他没有被录取，但是他很高兴。
　　？尽管他很高兴，但是他没有被录取。
　　＊尽管没有被录取，但是你为什么这么不高兴？

由此可见，"行知言"三域影响"虽然"被"尽管"替换的可能性，它们的大小为：行域>知域>言域。比较有意思的是，将第三个句子变成解读后的句子，就可以用"尽管"替换了：尽管你没被录取，但是我还是要问你为什么这么不高兴。因为有了"还是要问"，后续的句子变成行域了。沈先生还讨论了《骆驼祥子》中的一个例子：

(6) 钱少，可是无需快跑呢。

这个句子可以说成"虽然钱少，可是无需快跑呢"，但不能说成"尽管钱少，可是无需快跑呢"。沈先生认为，前者可以说，也是因为其在言域，即"有人说钱少，可是我说无需快跑"。

由此可见，"虽然"可以进入行知言三域，但"尽管"有差异，它可以进入行域，有条件进入知域，一般不进入言域。

第二节 "尽管"的标示功能及篇章特点

一 "尽管"的反向条件标示功能

由于"虽然"的研究相对比较充分，我们先考察"尽管"的标示功能。条件关系是复句中的一种重要的逻辑关系，苑成存、林卿（1994）认为有三种条件联系，即充分条件、必要条件与充（分必）要条件。张盛彬（1995）对此作了补充，认为条件关系还包括负条件关系（负充分条件关系，负必要条件关系，非充要条件关系）和非条件关系（非充分条件关系，非必要条件关系，非充要条件关系）。我们通过对复句的考察，发现还存在一种反向条件关系。

反向条件关系是从心理层面考察的，也就是一种条件上的"反预期性"。在研究转折复句时，心理因素也是其重要的一个方面。如吕叔湘（1982：340）提到："凡是上下两事不和谐的，即所谓句意背戾的，都属于转折句。所说不和谐或背戾，多半是因为甲事在我们心中引起一种预期，而乙事却轶出这个预期。因此由甲事到乙事不是一贯的，其间有一转折。"指出了转折关系构成上的心理层面因素，强调转折句同心理预期的密切关联。

"尽管"作为一个常用的关联词语，篇章衔接功能是其最重要的篇章功能，其在衔接的同时还突显一定的心理层面的因素，标示特定的关系。如：

(7) 雷克雅未克是世界少有的"无烟城市"。人们还利用地热发电，培植瓜果蔬菜等（A）。尽管外面大雪纷飞，寒风刺骨（P），人们在温室里好像置身于热带国家中一样（Q）。

(8) 蝙蝠善于夜飞（A）。尽管是漆黑的夜晚（P），它照样忽上忽下，急剧地变换着飞行方向和速度，捕捉飞虫作食物，从不会撞到什么东西（Q）。

从使用的情况看，"尽管"关联的小句前常有表示背景信息的内容，我们把这个背景信息记作 A，"尽管"所在的小句记作 P，其后续句记作 Q。例（7）中的背景句 A 是"雷克雅未克是世界少有的'无烟城市'。人们还利用地热发电，培植瓜果蔬菜等"，Q 是"人们在温室里好像置身于热带国家中一样"，两者一致，而条件 P "外面大雪纷飞，寒风刺骨"是不利于 Q 的出现的，但 P 没有影响 Q 的出现；例（8）中，背景句 A 是"蝙蝠善于夜飞"，P 是"漆黑的夜晚"，是不利于"飞行"的，但实际上并不影响结果 Q "照样忽上忽下，急剧变幻着飞行速度和方向"。所以"尽管"使用的基本模式：（背景 A+）尽管 P+Q。

对于这个模式，具体说明如下：

第一，"尽管"小句前常常有表示背景的信息 A（具体语境中 A 可能不出现）。

第二，A 的内容与 Q 的内容是一致的。

第三，P 陈述的内容应该不利于 Q 的出现，与 Q 的出现是反向条件关系。

第四，P 的出现没有影响结果 Q。

所以"尽管"的标记功能是："尽管"关联的小句 P，与 Q 是反向条件关系，但 P 的出现并没有影响 Q（保持了与 A 一致的情况）。

二 "尽管"句的篇章特点

由于"尽管"句的标记功能是表示反向条件 P 不影响结果 Q，其在篇章特点方面也有所体现。

（一）P 必须与 Q 具有条件关系

由于"尽管"的标记功能，P 和 Q 之间必须具有条件关系，即 P 的出现应该对 Q 产生影响，而且是不利的影响。如：

（9）尽管我们长期以来把唯物史观看成是马克思、恩格斯的标志性贡献（P），但对于马克思、恩格斯关于"历史科学"的提法没有给予足够的重视（Q）。

（10）在典型的封建政治下，大大小小的贵族是自己在那里为自已行使统治,在名分上,尽管小贵族对较大贵族维持着一定的依属关系(P),但实质上,他是所在属地的绝对支配者(Q)。

例(9)中,在"把唯物史观看成是马克思、恩格斯的标志性贡献"这个条件下,应该是"对于马克思、恩格斯关于'历史科学'的提法给予足够的重视",但实际上是"没有";例(10)中,由于"小贵族对较大贵族维持着一定的依属关系",一般情况下应该受到较大贵族的限制,实际上却不是(是所在属地的绝对支配者)。所以P都是"非Q"的条件,即Q的反向条件。

当然,有的时候这种反向条件关系,是言者的主观看法。如:

(11)在马克思看来,尽管康德高扬了实践理性的重要性(P),但他对实践的理解仍然打着软弱的德国小资产阶级的烙印(Q)。

(12)在柯林武德看来,尽管这两个方面对历史学的实践来说曾起过一定的积极作用(P),但从根本上来说却都是有害的(Q)。

例(11)中,在马克思看来,康德高扬实践理性的重要性,并不能解除其"打着软弱的德国小资产阶级的烙印";例(12)中,在柯林武德看来,"积极作用"不能改变"(这两个方面)从根本上来说都是有害的"结果。

(二) 后续句一般都是陈述句

由于"尽管"句主要表示反向条件不影响结果,所以其后续句表述的内容一般都是明确的。从句类角度看,应该是陈述句,从我们考察的情况看,情况基本如此。如:

(13)农村青少年的品行问题是和现阶段农村基础教育面临的普遍性问题密切相关的,尽管可能与学生父母外出打工而监管不够有关,但是一些父母在家的孩子也存在这些问题(Q)。

(14)我们都不期望有完全一致的主张,只期望各人根据自己的知识,用公平的态度,来研究中国当前的问题。所以尽管有激烈的辩争,我们总觉得这种讨论是有益的(Q)。

例（13）的"一些父母在家的孩子也存在这些问题"和例（14）中的"我们总觉得这种讨论是有益的"都是陈述句，这主要是因为只有有了确定的结果以后，才能够考察其与条件之间的关系。还有的时候虽然形式上是问句，实际上并不表示疑问。如：

（15）尽管有人对你说放松点打，你会那么打吗？我不这么想。

这个句子有疑问的形式，但实际上不表示疑问，而是设问句，表达的意思是"（我认为）不会放松打"，意思是确定的。

（三）P与Q不是强制性的转折关系

我们认为"尽管"句主要表示反向条件不影响结果，还表现在"尽管"句对后续句的转折关系没有严格的强制性。我们判断连词所引导的复句功能，主要还是依据形式标记（与"尽管"配合使用的关联词语），即邢福义（2001：8）所说的"用标志来控制关系"。本章所说的强制性转折，是指分句中必须出现转折义连词。金允经、金昌吉（2001）从语义上将现代汉语的转折连词分为两大类：一类是表示转折的，主要是：但是/但、可是/可、然而/然、不过；另一类是表示补充、修正或限制的，主要是：不过、只是、就是。本章的转折义连词是指本身具有转折义的连词，也就是金允经等的第一类。我们对随意选取的200条"尽管"引导的复句语料进行统计，发现出现转折义连词的用例为160例，占全部语料的80%，没有出现的40例，占20%。如：

（16）由于两只眼睛不在同一位置上，尽管观察的是同一实体，视网膜上的两个像也是有差别的。

（17）父母是我最好的教练，尽管他们不跟我一起练球，我们总在一起谈论篮球——在我的每次比赛后，甚至我在NBA的第一年也是如此。

20%的后续句中可以不出现表示强转折的标记词，虽然比例不是很高，但也可以说明其对强制性不是那么严格。之所以仍有80%有标记词，主要是"反向条件"和"转折"是不同视角，这点下文具体讨论。

（四）"尽管"小句可能被省略

"尽管"所关联小句的条件不影响事件的结果，从信息地位的角度看，这个小句的内容不是言者要表达的主要信息，有的时候只是为了表述的全面性、周全性引入的，所以其可能被省略而不影响表达的主要意思。如：

（18）初中生的骨骼、肌肉<u>尽管增长较快</u>，但亦易疲劳，负荷能力较差。因此，初级中学的生产劳动、体育活动都不应该使学生的骨骼、肌肉负荷过重。

（19）科学主义一般讲是与人文主义相对应的一个概念。这一概念尽管<u>人们使用得越来越频繁</u>，但其含义似乎并不清楚。

例（18）中，"增长较快"可以省略，说成"初中生的骨骼、肌肉易疲劳，负荷能力较差"；例（19）中，"尽管"小句也可以省略，说成"科学主义一般讲是与人文主义相对应的一个概念，其含义似乎并不清楚"。以上小句中，"尽管"小句具有类似插入语的功能，有时还具有补充的功能。如：

（20）其间，经过一个十年，互联网成功地容纳了原有的计算机网络中的大多数（<u>尽管像 FidoNet</u> 的一些网络仍然保持独立）。

（21）除此之外，河西商场还拥有一个难以启齿的"公开的秘密"：商场职工（<u>尽管有的职工就住在商场附近</u>）从来不在自己的商场购物消费。

以上两例中，为了表达的连贯性，不能够在其主句之前插入"尽管"句，就在其后用括号的方式插入，具有补充功能，使表达更加完备。

第三节　"尽管"与"虽然"的主要差异

一　P、Q 之间的语义关系不同

"尽管"句的 P、Q 之间必须是条件关系，即 P 的出现必须能对 Q 的出现产生影响，我们把"虽然"句中相应的句子也记作 P、Q，它们之间可以不是条件关系。比如沈家煊（2003）曾经讨论过"虽然刮风了，但是下雨了"这样的转折复句，有人认为不能说，但沈先生认为在言域中可以说，可以是：设想要等一个刮风而不下雨的天气拍电影："虽说刮风了（拍吧），但是我说下雨了（别拍）"。但"尽管"不能出现在这一用法中，不能说，"尽管刮风了，但是下雨了"，因为在这里"刮风"与否不对"下雨"产生影响。再如：

（22）即使像《再别康桥》这类抒情诗，<u>虽然表现的感情比较诚挚</u>（P），<u>但也缺乏时代气息</u>（Q）。

（23）贫困地区较为集中的西部地区，<u>虽然土地面积占全国的三分之二以上</u>（P），<u>但铁路、公路和民航设施所占比重却相对偏低</u>（Q）。

上两例中，P 的内容并不影响 Q，也就是两者没有条件关系，所以不能用"尽管"关联。总的来看，"虽然"的使用范围比"尽管"大，一般情况下"尽管"句都可以用"虽然"表达，但"虽然"句不一定能用"尽管"句表达，主要是因为"尽管"句中的 P、Q 的语义关系比"虽然"句限制更多。这两例中"虽然"句不能用"尽管"句表达，也是因为它们的 P、Q 之间没有条件关系。

二 言者的视角不同

"主观性"是指语言的这样一种特性，说话人在说出一段话的同时表明自己对这段话的立场、态度和感情。视角是主观性研究的一个重要方面。所谓视角，就是说话人对客观情状的观察角度，或是对客观情状加以叙说的出发点（沈家煊，2001）。从言者出发，即使 P、Q 两个小句的基本命题一样，考察两者的关系也可以有不同的视角：

（1）有一个预期结果 Q，看 P 这个条件是不是对其产生影响。

（2）出现了 P 这个条件，看结果 Q 是不是与 P 这个条件导致或影响的预期结果一致。

当言者的视角是（1）时，常选用"尽管"关联，而当视角是（2）时，选择"虽然"关联。选择何种方式，体现言者的主观性。先看选择"尽管"的例子：

(24) 还有人认为,以分取人是当前最公平的人才选拔机制。尽管应试教育弊端多多(P),但是它确实是目前相对来说最为公正的选拔办法(Q),反对者到目前为止无法找出比应试教育更好的选拔人才的办法来。

(25) 由于同俄罗斯做生意能够获得巨大的利润,因此尽管路途遥远、困难重重(P),众多的中国人还是涌入俄罗斯赚钱(Q)。

例(24)中,有人认为"以分取人公平","应试教育弊端多多"是应试教育的不足,但不影响其是"目前相对来说最为公正的选拔办法";例(25)中,"能够获得巨大利润"是吸引人去的,所以"路途遥远、困难重重"是去俄罗斯的不利条件,结果仍然是"众多的中国人涌入俄罗斯赚钱"。这两例中,"尽管"前都有表示言者观点的句子,例(24)中是:以分取人是当前最公平的人才选拔机制;例(25)是:同俄罗斯做生意能够获得巨大的利润(可推理出人们愿意去),用"尽管"关联的两个P小句中的条件都是不利于保持这种情况的,但实际却是对结果没有产生影响。

当言者的视角为(2),即出现了条件P,"非Q"的结果与P的出现是一致的,但结果却是Q,一般用"虽然"。如:

(26) 刚到北京时虽然路过那儿(P),但我只是隔着车窗雾里看花,并没有机会仔细瞧一瞧咱们伟大的天安门广场(Q)。

(27) 虽然大业历对于类似问题的处置不如皇极历周全(P),却也别树一帜,尤其在五星运动的研究上最为突出(Q)。

例(26)中,言者认为"路过那儿",应该是仔细看了,结果与之相反,"没有机会仔细瞧一瞧咱们伟大的天安门广场";例(27)中,"大业历"存在着不足,应该不够好,结果却是"别树一帜",也与预期的结果相反,这两例都是突显结果与P不一致。

"尽管"和"虽然"的这种区别,还可以通过一些实际用法的比例进一步证明。比如在语料中出现"尽管如此"1864例、"尽管这样"226例,占总数的6.05%,而"虽然如此"420例,"虽然这样"56例,只占0.79%。"尽管"句中表示"这样""如此"不影响结果的比例是"虽然"的7.7倍,说明其主要突显P没有影响Q。

当然，从 Q 的角度看，"尽管"后仍有高达 80% 的后续句中存在着强转折标记词，但这并不矛盾，因为反向条件与结果之间是不一致的，如果从语义的一致关系角度看，自然属于反预期信息，所以反向条件关系并不排斥转折关系，相反是相容关系，可以共存，只是突显的重点不一样。从认知的角度看，"尽管"句一般将背景信息 A 作为认知的起点，而"虽然"是把 P 作为认知的起点。如：

（28）老人没有旁的办法，只好尽量地勒着钱（A）。尽管妙斋的平信，快信，电报，一齐来催钱，老人还是毫不动感情地到月头才给儿子汇来"点心费"。

例（28）中，当认知的起点是"（老人）只好尽量地勒着钱"，突显的是"平信，快信，电报，一齐来催钱"也不影响老人，所以"还是毫不动感情地到月头才给儿子汇来'点心费'"；而当认知的起点是 P 时，则可以说：虽然妙斋的平信，快信，电报，一齐来催钱，老人还是毫不动感情地到月头才给儿子汇来"点心费"。所以单就 P、Q 之间的关系看，在这个句子中，用"尽管"和"虽然"都可以。

前面提到"尽管"都可以用"虽然"替换，但"虽然"可能不能用"尽管"替换，与言者视角相关（如图所示）。

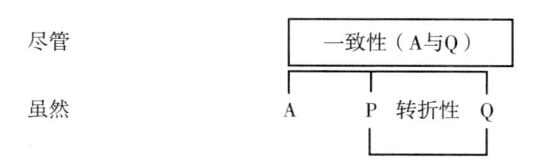

```
尽管                    ┌─── 一致性（A与Q） ───┐
                        │                        │
虽然            A       P      转折性      Q
                        └────────────────────────┘
```

图 12-1　"尽管""虽然"视角差异

从图 12-1 可知，"虽然"与"尽管"在标示转折性方面功能是一样的，但"尽管"还有标记条件没有使结果产生变化义，"虽然"不表示这个意义。由于"尽管"标记的条件中存在着一个背景信息（可能是客观的，即行域的；也有可能是主观的，即知域的），所以进入"言域"的"虽然"就可能不满足这个条件，所以不能用"尽管"。

三 Q 的句类的丰富性不同

由于"虽然"的主观性比"尽管"强,所以其后续句与"尽管"的后续句的句类的丰富性不同,可以不是陈述句。如:

(29) 至于当叫花子,虽然要比饿死的强,但滋味恐怕也好不到哪里去!

(30) 人虽然已经了解了动物的生理变化,可是,究竟是什么原因促使动物冬眠呢?

例(29)中,Q 是感叹句,表达言者对"滋味不好"的肯定程度;例(30)中 Q 是疑问句,表示前面的条件没有解释 Q 所提出的问题。

"虽然"的 Q 句类比较丰富,主要是因为与"尽管"相比,它只要满足 Q 与 P 不一致就可以了,而"尽管"句突显反向条件不改变 Q,所以这个 Q 应该是确定的形式。这个还可以通过后续句都是让步条件的复句来进一步证明。如:

(31) 它虽然很短,但即使它短到只有一秒钟,我也要付出毕生的努力走好它,因为它容纳了我的一生,容纳了我一生的所有梦想与憧憬。

(32) 后来夫妻俩被双双下放到大兴县干校劳动,尽管近在咫尺,即使在一块地里干活,由于看管人员看得太紧,彼此也不能说一句话。

例(31)中,"虽然"一般不能用"尽管"替换,因为 Q 是一个假设的让步条件;而例(32)中,是事实的让步关系,是已经发生的事情。

四 语用功能不同

2014 年,中国著名的网球运动员李娜宣布退役,在其告别词中,出现了 3 个"尽管"和 1 个"虽然",它们的选择显然都是经过反复推敲的,能非常贴切地表达言者的意思。通过这几个句子,可以比较两者表达功能的区别:用"尽管"能突显条件即使不一般,但仍然难以或无法改变结果,比"虽然"更加客观、更加委婉。具体如下:

（33）做出放下球拍的决定，比在澳大利亚的高温中连续赢下7场比赛要艰难许多。在这之前我苦恼了几个月，最终，长期以来的伤病让我不能再像以前一样。尽管我做出了100%的努力云争取参加第一次在我家乡举办的比赛。但是，作为一个职业的网球运动员，现在离开赛场对我来说是最正确的决定。

（34）很多朋友知道我右膝的伤病一直"伴随"着我的职业生涯，每当我踏入赛场时，人们都会看到我右膝处的黑色护膝，它就像我胎记一样。尽管我对它已经习以为常，但膝盖病发还是会时不时让我疼痛难忍。

（35）赢得大满贯，获得世界排行第二名，这是我选择带着这样的荣誉离开网球赛场。尽管做出这一决定的过程非常艰难，但是我对发生的这一切都很平静，不会后悔。

（36）这里虽然由于篇幅有限，不能对陪伴我走过职业生涯、对我的成功付出汗水的人们一一表示感谢，但是我必须感谢那些无论高潮还是低谷都陪伴着我的人，是你们成就了今天的我。

例（33）中，"尽管"后的"100%的努力"表明"我"非常渴望参加即将在自己家乡举办的比赛，但由于"长期以来的伤病"，"我"不得不离开，突显了"我"的无奈：尽力了，但无法改变离开的结果；例（34）中，用"尽管"表明"习以为常"可能让别人认为不影响我了，但不能改变"时不时让我疼痛难忍"，也就是实际上一直影响着"我"，很客观；例（35）中，用"尽管"突显了我的依依不舍（做出决定的过程非常艰难），表明决定是慎重的。3个"尽管"，让人深切感受到"我"做出离开的决定是难以或无法改变的；例（36）中，表达的重点是Q的内容：感谢陪伴过我的所有人，这个句子中不宜用"尽管"。

第四节　小结

"尽管"与"虽然"的表达功能存在着细微区别，满足了语言表达丰富性的要求，"虽然"强调结果的反预期性，"尽管"突显反向条件不改变结果。

第十三章

"总"字句的传信功能*

关于"总"的用法，很多学者都进行过研究，近年来，其主观性的研究越来越受到关注，如张谊生（2005）认为频度副词"总（是）"的基本语用功能为"客观判断"，但在特殊的语境中可以诱发主观评价功能。其实，现代汉语中"总"也有只表示主观性的用法。如：

（1）你可以不相信我，可是<u>组织上的结论，你总应该相信吧</u>！
（2）金生媳妇想替菊英解围，便向常有理说："老婶婶！我看可以替！多了拉不动吧，<u>那么一点总还可以</u>！一会三遍上了就轻得多了！"

例（1）和例（2）中的"总"具有以下特点：

第一，"总"的意义比较虚。这类用法的"总"，不再表示时间和频度等，如后面都不能加"是"说成"总是"等。

第二，"总"去掉不影响小句的真值意义。如去掉"总"后，例（1）中，"你应该相信"，例（2）中"那么一点还可以"，表达的基本意义与原句相同。

第三，在具体的语境中，"总"一般不能省略，说明其具有特定的语用功能。

综上可以看出，这类"总"不同于一般的副词。邓川林（2010）认为有些"总"表示对命题真实性的强调，是一种主观认识，其中主要一类就是如上例的"总"。我们认为，这类用法中的"总"关联对比焦点，具有突显对比焦点的功能，其主要传递隐涵义。

---

* 本章主要部分发表于《语言研究集刊》第十九辑（2017年）。

第一节 "总"的焦点标记及序位化功能

一 "总"标记对比项

徐烈炯、刘丹青（1998）根据焦点的"突出""对比"特征的组合情况，将焦点分成三类：

1）[+突出][-对比]——自然焦点
2）[+突出][+对比]——对比焦点
3）[-突出][+对比]——话题焦点

根据这两个特征来考察同上例的"总"字句，情况如下：
第一，一般都可以找到对比的两项。如：

（3）咱们当大人的平时不管可以，到节了总得想着为孩子们办点事，你说对吧？

（4）第二次，亲家又找到胡尔钱明确表示："我儿子犯了罪，不判刑不可能。权在你手里，少判几年总是可以的吧。"

例（3）中，对比的是"平时"和"到节了"；例（4）中，对比的是"不判刑"和"少判几年"，说明它们都有对比项。当然，有的句子中找不到显性的对比项。方梅（1995）指出，对比焦点的对比项可能是上文提及的语境中实际存在的，也可能是听者和言者双方心目中认可的，即有的时候对比项可以是隐性的。"总"字句的对比项也是如此。如：

（5）这时，小姑娘却反败为胜，骄傲地晃动着小辫子："爷爷，这下子您总该信服了吧？"

（6）报上虽然说是案情复杂，谋害或者自杀，笼罩在五里雾中，我以为太太您总一定知道的，知道得比谁都清楚！

例（5）中，句中有"这下子"，可以理解其对比项是"这以前"；例（6）中，"太太您"的对比项可以是"其他人"。两个例子中，对比项都没有直接出现，但听者或读者都可以根据语境或上下文判断出来它是什么。

也有少数用法中，对比的两项在一个小句中。如：

（7）他得意洋洋地说："<u>北京</u>喝牛奶总没有<u>香港</u>方便吧？"

（8）我们当然希望打好所有比赛，赢得每场比赛的胜利。但在<u>一些无关紧要的比赛</u>中输球总比在<u>重大比赛</u>中失利强吧！

例（7）中，对比的两项是"北京—香港"句；例（8）中，对比的两项是"无关紧要的比赛—重大比赛"，这类句子一般是比较句。

第二，在这类用法中，"总"关联的焦点项可以在"总"前，也可以在"总"后，常常重读，"总"一般轻读。如：

（9）我对马青说："不求<u>鸡鸭鱼肉</u>吧，这<u>夜宵</u>总得让我们吃饱了。"

（10）有个班车给你坐就不错了。我只问你，就算沾了人家小姨子的光，总比<u>挤公共汽车</u>强吧！

例（9）中，焦点项是"夜宵"，在"总"前；例（10）中，焦点项是"挤公共汽车"，在"总"后。上两例中，"总"一般轻读，但其关联的对比项一般重读。所以"总"标记焦点，是焦点算子。

二 焦点项与对比项存在某一方面的量差

张旺熹（2005）认为汉语连字句可以用来实现人们对外部事物进行序位化的操作，即进入连字句就可以体现量级上的关系。具体包含这样两层含义：第一，以某一情理为关联线索的一组（至少两个）成员所构成的序列，因为任何一个"值"都必须存在于一个量级序列之中；第二，把其中的某一成员确定为该序列的端点（起点/终点），有了若干成员所构成的序列，并确立了其中某一成员的端点地位，序位化也就实现了。"总"字句的焦点项与对比项可也以构成量级序列，且量级方面都存在着差别，"总"标记焦点项在序列中的地位。

(一) 焦点项的序位低于对比项

(11) 我们不做夫妻了，做朋友总还可以吧。
(12) 你冯道纵然不能做忠臣死节，当一个智士，不做官或只做小官总可以吧！

例 (11) 中，对比的两项"做夫妻—做朋友"构成序列，"做朋友"比"做夫妻"的要求低，应该容易些；例 (12) 中，对比项是"做小官"和"做忠臣死节，当一个智士"，在做到的可能性方面，"不做官或只做小官"高于"做忠臣死节、当一个智士"。这类用法的"总"字句一般是肯定式，量级序列为：焦点项>对比项。

(二) 焦点项的序位高于对比项

(13) 当时，谁也估计不到部队打出去以后多久再回到这里，但总认为部队是流动的，老乡总不会搬家吧。
(14) 倒是范炳臣大咧咧地说："老叔，你这样可不行啊！你这不是打你侄子的脸嘛？去呼家堡是你'表示'，来省城了，总不能还是你吧?"

例 (13) 中，对比的是"部队（不流动）—老乡（不流动）"，从可能性角度看，焦点项更小，即"老乡（流动）"比"部队（流动）"更小；例 (14) 中，对比的项是"呼家堡—省城"，"呼家堡"是"老叔"生活的地方，"省城"是我们生活的地方，所以对"老叔"来说，在"应该请客"这点上"省城"低于"呼家堡"；这类用法中，"总"字句一般是否定式，量级序列是：焦点项<对比项。

大体上看，当焦点所在的句子是肯定式时，焦点项在量级序列的高位；当焦点所在的句子是否定句时，焦点项在量级序列的低位。

第二节 "总"字句传递隐涵义

一 关于"总"字句的表达功能

邓川林（2012）提出"总"表达一种基于语用量级的让步关系：尽

管对比项不成立，最可能成立的焦点项仍应该成立。如：

(15) 我说我也没跳过<u>交际舞</u>。"<u>迪斯科</u>，迪斯科你总会吧？"

(16) <u>你</u>不出门，<u>晶晶</u>总要出门，总要打扮得漂亮点，这会儿不穿什么时候穿？

例（15）中，言者认为，"跳交际舞"可以不成立，但"会迪斯科"应该成立；例（16）中，表示"你可以不出门"，但"晶晶需要出门"。两例中，对比项分别是"（跳）交际舞—（跳）迪斯科""你（出门）—晶晶（出门）"，前者不成立，后者成立。不过从我们考察的情况看，有一些"总"的用法并非如此。如：

(17) 一切都源于那个本本，有了那个本本，你得的就不是自己的病了。<u>你立了功可以说是党的培养</u>，<u>你生了病总不好也说是党的培养</u>吧。

(18) 原先的那股怨气和怒气就像房坡上的雪一样慢慢化掉了，是呀，咱总还没摊上那种爱喝爱嫖爱赌的女婿，咱的女婿虽然<u>不很可心</u>，可总<u>比韭花、水枝的男人强</u>呀！第二天，娥娥就收拾了一下，又回了婆家。

例（17）表达的意思是："你立了功说是党的培养"成立，但"你生了病说是党的培养"不成立，对比的是"立了功—生了病"，前项成立，后项不成立；例（18）中，对比的两项"女婿不很可心"成立，"比韭花、水枝的男人强"也成立，前后项都成立。所以，"总"字句可以不表示让步关系。

二 "总"字句传递隐涵义

我们认为，这类"总"字句主要传递隐涵义。沈家煊（1999）指出"会话隐涵义"是根据会话的"合作原则"传递和推导的隐含义。Grice（1975）提出的"合作原则"包含一条"适量准则"，它又包含两个方面：一是"足量"，即传递的信息量要充分；二是"不过量"，即传递的信息量不要过多。"总"字句传递的信息与语言表达中的足量原则和不过量原则有关。比如我们假设"做'难''中''易'题目"的人中有"大学生""中学生""小学生",可以从两个维度来进行说明。

维度$_1$ 题目难度序列:高>中>低
维度$_2$ 学生水平序列:大学生>中学生>小学生

根据这两个维度,我们从"足量准则"和"不过量准则"两个角度讨论"总"字句传递的隐涵义。

第一,所谓"足量准则",即说的话要充足,在不过量的前提下,尽量多说些。利用这条准则,言者在说出"P"时传递"最多P"的隐涵义(沈家煊,2004)。与此相关,当我们说:中学生能做出难度为中的题目,对比项不同可能传递不同的隐涵义。

(1) 对比项是学生水平序列,其传递的隐涵义常常是:最低是中学生才可以做出难度为"中"的题目→小学生做不出来。

(2) 对比项是题目难度序列,其传递的隐涵义常常是:中学生最高可以做出难度为"中"的题目→难度"高"的题目做不出来。

这两种情况用"总"字句表达则为:

(19) 中学生能做难度为"中"的题目,小学生总做不出来吧。
(20) 中学生能做难度为"中"的题目,总做不出来难度为"高"的题目吧。

所以在"总"字句中,对比项是肯定式,焦点项是否定式时,一般是"足量准则"在起作用。

第二,所谓"不过量准则",即只说必要说的话,在足量的前提下,不说过多的话。利用这条准则,言者在说出"P"时传递"不止P"的隐涵义。就我们讨论的用法来看,当我们说"中学生不能做难度为中的题目"时,传递是"中学生是不能做难度为'中'题目的最高水平者",意味着水平更高的大学生应该可以做;如果说"中学生做不出来难度为中的题目"时,也可以根据不同的对比项进行讨论。

(1) 对比项是学生水平序列,其传递的隐涵义常常是:做不出来难度为"中"的题目的最高学生水平为中学生→大学生应该能做出来吧。

(2) 对比项是题目难度序列,其传递的隐涵义常常是:中学生做不出来的最高难度为"中"→难度为"低"的题目应该可以做出来。

这两种情况用"总"字句表达则为：

（21）中学生做不出来难度为"中"的题目，<u>大学生</u>总做得出来吧。

（22）中学生做不出来难度为"中"的题目，<u>难度为"低"的题目</u>总能做出来吧。

所以在"总"字句中，对比项是否定式，焦点项是肯定式时，一般是"不过量准则"在起作用。

三 "总"传递隐涵义的证明

（一）可以被消除与隐涵义

沈家煊（1999：65）隐涵义跟衍推义的第一个主要区别就是隐涵义的"可消除性"，即"在特定语境中可以被推翻"，"总"字句传递的意义可能被消除。我们认为"总"传递隐涵义，可以从隐涵义可以被消除进行证明。如：

（23）有一位亲戚为犯罪的邻居来求他："大事不为难你，所里的钥匙你拿着，见见人总行吧，就这点面子。"他拒绝了："这可不是咱家里的钥匙，说开就开，国有国法，监有监规，如果给了你面子，不就丢了法律的面子。"

（24）"我不行。你不用再说了。我也不想去吃饭。""好吧，那我们就出去谈谈，这总可以吧。""今晚不行，"她摇摇头说。"我们改天再谈吧。"

例（23）中，言者提出"见见人"，但"他拒绝了"，否定了言者的要求；例（24）中，言者认为"可以出去谈谈"，但听者用"今晚不行"拒绝了。能够被否定，也可以证明"总"传递的是隐涵义。

（二）"可追加性"与隐涵义

隐涵义具有"可追加性"，即可以明确地补说出来，由隐晦变得显豁（沈家煊，1999：66）。"总"字句的意义可以被追加。如：

(25) 颜述之再混蛋些，我说，<u>总比有些家伙好些</u>，<u>他毕竟给我们找到船了</u>！

(26) 喂，川村君，即使我的声音你不记得了，<u>我这双眼睛总不至于忘记吧</u>？<u>你过去最好的朋友的眼睛</u>。

例（25）中，追加的"他给我们找到船了"明确地表明"他"比"有些家伙"好在哪里；例（26）"你过去最好的朋友的眼睛"明确地说明了"是什么样的眼睛"，所以"总"字句传递的信息具有"可追加性"，符合隐涵义的特点。

第三节 "总"的"传信"功能

一 "总"的元语用法

如果一个词语传递的信息是关于语言本身传递信息的情况的，那么这个语词的这一用法就是它的元语用法（沈家煊，2009）。以上讨论的"总"，主要传递言者对"总"所在小句所表达的命题的看法，从真假的角度看，这个命题可能成立也可能不成立，但言者要表达自己认为是成立或不成立的观点，所以也是元语用法。如：

(27) 有人会说："东西没有好坏，人总不能说没有好坏吧？有的人横行霸道，无恶不作；有的人老老实实，与人为善。"

(28) 我虽煞费苦心，自知水平低下，未入围获奖倒也罢了，但一份"精美的纪念品"总不该免吧。

例（27）中，言者用"总"表示对"人有好坏"的看法；例（28）中，言者用"总"表示"有一份精美的纪念品"是"应该"的，"总"表明言者对所在句子命题的看法。

二 "总"的"传信"功能

这一类"总"字句所传达的信息，是推断性的，从客观的角度看，可能成立，也可能不成立，所以是不确定的。而言者使用"总"，则具有

"传信"的功能，即可能客观上未必如此，但言者通过"总"表达自己对这个命题肯定或者否定的确定态度。张成福和余光武（2003）将汉语的传信表达分为四类：现行的（或眼见的）、引证的、推断的和转述的，我们认为"总"属于推断性传信表达。如：

(29) 梅若鸿，你看着我，我是你的仇人，你看清楚了，我烧了你的画，我是那个烧了你二十幅珍贵的好画的汪子默，我们之间有着生生世世化解不了的深仇大恨，<u>你总不会连我也忘了吧</u>？

(30) 父亲说："我不<u>找她聊天干活睡觉</u>，我<u>找她离婚总是可以的吧</u>？"

例（29）中，认为我们有这么大的仇，按理"你不应该忘了我"；例（30）中，"总"后有"是"，但这个"是"不是与"总"组成"总是"（因为不能说＊"总是可以吧"），而是与后面的"的"组成"是……的"，而"是……的"表示强调，所以整个句子表示确信的语气。以上用法中，虽然命题不一定是成立的，但言者用"总"突显自己的态度，具有"传信"功能。

我们关注到，这类"总"字句中，句末经常使用语气词"吧"，张伯江（1997）认为句末的"吧"是"测度性标记"，这似乎与"总"的"确信"功能有矛盾。高增霞（2000）认为"吧"可以用于陈述句和疑问句后用于表示推断，作用主要是"缓和句子的语气"，所以我们认为"吧"在这类句子中主要表示一种语气，这主要是因为"总"字句所传达的命题，是推断性的，也是不完全确定的。用"总"传递了比较强的确信语气，在句子的末尾加上语气词"吧"，可以让语气缓和一些。

三 关于"总"的来源及进一步虚化问题

张伯江（1997）认为，汉语中的传信表达主要有三种：第一，对信息来源的交代；第二，对事实真实性的态度，往往用一些副词来表达；第三，对事件的确信程度，可以用句末语气词表示。张谊生（2005）指出，表频度的副词"总（是）"属于传信范畴，主要表示客观量，它关注的是事件本身的真实性，反映的是"对事实真实性的态度"，属于以上三种情况中的第二种。我们推测本章讨论的"总"可能是从表频度的"总"进一步虚化来的，在此过程中，"总"的"传信"功能也从对事实真实性的态度转为第三种情况，即言者"对事件的确信程度"，所以"总"的功能与语气词相当了。

不过，现代汉语中，"总"有时候主要不表示推理关系，而是突显言者的主观性。如：

（31）有这么一套现代化设备为你这位国王殉葬，总该算是很有排场了吧。

（32）就是现在这点车，城里都是天天堵塞。开车的不免要埋怨："还不如鸡公车开得快！"坐车的也心烦意乱："人没有坐累，心倒累了！"提前两小时去赶飞机，总可以了吧？没想到出门就堵，到机场急得连行李都来不及提了！

例（31）中，虽然从理解上可以找出"一套现代化设备"的对比项，但实际上说话时对比的意味已经很不明显，句子主要表达言者认为"（这）很有排场"这个看法；例（32）中，"提前两小时可以"表达的主要是言者的主观看法。这两个例子中，都没有明显的对比项，"总"的突显功能不再明显，而主要表示言者的主观性了。这类用法的来源，可能与对比项是隐性的用法有关，也值得深入研究下去。

第四节 "总"字句与"连"字句

综上可以知道，"总"字句是基于量级模型的，可以标记焦点，这与表示衍推的"连"字句功能基本相同，但它们也存在着一些对立的特点。

一 隐涵义与衍推义

邓川林（2012）认为"总"字句和"连"字句的"表义机制具有内在一致性"，但我们认为两种句式的推理基础不同，"总"字句传递隐涵义，是一种主观意义；"连"字句是衍推义，是一种逻辑推导义。衍推义是句子固有的、稳定不变的意义，是一种纯逻辑推理义（沈家煊，1999：63），是一种客观意义。它们的推理机制不同，也体现在连用的不对称上面。如：

(33) 你总不至于（连）一顿饭没请我妈吃过就和她结婚了吧？

(34) 这样的家庭总不至于连买皮鞋的钱都没有，还欠着债吧？

例（33）和例（34）中，都是"总"内嵌"连字句"，但"连"字句不能内嵌"总"字句。这是因为"连"字句的推理意义是客观的，"总"字句推理的是主观义。而主观义一般属于句子层面，所以不能进入内嵌小句。

还有一个与之相关的区别在于序位化的方向相反，仍以学生水平为例，学生水平序列为：小学生< 中学生< 大学生，则对于命题"中学生能做这道题"和"中学生不能做这道题"相关的"连"字句和"总"字句的表达为：

衍推　（连）中学生（也）能做→大学生能做

隐涵　中学生能做→小学生（总）不能做

衍推　（连）中学生（都）不能做这道题→小学生不能做

隐涵　中学生不能做这道题→大学生（总）能做

从以上可以看出，"总"字句和"连"字句序位化方向相反。当前提小句"中学生能做"为肯定句，同样的项如"中学生"，在"连"字句中其序位是量级低的项（大学生>中学生），在"总"字句中序位的是量级较高的项（中学生>小学生）。当前提小句为否定句时，情况正好相反。

二　主表小句与语境小句

沈家煊（2001）根据小句与语境的关系，把小句分成主表小句和语境小句两类，主表小句可以脱离语境小句单独说出，而语境小句表达的意思隐藏在上下文或语境中。如：

(35)（连）小车还通不过呢，就别提大车了。（引自沈，2001）

(36)（连）这个字都不认识，亏你还上过大学呢。（引自沈，2001）

以上两例中，主表小句分别是"小车通不过"和"这个字（你）不认识"，它们都是"连"字句，可以脱离语境说出，而语境小句"别提大车""亏你上过大学"须在具体的语境中使用。从"总"的用法看，一般

只能出现在语境小句中,不能用于主表小句。如:

(37) 善良的人们都为喻军捏着一把汗,妻子也禁不住求他:"你平时不顾家,我不怪你。<u>可你总得为我和孩子想想吧</u>。"

(38) 除非是在飞机上,一下飞机,便有无数条工作指令通过设在汽车里的大哥大发往四面八方;<u>公司干部会议必须在下班后开,大家都得撇下家小,随他一起熬夜</u>;<u>没有会议的夜晚总该安定一些吧</u>?

例(37)中,主表小句是"你平时不顾家","你总得为我和孩子想想"是语境小句;例(38)中,主表小句是:"公司干部会议必须在下班后开,大家都得撇下家小,随他一起熬夜",语境小句是"没有会议的夜晚总该安定一些吧"。"总"字句都是语境小句。

"总"字句不能用于主表小句,是由于其所在小句的内容是未经证实的、推测的,在具体的语境中才能明确表达的意思。

三 前景信息和背景信息

Foley 和 Van valin(1984)根据"依附"和"内嵌"两个基本参项,把两个小句之间的关系分为等立、主次、从属三种,表示前景信息的两个小句常常是等立关系,表示背景信息的两个小句则是依附和内嵌小句。"总"字句与相关的小句,可以是等立关系,但主要是主次关系。而在主次关系的两个小句中,"总"所在的小句,一般都是主句,表达前景信息。如:

(39) 张淑仙气得发抖,"做人不讲良心,总得有点良知吧?"而她的话,犹如对牛弹琴。

(40) 龚跃进的脸色渐渐地"正经"起来:"不到家,到镇政府坐坐总是可以的吧。"

(41) 迷信固然可笑,但包含着对文化的敬重,总比"文革"毁书好吧。

(42) 汤阿英不慌不忙地说:"如果历史资料没有,机器总还在吧?没有机器,那就不存在估价的问题了。"

(43) 孔太平说,不看僧面看佛面,昨晚我就亲自来过,无论怎么叫你们都不开门,现在是第二次了,你总该给我们一个准确的信息吧!

例（39）中，两个小句之间是等立关系。例（40）—例（43）中，两个小句之间都是主次关系，其中例（40）是让步关系，例（41）是转折关系，例（42）是假设关系，例（43）可以理解为因果关系。由此可以看出，两个小句之间除让步关系外，还有多种关系，但无论何种关系，"总"所在的小句都是主句。"总"字句不能是次句，是由于"总"是焦点算子，其所关联的信息是言者要表达的重点，是前景信息。

袁毓林（2006）指出，从表达功能看，"连"字句通常表达一种前景信息，但在一定的语境下可以背景化。如：

（44）这件事连他自己的爱人都没告诉，甭说你了。（引自袁，2006）

（45）在老太爷的命令下现在连太太也没有办法了，何况做儿孙的他。（引自袁，2006）

"连"字句可以背景化，主要是因为"连"字句中的命题如"他没告诉自己的爱人""太太没有办法了"是已经确认的事实，有成为背景信息的可能性，但"总"字句中的命题一般是推论性的，是不确定的，不能直接成为命题或看法的背景，所以不能背景化。

另外，从考察的情况看，"连"字句可以被关系化，如"连他都知道的那件事"，但以上讨论的"总"所在的小句都不能被关系化，不能成为内嵌小句，一般不能说＊"他总知道的那件事"。

第五节　小结

本章主要讨论了基于量级的"总"字句用法，"总"标记对比焦点，具有序位化焦点项的作用，其主要显化隐涵义，但言者用"总"表达自己的确信的态度，具有"传信"功能。这类"总"字句与"连"字句有一系列对立的特点。

第十四章

"是吗""是不是"附加问句的篇章功能差异

在现代汉语中,以下句子都表示疑问用法:

(1) 你是张三吗?
(2) "你丈夫在田里,是吗?""他是在那儿,但我说不准具体在哪里。"
(3) "你看见它了,是不是?""是,"我悄声说。
(4) 你是张三,不是吗?

一般都把例(1)看作是非问句,同例(2)(3)(4)的用法看作附加问(邵敬敏,1996)。其中同例(1)的表示疑问,同例(4)的是反问,不表示疑问。对于例(2)(3)中的"是吗""是不是"问句,多数认为可以表示疑问,但有差异,但是在实际的运用中,有时选择用哪一个有点困难,在没有具体语境的情况下,它们似乎可以比较自由的替换。如例(2)(3)可表达如下:

(2') "你丈夫在田里,是不是?""他是在那儿,但我说不准具体在哪里。"
(3') "你看见它了,是吗?""是,"我悄声说。

把例(2)中的"是不是"换成"是吗",例(3)中的"是吗"换成"是不是",似乎都没有问题。

如果从疑问度的角度看,以上4种疑问用法大致分工如下:

表疑	半信半疑	无疑
（不）吗？	是吗？/是不是？	不是吗？

从分布可以看出，半信半疑的有两个选项，这似乎不符合语言经济性的原则。而且它们都有追加在"S 吧"后的用法。如：

（5）"姑妈没生病吧，是吗？""没有，太太。只是有点不舒坦，感谢上帝！"

（6）下楼吃早餐的时候，无意间，在客厅门口她听到妈妈和费海青的几句对白，妈妈在问："海青，假如我猜得不错，这次你回国主要是为了她吧？是吗？""是的！"费海青回答。

（7）"他该没有逃走吧？诺亚，他没溜掉吧，是不是？""不，先生，不，溜是没溜，但他发疯了。"

（8）柏翠纳审视着伯爵说："你看我非常聪明吧？是不是？""可是你怎么知道他的保险箱放那儿？"他问。

例（5）中，前句中有"吧"，后句中用"是吗"；例（6）中，前句句末是"吧"，而且用了问号；例（7）中，前句句末语气词是"吧"，后句用"是不是"；例（8）中前句句末是"吧"，而且用了问号，后面用"是不是"。朱德熙（1982）认为："吧"分两个，"吧$_1$"表示疑问，"吧$_2$"表示祈使。陆俭明（1984）认为"吧"是半个疑问词，表"疑信之间的口气"。由此可见，"吧"的功能似乎与"是吗""是不是"的功能重叠了。而且例（6）、例（8）中的"是吗""是不是"去掉，似乎也可以。同时，我们发现，在具体的语境中选择哪一个，却又是有限制的，所以制约它们使用的，除信疑之外，还有其他因素。

由于这两种附加问都有了话语标记的用法（方梅，2005；李咸菊，2009），本章从 BCC 中各选择 300 例发问者希望获得回答而且有回答的用例，从篇章角度考察它们的差异。对于没有回答或无须回答的相关用法，则不加考察。

第一节 "是吗""是不是"问答句一致性情况考察

邵敬敏（2008）认为，"是不是"的语义倾向是肯定，即发问者希望获得比较肯定的回答；用"是吗"来提问，是就该命题征询对方的看法，疑大于信。但是从统计答句的情况看，结果似乎与发问者的信疑不太一致。以下具体考察答语与问句的一致性比例。S 表示问句陈述的基本内容。

第一，答语与问句一致，答句直接出现"是""嗯"等，即回答者认可问者所说的 S。如：

（9）他沉吟地说："是你送了他一架水车，是吗？""是。"她坦率地回答。

（10）看了管家一眼，鼻子里哼了一声："你也想走，是不是？""是，小人也要回老家了，这是今年的往来账目，……"

例（9）中，回答"是"，表明"她"承认送了他一架水车；例（10），回答"是"，表明自己确实有这个想法。这类用法中，答者给予问者肯定的回答，表明答者的看法与问者一致，或同意问者所表达的意思。

第二，答语与问句相反，答句直接出现"不""不是"等，即答者不认可问者所说的 S。如：

（11）大夫带着一副非常干练而又心满意足的神气说，"不想再睡了，也不感到口渴，是吗？""不，先生，有点渴。"奥立弗答道。

（12）她说："你心里除了父母，就没有别人了，是不是？""不，我心里还有一个人！"他又面红了。

例（11）中，"不"表明对方的判断不完全对，因为实际上"有点渴"；例（12）中，问者觉得听者心里只有父母，但听者认为不是这样。这类用法中，答者用"不""不是"等明确表示不同意问者的话。

第三，实际情况倾向于"是"，但答者却回避直接回答"是"或"不是"。如：

(13)"柯漠,你这是什么样子?你存心让我难堪是吗?""你难不难堪不干我的事,我高兴就好。"

(14) 关丽荷很高兴:"你是答应替我们拍剧了是不是?""在我答复之前,我们是否应该谈一下条件?"

例(13)中,答者"你难不难堪不干我的事"是回避对方的问题,意思你可以这样认为,也可以不这样认为;例(14)中,答者回避答"是"或"不是",而是要先谈谈条件,也可能根据条件再确定"是"或"不是"。这类用法中,虽然 S 的情况可能符合答者的想法,但答者回避回答"是",或者直接同意问者的意见等。

第四,答者不清楚答案或者假装不清楚,不直接回答"是"或"不是"。如:

(15)"你不愿意告诉我是吗?""真的还没有决定。"

(16)"我不能再讲了,陆健,是不是?""不要问我,我不知道。"

例(15)中,答者的意思是自己还没有想好,所以无法回答;例(16)中,虽然事实可能如此,但如果回答"是"在语境中不是很合适,所以只能选假装不知道或不清楚。这类用法中,答者没有直接同意问者的话,有的是不确定,有的是实际上不同意。

以上四种情况,第三和第四种情况都是不直接回答发问者的提问,按照合作原则,不直接回答可以看作是不同意或不完全同意。那么问者所说的 S 与答语一致和不一致的情况可以具体如下。

表 14-1　　"是吗""是不是"问句答问一致性情况统计

统计项目		是吗	占总数比例		是不是	占总数比例	
一致		200	66.7%		86	28.7%	
不一致	相反	68	22.7%	33.3%	118	39.3%	71.3%
	其他	7	2.3%		38	12.7%	
	回避	25	8.3%		58	19.3%	
合计		300	100%		300	100%	

从交际的合作原则来看，发问者对命题的肯定程度越高，答者认可的程度应该也越高，但统计的结果似乎不是这样。"是不是"获得一致性回答的比例只有28.7%，尤其是回避回答的比例高达19.3%；而"是吗"的一致性回答的比例是66.7%，"是不是"远远低于"是吗"的用法。这表明决定选择哪种方式的主要不是问者对S的信疑程度，而是其他因素。

而且，有的时候单独把问答句提取出来，似乎可以自由变换[如上文讨论的例（2）和例（3）]，但在具体语境中，有些似乎又不能换。如：

(17) 田曼芳小心翼翼地问："您不希望他们扳倒黄江北，是吗？"葛会元睁大了双眼说："田曼芳，江北这个人有他让人讨厌的地方，但是他不贪。他如一轮朗朗清月，心可鉴照天地。纵观古今中外几千年历史，当官的不贪，这实在是一个国家一个民族所能寄托的最后一点希望啊……"

(18) 不待我明白过来，康生又说："你支持某派，出了许多坏点子，是不是？"

"我没有出坏点子。"

"你敢写条子吗？"康生问。

这有什么不敢，当着康生的面，我写下了"我没有支持某派的错误行动和错误言论"。

例（17）中，"是吗"似乎不能换成"是不是"，因为前面有"小心翼翼"，换过以后感觉语气不对；而例（18）中，如果把"是不是"换成"是吗"，康生逼问"我"的蛮横态度描写就没有到位。基于以上分析，我们认为，决定使用何种疑问方式的不是疑问度，而是篇章功能。

第二节 "是吗""是不是"问句的疑问点和引发功能

在讨论"是吗""是不是"附加问句篇章功能之前，我们先看看这两类问句的疑问点主要是什么。

一 从"是吗""是不是"问句的疑问点看它们与"吗"问句的区别

(一)"是吗"问句的疑问点

第一,事件的真实性。主要有两种情况。

1. S 是有信源的事件。如:

(19)"阿健,听说是你把谜底告诉猫仔,是吗?""是的!""你为何不自己说呢?多露脸哩!""阿猫爱现,就让他去现吧!"

(20)她吞吞吐吐地,并且腼腆地向我笑笑,又改变了话题,"他们说你文化很高,是吗?""也没多高的文化。"我谨慎地回答。

例(19)中,"听说"表明"你把谜底告诉猫仔"这个事件是有消息来源的;例(20)中,"他们说"说明"认为你文化很高"不是自己想象的。这类用法常常出现表示信源的标记词,如"据说、听人说"等。

2. S 是根据某一情况推测的事件。如:

(21)莫雷尔向四周张望了一下,把唐太斯拖到一边,急忙问道:"陛下他好吗?""看上去还不错。""这么说,你见到陛下了,是吗?""我在元帅房间里的时候,他进来了。"

(22)林如月兴味正浓地托腮打量女儿,说出她第一个猜测:"有喜欢的人了是吗?""我不知道自己是怎么了,妈,这种莫名其妙的心绪根本不合理。……"

例(21)中,"这么说"表明"你见到陛下了"是根据"看上去还不错"推测的事实;例(22)中,文中有"说出她第一个猜测",说明问的内容"有喜欢的人了"是问者根据平时观察到的事实推测的结果。

第二,S 是问者推测的看法和想法等。主要有两种情况。

1. S 是问者推测答者的看法和想法等。如:

(23)"开口、闭口就是死!你是真的很想让我归西是吗?""那是你说的。""你这个不孝孙女!""你不是病危吗?""我不叫鼎钧这么 call 你,你会回来吗?玩得都忘记时间了。"

(24)"怎样,我不听你解释,就再叫兄弟们抓我是吗?""你别发火,"诗圣道,"不是这样请不动你。"

上两例中,S是在一定事实基础上进行的推断,例(23)中有"真的很想";例(24)是一个假设复句,不仅句中有"怎样",还可以在"我不听你解释"前加"如果"。这类用法,如果是非假设句,前面常常可以"看来、你是说"等,如例(23)可以说"看来你是真的很想让我归西"。

2. S是问者对其他情况的推测。如:

(25)"你有化解之方,却办不到,是吗?""是的!本帮的'水火大法'配合极阴极阳之物,必可救他!"

(26)"人疲倦了,总想找个宽阔的肩靠一靠,是吗?""我才刚开始,哪有这么容易倦?"

例(25)中,猜测的是有没有解决办法的情况,可以说"我猜(感觉)你有化解之法,却办不到";例(26)中,也可以说"我觉得(认为)人疲倦了(会怎么样)"。这类用法是对情况的一种猜测。

(二)"是不是"问句的疑问点

第一,关于事件的真实性。主要有两种情况。

1. S是一个已经发生的事件。如:

(27)"你有一个委托人,曾委托你向云氏兄弟的企业机构,作出一件设计,是不是?""是……的。""那委托人是谁?""小姐,那是我的业务秘密!"裴隆的声音突然庄严。

(28)那老不死突然问道:"听说笑尘老道也送来了是不是?""是——"姚休命笑道:"正和云奔日的戚属同关在地下密室之中——"

例(27)中,"曾"说明这是一个事件;例(28)"笑尘老道也送来了"也是听说的一个事件。与"是吗"问句不同,在"是不是"问句中,较少出现如例(28)中的"听说""据说"等,在我们统计的例句中,只出现 3 例。

2. S 是一个推测的事件。如：

（29）"娘！今天我跟爹爹去，你也一起去，是不是？""不是的！我昨晚都跟你说清楚了，不是吗？你跟爹爹去！我还要留在罗家做少奶奶呀！"

（30）"和素心吵架了，吵得很厉害，你们闹翻了，是不是？""吵闹难免的，不过没有那么严重。"尤烈不想祖父担心，因为，那不是尤爷爷能力所能及。

例（29）中，"去"的动作行为还没有发出，所以这是问者推测的事件；例（30）中，是祖父根据情况推测的情况，因为他发现一些不正常的现象："那天，你怎会在她家附近晕倒在地上？那晚狂风暴雨！""你生病她为什么不来看你？"

第二，根据相关情况推测相关看法。主要有两种情况。

1. S 是推测答者的看法或想法。如：

（31）"你要去中东？"雷咏心一脸不赞成。毕海蓝早就料到咏心会反对，马上就说："你想说中东不安全，最好改去别的地方玩。是不是？""嗯。"雷咏心老实地点点头。"别傻了，我就是喜欢沙漠风光才特地挑中东的，连大学读的都是阿拉伯语文学系，你想我会改变主意吗？"

（32）"就看不惯人家孤家寡人的是不是？""后悔啦？"若星不服气地抬抬下巴。

例（31）中，毕海蓝根据自己对咏心的了解，推测她可能反对，所以句子中出现了"你想说"；例（32）中，"看不惯人家孤家寡人"也是问者猜测对方的想法。

2. 推测的对其他情况的想法或看法。如：

（33）"这个家并不温暖，是不是？""一个很精致的坟墓，我埋了五年。"

（34）她笑开了脸，抱住寇航祺的脖子娇笑出声。"一切都如你所愿了，是不是？""嗯！他们结婚了，我也就安心了。"

例（33）中，前面一个话轮的内容是："爷爷死了，我觉得我也死了，他帮我办丧事，丧事完了，我就嫁给他了，我觉得都一样，反正，我就好像是死了。"据此问者推测"这个家并不温暖"；例（34）中，根据已知的事实和"笑开了脸"，推测情况是"一切都如你所愿了"。

二 引发功能

从上面分析可以看出，"是吗""是不是"附加问句的疑问点基本相同，从篇章功能看，与"吗"问句的主要功能是寻求答案不同，它们的主要功能是在寻求答句的同时引发后续内容。如：

（35）"据说，栗山重治和您会面时，他说在筑地有个阔老板，是吗？""是的。那又怎么啦？""单凭'筑地'这一点线索，寻找凶犯犹如在大海里捞针，所以请您想想，栗山跟您说过的话中，还有没有值得参考的线索？"

（36）"今年小星已经七岁了，是不是？""下星期就可以过生日，老巫婆……何姊姊说要乖才有蛋糕可以吃。""姊姊要说的故事，是在小星出生之前就开始的，是一个大女生和一个大男生的故事，跟你们平常听的故事不太一样，在这个故事里，公主比王子大了三四岁，而且很勇敢，几乎不需要王子保护，自己一个人就能过得很好。"

例（35）中，"是吗"指向的是"栗山重治和您会面时，他说在筑地有个阔老板"，主要目的不是询问这句话的对错，因为答者"那又怎么啦"说明他也知道问的目的在其他方面，实际上就是要从这句话引出："请您想想，栗山跟您说过的话中，还有没有值得参考的线索？"这样话语的推进就从已知信息到新信息，过程比较自然；例（36）中，"今年小星已经七岁"是问答双方已知的信息，问者问话的目的是引出故事的时间"姊姊要说的故事，是在小星出生之前就开始的"，用问话的方式提供了时间信息。以上两个例句，问话的目的都在于引发后面的内容。而"吗"问句可以有引发功能，也可以没有。

三 疑问度与"是吗""是不是"问句的功能

吕叔湘（1985）谈到了是非问句的焦点如何来确定的问题，认为是非问句一般是对整个命题的疑问，但有时也会集中在某一点，形成一个焦点。"是吗""是不是"附加问句，除非有重音等其他方式，是以整个命题作为疑问点的。由此可以看出，"吗"问句的疑问点可以是焦点成分，也可以是一个命题，而"是吗""是不是"附加问句的疑问点是命题，换句话说，"吗"问句可能有多个疑问点，而本章讨论的附加问句一般只有一个疑问点，所以疑问度要比"吗"问句低。而疑问度低，从一个语言形式承担的功能来说，"是吗""是不是"就可能不足。由于这两类问句的疑问对象是一个命题，那么其功能就与所指向的命题有关，表现在这个命题在话语推进中的作用，凸显其对后续内容的影响，就是引发功能。如果不承担这一功能，用一般的是非问句就可以达到交际目的，而一般问句在表达形式上比附加问句要经济。

第三节 "是吗""是不是"附加问句的语用功能差异

上一节考察了疑问点的情况，S 都是一个命题，而且这个命题与后续句有关，具有引发功能，这是这两类问句与"吗"等是非问句的区别。那么这两类问句之间有什么区别呢？从疑问点角度看，覆盖的范围大致相同，区别仅仅在于有些疑问点类型的分布有所区别，比如 S 中有"听说"等表示信源的"是吗"问句有 28 例，而"是不是"问句只有 3 例；可加言者主语的，"是吗"问句是 56 例，"是不是"问句 112 例，有信源的相对客观性强一些，能加言者主语的主观性强一些。我们推测，"是吗"问句主要是寻求答案并引发下文，而"是不是"问句主要是引发下文，区别在于前者一般是中性、客观的，但后者是有倾向性的、有较强的主观性。

一 "是吗"的主要功能是求证的同时引发后续句

（37）"我上星期回来，<u>听说沙明新被逐出沙家，是吗</u>？""是的！但沙明新和我有什么关系？"姗姗耸一下肩："我又没有被逐！"赵乃康逐渐领她离开那班男孩子："沙明新不是你的男朋友吗?"

（38）"可是,你以前穿过这件衣服的,是吗?""当然。""为什么现在不穿呢?""没有机会,这是晚礼服,赴宴会的时候穿的,知道吗?"方丝萦把那件衣服挂进了橱里。

（39）"好想要是吗?""是啊! 好想送给妈妈啊!"女孩子渴望地说,还是趴在玻璃上。"好贵是吗?""是啊! 我就是省下一辈子的零用钱也买不起哩!"女孩子叹息地道,依旧没有想要瞧瞧是谁在和她说话。

例（37）中,询问"沙明新被逐"是引出问者认为"沙明新是她男朋友",所以以为她也不在这里了；例（38）中,问"你以前穿过这件衣服"是要引出"现在为什么不穿"；例（39）中,有两个"是吗"问句,目的是引出："我送你好吗?"从 S 及其后的内容看,例（37）是负面的事件,因为"被逐"是不光彩的事情；例（38）是中性的,就是想了解为什么；例（39）对答者来说是有利的事情,因为问者打算送给答者。所以从积极、消极等方面看,"是吗"问句没有什么倾向性。

二 "是不是"的主要功能是表达主观性

"是不是"的功能主要不是求证,而是表达问者的主观性,主要有以下几种情况。

第一,问者觉得 S 表达的意思是消极的或具有轻反驳的意味。

1. S 本身的意思是消极或负面的。如：

（40）"婆婆跟你说了那么久,她好烦,是不是?""不是,婆婆很慈祥。"

（41）"来得很多余,是不是?""你带了火药味来了!"她说,让他走进客厅。

（42）阿珍挑起一双眉毛,在放电："你欠揍了是不是?""不是不是。"花衫飞慌忙摇手："好大姐,我们没惹你,不过,打我们打不过你,你够不够胆跟我们比喝酒?"

例（40）中,"好烦"是负面的感觉；例（41）中,"你带了火药味来了"在正常的交流中，也是非正常状况；例（42）中，"你欠揍了"是威胁性的语言。

2. S在具体语境中是消极的或具有反驳义。如：

（43）"你不要吓唬妈，你有病，怎能上课？<u>又是彩虹的意思</u>，是不是？""不是，彩虹还不知道我的决定，但是明天会和她一起上课，我还要接她下课。"

（44）"后来进入少年时代了，天天要恶补升初中，我的日子忽然黯淡下来了，以后就没好过——"我又叹了口气，一路拉着床罩上脱线的地方。"可是，<u>我们的童年总是不错</u>，你说是不是？""十分满意。"

例（43）中，"又是彩虹的意思"在中性的语境中一般没有消极的意思，但是在例子所在的语境中，问答双方都知道问者不喜欢彩虹，所以这句话在这里有责备的意思；例（44）中，"我们的童年总是不错"在一般的语境中是积极的，但在这个句子中，是对前面意思的轻反驳，表示不是都不好，还是有不错的童年的。这句话前面的意思是消极的，但"是不是"指向的句子是积极的。如果前面是消极的意思，"是不是"问句也可以表达积极的方面。如：

（45）"你想孩子们会不会也感染霍乱了？如果她们也感染了，我们应该早就得到消息，是不是？""是的。她们都很健康。"她说，很快地祈祷自己是对的。

例（45）中，背景信息是担心孩子是不是感染了，"是不是"前面的句子表达的意思是如果感染了，我们应该得到消息，而现在没有得到消息，说明没有问题，实际上是证明前面的担心应该不存在。

3. S引发的后续句是消极的。如：

（46）"他的房地产生意做得很大，是不是？""他在纽约做房地产，"护士说，"还有六七个其他企业，所以在市政厅和州府很有势力。""可他女儿最需要他的时候他在哪儿？"

(47)"您刚才说我们在船上可以自由,是不是?""完全自由。""我要问您,您所说的是怎样的自由?""就是往来行动、耳闻目见的自由,甚至于有观察船上、一切的自由——某些特殊情况除外——就是跟我们(我的同伴和我)享有同样的自由。"显然的,我们彼此都没有领会对方的意思。

例(46)中,S 的内容是"他的房地产生意做得很大",想引出的句子实际上是"他女儿最需要他的时候他在哪儿",这个句子是消极的,意思是虽然生意很大,但是在女儿需要的时候没有给予帮助;例(47)中,问者问这句话的意思是答者并没有给他们所说的"自由"。

第二,问者凸显 S 在话语推进中的作用。如:

(48)"圆圆,什么贴心话我都跟你说,你也一样,是不是?""听起来,你有些事情想问我?"商婷看得出来以萌迫切需要这些答案。以萌点点头。"你对他的看法如何?"

(49)"玫瑰,大哥一向待你好,是不是?""别采取怀柔政策了,大哥,什么事?""不要再见周士辉这个人。"

例(48)中,"是不是"指向"你也一样",很明显,以萌问话的目的主要不是让对方认同如自己一样,而是希望商婷能够如实说出贴心话——对"他"的看法;例(49)中,问话的目的不在于确认"大哥是不是待你好",而是要说出自己对对方的要求,而且希望对方能听自己的。所以在有的用法中,这种用法会影响话语的推进。如:

(50)"我们曾经有过一段很美丽的时光,是不是?""唔,"我模糊地应了一声,不太了解他这句话的用意。

例(50)中,问话的目的显然不在于确认事实,而是从这句话引出相关内容,但是听者不能确认对方会说什么,所以只能模糊地应一声。

第三,表达一种不可置信的强烈语气。如:

(51)他瞪大眼睛盯着我:"求求你快告诉我,白铃她还活着是不是？""她看到你杀了白铃，并将她的脑袋烤熟。"

（52）"你还记得真空容器上那个病人的名字吗？""不记得了。只记得那个家伙不是艾滋病。我当时只怕那个，所以看了一下他的诊断。""是什么呢？""没有注明。不过要是艾滋病的话通常总会注明的。我没染上艾滋，是不是？""不错，艾伦。你没得艾滋。"玛丽莎说。"谢天谢地。"艾伦说。

例（51）中，"他"知道的信息是"白铃"已经死了，但"我"告诉他有人看到"她"，所以"他"瞪大眼睛希望我告诉他"白铃还活着"，这里"是不是"表示的是不可置信的语气；例（52）中，艾伦怀疑自己是不是被传染了艾滋病，通过确认一系列的事实之后，发现没有，自己觉得难以置信，用"是不是"表示这种强烈的语气。

第四，表示嘲讽、不满意等语气。如：

（53）他彻彻底底地打量这名女子，他嘲讽道："我想，你一定是富豪贵族的女儿，是不是？""你有一股特殊的气质，那只有豪门千金才会有。……"

（54）"所以你得结婚生孩子。这话也不难出口，是不是？""如果珍视自己的自由的话，这话很难出口。"

例（53）中，问句是用"嘲讽"的语气说的，这句如果用"是吗"就失去了这个意味；例（54）中，因为希望对方结婚，但对方并不接受，所以用"是不是"表达自己不满意的意思。

二 "是吗"和"是不是"的 S 的主语是第一人称的用法

在这两类问句的 S 中，都有第一人称单数"我"做主语的。如：

（55）"<u>我应该被你迷倒，告诉你所有的军事机密</u>是吗？""他把我留下来，是因为他一时慌张了。……"

（56）"你到底怎么发现我的住处的？""我们在中缅因州有一位特约记者。他说虽然你从公共场合消失了，但你可能跟你父亲住在一起。""啊，<u>我真应该感谢他</u>，是吗？""是的，"迪斯轻松地说，"当你听完整个交易之后，我打赌你会这么想的。我可以说了吗？"

（57）想来他是了解自己的。"<u>我又犯了这毛病，是不是？</u>""可以这么说——江浪，我们顺其自然，好不好？谁也不必勉强谁！""当然好，"江浪拍拍她的手，"别以为我不明白，感情的事不能勉强！"

（58）她忧愁地摸摸自己的脸颊："<u>我又长大了，是不是？</u>""你愈来愈美丽。""不，美丽曾经害死我。"

这类用法中，虽然 S 的主语是"我"，但是其表达的意思是"你认为我应该如何"，如例（55）中，实际上说的是听者是这样想的，这句话有讽刺的意味；例（56）中，问者史密斯先生对对方找到自己很不满，所以"我真应该感谢他"是反话，明显说的是对方的想法。例（57）中，"我又犯了这毛病"是自己的想法，寻求对方的认可，看自己的想法是否正确；例（58）不是想法，而是事实，但是很明显，句中的"她"不想长大。在 S 的主语是第一人称的用法中，都表达负面的或者问者不认可的一种情况。

三　疑问度与功能差异

"是吗"与"是不是"问句在语用功能上存在着差异，已与两者的疑问度有关，前面已经提到选择项越多，答句能提供的信息也越多，"是吗"的答句，不仅可以有肯定和否定的回答，还可以有某种程度上的确认，而"是不是"问句，一般情况下只有"是"或"不是"两个回答，所以从信息量角度看，"是吗"问句的答句比"是不是"问句的答句的选项要多，提供的信息比"是不是"问句要大。前文中已经提到，这两种疑问方式都是属于半信半疑区间的，从语言经济性角度出发，两者必须有所分工，"是吗"问句疑问度相对较高，就主要承担了"问"（寻求确认）的功能，"是不是"疑问度相对较低，其承担"问"的功能减少，在承担问的功能同时表达问者主观性的功能。上面所提到的"是不是"的主观性表现虽然是不同方面的，但是"是不是"在表达中都具有提升 S 凸显度的功能，也就是后续的相关内容必须与 S 相关，相关度不强的，除非有其他意图，可以选择"是吗"作为表达形式。

第四节 "是吗""是不是"的功能与"话语标记"的功能

一 话语标记"是吗""是不是"

前面提到,在现代汉语中,"是吗""是不是"都已经产生了话语标记的用法。如:

(59)天冷了大家都不结婚了是吗,所以我很闲啊。
(60)你们要吵一边去吵,不要在周曦的微博上吵!回复竟然骂我,想找死是吗,我成全你。
(61)翼云摸摸映菊的头老成地说:"小胖妞,你不懂是不是,以后等你有男朋友后就懂了。"
(62)"你到欧亚去见了那个叫施鸿展的人是不是,丧国辱邦地拿到一笔芝麻绿豆生意尚洋洋得意是不是!"

例(59)(60)中的"是吗"都不表示疑问,如果去掉,不影响句子的连贯性;例(61)(62)中"是不是"也可以去掉,所以以上句子中的"是吗""是不是"都不是寻求答案的,具有话语标记的功能。其中"是吗"具有背景化功能。关于"是不是",方梅(2005)认为部分常与负面评价共现,我们认为它们的功能与上一节讨论的用法有关。

二 答句的省略与话语标记"是吗""是不是"的形成

在现代汉语中,常常有下列的用法。如:

(63)"偷偷摸摸很有味儿,是吗?""是。""那你再偷偷地去找机会呀!"
(64)"唉,你说你爸妈要很晚才会回来是吗?""嗯。""那你晚上吃什么?"
(65)"听说你还有几个结拜兄弟,是不是?""是。""他们是桃花社的'七道旋风'?"

(66)"你一直知道的,是不是?""是。""但是你没有说,为什么不告诉我?"

以上例句中,都有与 S 一致性的回答,我们发现,如果去掉答句,前后句仍是连贯的。如:

(63')"偷偷摸摸很有味儿,是吗?那你再偷偷地去找机会呀!"

(64')"唉,你说你爸妈要很晚才会回来是吗?那你晚上吃什么?"

(65')"听说你还有几个结拜兄弟,是不是?他们是桃花社的'七道旋风'?"

(66')"你一直知道的,是不是?但是你没有说,为什么不告诉我?"

由此可见,话语标记的用法可能或部分可能来自上一节讨论的用法,由于在具体的语境中,问者不等或者不需要答者的回答就直接说出了后续的句子,但"是吗""是不是"仍然或部分保留了半信半疑时的功能,所以话语标记的功能差异来自于两种附加问句的差异。

第五节　小结

本章首先考察了"是吗""是不是"问句答句与其 S 的一致性情况,发现"是不是"的一致性远远低于"是吗"的一致性,说明其主要差异不在于疑问度,而在于篇章功能,两者疑问点和引发功能大体一致,差异是"是吗"倾向于客观的寻求答案,"是不是"主要表达言者的主观性,比如消极义或反驳义、凸显义、强烈的语气等。

第十五章

汉语祈使表达句礼貌度及影响因素[*]

在交际过程中，如何恰当地表示礼貌是非常重要的一个方面。关于礼貌的研究也一直是语言研究的热点之一。在西方，自 Grice（1975）提出合作原则（cooperative principle）以来，研究语言礼貌问题的成果不断出现，学者们找出了许多礼貌语言的结构形式，也归纳出了一些基本原则，提出了相关理论。在中国也同样如此，如顾曰国（1992）、徐盛桓（1992）等讨论了礼貌原则问题，卫志强（1994）等讨论了称呼语的语用功能等，还有一些学者研究了具体的词语如"请""您""劳驾"等的礼貌表达用法。不过，总体来说，汉语礼貌的研究主要集中在礼貌原则，礼貌的称呼、特定的词语等方面。

本章将主要考察祈使表达句中礼貌度的影响因素，并探讨存在着礼貌度差异的原因。

第一节 "利己祈使"与礼貌表达

一 关于"祈使表达句"

在现代汉语中，经常可以看到以下句子：

（1）你去看看他们来没来？
（2）你们说他应该不应该？
（3）你说他是不是该罚？

---

[*] 本章主要内容发表于《对外汉语研究》2017年第16期。

对于这类表达，吕叔湘（1982）认为："按形式说是命令句……包含问句。可是就他们的作用而论，仍然是询问性质。"朱德熙（1982）称之为"疑问句采取祈使句形式"；文炼（1982）认为句子的内层结构是疑问句，外层结构含有祈使意义。所以虽然它们形式上是问句，但都具有祈使义。

从表达的功能出发，我们可以把所有具有祈使功能的句子叫作祈使表达句，这类句子主要表示言者在具体的语境中请求、建议或命令听者做或不做什么事。以上包含祈使义的问句形式，也属于祈使表达句。祈使表达句不同于祈使句，因为祈使句是依照语气对句子进行的分类，一般是直接要求听者或别的人做某件事或不做某件事，如："快走""别过来""请多指教"等，后面常用句号或感叹号。而祈使表达句是从功能角度所做的分类，可以是祈使句，也可以是疑问形式、陈述形式；可以是直接祈使，也可以是间接祈使。如：

（4）医生来到，金三爷急扯白脸的教李四爷回家："四爷！<u>你一定得回家歇歇去</u>！这全有我呢！走！你要不走，我是狗日的！"
（5）临别，王弘之说："<u>陈老先生能否赐墨宝给我</u>？""好啊！"陈立夫爽快地一挥手，"你住在什么地方，留个地址吧。"

例（4）中，"你一定得回家歇歇去！"是用祈使句的方式表示请求；例（5）中，"陈老先生能否赐墨宝给我？"是用疑问句的形式表示请求，前者是直接祈使，后者是间接祈使。这两个句子都是祈使表达句。

二 "利己祈使"与"利他祈使"

Leech（1983）指出，在确定某种言语行为是命令，或请求，或劝告，或主动帮忙时，有四种因素必须考虑，其中之一是要看对谁有利，对谁无利，对言者有利，对听者无利，这是命令；而对听者有利，虽然也是祈使句，但决不是命令。所以从受益的角度看，相对于言者和听者，祈使的内容可以有两种情况：（1）对言者或与言者相关的人有利，我们称之为"利己祈使"；（2）对听者或其他什么人有利，我们称之为"利他祈使"。如：

(6) 王映霞早就知道陈立夫是一位书法家，告辞时对他说："陈先生，请您赐我一点墨宝，留个纪念吧。"

"行呵，我今晚就为您写吧。"陈立夫边答应边送王映霞母女出客厅。

(7) 瑞宣觉得很难以为情，只好满脸赔笑的说："他是真着急！大夫，请过来看看吧！"大夫向外面瞪了一眼，无可如何的把钱先生身上盖着的夹袍拉开，像看一件丝毫无意购买的东西似的，随便地看了看。

(8) 金三爷给了小崔个命令："你回家睡觉去吧！有什么事，咱们明天再说！"

例(6)中，"陈立夫"是一位书法家，"赐我一点墨宝"是对言者王映霞有利的，是"利己祈使"；例(7)中，钱先生是与瑞宣关系密切的人，大夫给钱先生看病，也属于"利己祈使"；例(8)中，"你回家睡觉去吧"是对听者"小崔"有利的，属于"利他祈使"。

三 "利己祈使"更关注礼貌表达

在"利己祈使"时，由于言者要求他人做"利己"的事情，所以一般情况下会更注意选择一种礼貌的表达方式。如：

(9) 喝完了酒，老人告诉瑞宣："你回家吧，我替你请半天假。下午四五点钟，我来看你，给老人们压惊！要是不麻烦的话，你给我预备点饺子好不好？"瑞宣点了头。

例(9)中，有两个祈使表达句，第一个是"你回家吧"，这是一个"利他祈使"，用了一个简单的祈使句，第二个祈使表达句是"你给我预备点饺子好不好？"，这是一个"利己表达"，后面一个祈使表达句的礼貌程度明显高于前面一个。

在"利己祈使"句中，言者为达成自己的目的，会更注重礼貌的表达，所以对"利己祈使"句的礼貌度影响因素的研究有利于深入了解汉语的礼貌表达问题。

第二节　祈使表达句中礼貌度影响因素

礼貌度，是指表达过程中言者对听者的礼貌程度，影响汉语祈使表达句礼貌度的因素很多，比如称呼、敬辞等，本章讨论两个方面：一是祈使表达句内的因素，主要是祈使语气的强度与礼貌度的关系；二是祈使表达句外的因素，主要是祈使表达句外的释因性话语的有无与礼貌度的关系。

一　祈使表达句内的影响因素

在祈使表达过程中，影响礼貌的句内因素比较多，以下主要讨论影响祈使语气强度的几个因素。一般来说，祈使语气强度越大，礼貌度越低，反之则礼貌度越高。

（一）祈使语气强度与礼貌度

第一，语气词有无与礼貌度。通常情况下，在祈使表达句中，使用语气词的比不使用语气词的祈使强度要小一些，相对礼貌度就高一些。如：

（10）几条黑影围住了他，几个枪口都贴在他身上。一个手电筒忽然照在他的脸上，使他闭了一会儿眼。枪口戳了戳他的肋骨，紧跟着一声："别出声，走！"

（11）金三爷处置这点事是很有把握的。一手提着药箱，一手捏住大夫的脖子："走！"这样，他一直把大夫送到门外。

（12）上了龙船，武宗还觉得头晕。"走啊，捉鱼去，翻了船，洗个浴，那才痛快。"楚玉逗武宗道。

（13）知觉说完了话，便来挽知圆的手，说声："走吧！"知圆没了法子，只得和他一同告别。

例（10）和例（11）中，祈使表达都是"走"，这两个表达，一个是当兵的对老百姓，一个是金三爷对不太识相的大夫说的，都有强迫的意味，均没有使用语气词，属于礼貌度很低的；例（12）中，"走啊"使用了语气词"啊"，是楚玉逗武宗的，没有不礼貌的意味；例（13）中，"走吧！"是知觉希望知圆跟他一起走，使用了语气词"吧"，是比较礼貌的表达。使用语气词的祈使语气强度相对小一些，在礼貌度上高于未使用语气词的。

第二，语气词和句式与礼貌度。在表达过程中，语气词和句式的不同有时会影响祈使语气的强度。如：

（14）只见几名番女拥进殿前，叫声："太师爷，不好了！公主娘娘被罗通杀死。<u>还不走啊</u>！"屠封丞相听见，魂飞魄散，大放悲声。

（15）"小顺儿的妈！"老人的眼还看着孙子，而向孙媳说："<u>你倒是先给他打点水，泡点茶呀</u>！"

（16）弓兵见了小孩子，便拉到我身边道："<u>叫大哥啊！请安啊</u>！"

（17）祁老者在院中叫瑞全："瑞全，好孩子，<u>把洋书什么的都烧了吧</u>！都是好贵买来的，可是咱们能留着它们惹祸吗？"

（18）拉车的小崔，赤着背出来进去的乱晃。今天没法出车，而家里没有一粒米。晃了几次，他凑到李老夫妇的跟前："四奶奶！<u>您还得行行好哇</u>！"

李四爷没有抬头，还看着地上的绿虫儿。李四妈，不像平日那么哇啦哇啦的，用低微的声音回答："待一会儿，我给你送二斤杂合面儿去！"

例（14）—例（18），祈使语气强度依次越来越弱，相对礼貌程度越来越高。例（14）中，"还不走啊！"是"快走"的意思，带有责备意味的语气，礼貌度比较低；例（15）中，"你倒是先给他打点水，泡点茶呀！"是略带责备的口气说的，但责备的语气比较弱，礼貌度比例（14）的表达要高；例（16）中，"叫大哥啊！请安啊！"是弓兵提醒小孩子该做什么事，没有不礼貌的意味；例（17）中，"把洋书什么的都烧了吧！"是祁老者都觉得有点不好意思说出来的，祈使语气强度较弱，带了礼貌的语气；例（18）中，"您还得行行好哇！"是请求的语气，祈使语气强度很弱，礼貌度很高。以上几例分别用了"啊、呀、吧、哇"，祈使语气越来越弱。例（14）和例（16）都用了语气词"啊"，但语气强度不同，是句式有区别，前者是否定式，后者是肯定式。

（二）疑问度与礼貌度

上面提到，有的时候会用疑问句的形式表达祈使，用疑问形式表达祈使时，其祈使强度一般比肯定形式要弱，礼貌度要高。如：

(19) 于是，老人家有意试探一下王少艾，道："伢子，我儿子在上海当大官，离你老家江苏很近，<u>你跟我们一起去吧</u>？"

(20) 幸而，老少刚一出门，遇上了小崔。瑞宣实在不愿再走一趟，于是把老人和孩子交给了小崔："崔爷，<u>你拉爷爷去好不好</u>？上铺子。越慢走越好！小顺儿，妞子，你们好好的坐着，不准乱闹！崔爷，要没有别的买卖，就再拉他们回来。"

(21) 小崔回来了，在窗外叫："<u>四奶奶还不吃饭去吗</u>？天可真不早啦！"

"你去和孙七吃，别等我！"

(22) 小顺儿的妈正在东屋里作事，两手又湿又红，用手背抹着脑门上的汗，在屋门里往外探了探头。院中大家的谈话，她没有听清楚，可是直觉地感到有点不对。见丈夫往北屋走，她问了声："<u>有晾凉了的绿豆汤，喝不喝</u>？"她的语气满含着歉意，倒好像是她自己作了什么。

(23) 金三无话可答。他只想抽自己的嘴巴，可他的胳臂沉得举不起来。呆呆的，他坐了好一阵，然后问道："<u>您能给打听打听吗</u>？"

用疑问句表达祈使时，内部也有差异，大体上是疑问度越高，祈使语气强度越弱，礼貌度也越高。根据徐盛桓（1999），不同的疑问句，疑问度不同，其关系大体如下：末尾为"吧"的问句<叠加问句<否定是非问句<肯定是非问句/正反问句。例（19）中，语气词用的是"吧"，疑问度较低，是老人家对小孩说的，礼貌度不高；例（20）中，"你拉爷爷去好不好？"是叠加问句，是瑞宣对小崔说的，他们很熟，而且小崔是拉车的，所以无须用礼貌度很高的祈使表达；例（21）中，"四奶奶还不吃饭去吗？"是否定是非问句，因为是对长辈说话，用了比较礼貌的方式；例（22）中，"小顺儿的妈"觉得事情不对头，希望用问话的方式缓解一下，所以用正反问句；例（23）中，是金三求别人帮忙，用了肯定是非问句，后两例是礼貌度比较高的。

（三）直接度与礼貌度

在交际过程中，言者通过话语行为取得了话语本身之外的效果，这就是间接言语行为。Searle（1975）指出，间接言语行为是"通过施行一个言外行为间接地施行了另一个言外行为"。顾曰国（1994）认为："所谓间接言语行为即通过做某一施事行为来做另一施事行为。"在祈使表达时，有的是用祈使句表达，即直接表达的；有的则用疑问或陈述等表达，即间接表达的，我们把祈使的直接程度叫作直接度。Kamio（1997：24）指出，与直接形式相比，间接形式可用来达到礼貌效果。祈使的直接度也与礼貌相关，直接度越高，礼貌度越低，反之礼貌度越高。如：

（24）这时候，天佑太太在屋里低声地叫瑞宣："老大，<u>你搀我一把儿</u>，我站不起来啦！"

（25）满堂屋的唏嘘抽泣，章老太太哽咽道："懋李，<u>还没喊婆吧？</u>"一双粗糙的老妇人的手拉住了她的纤纤细手："懋李，快起来吧。"

（26）妹妹红着脸说："<u>我还没穿过牛仔裤……</u>"

（27）孩子对爸爸说："<u>我们班同学都有手机了。</u>"

例（24）中，是天佑太太对儿子说的，而且祈使的事情很小，所以无须很礼貌地表达，"你搀我一把儿"是直接祈使；例（25）中，因为沉浸于与儿子见面的情绪中，章老太太提醒她与婆婆打招呼，所以用了直接度低一点的"还没喊婆吧"；例（26）中，"我还没穿过牛仔裤……"实际上是妹妹希望准备给她买衣服的哥哥给她买牛仔裤，但不好意思直接表达，这一个陈述句，主语是第一人称"我"，直接度比较低，比较礼貌；例（27）中，"我们班同学都有手机了。"实际上是孩子希望爸爸给他买手机，但不敢说，这是一个陈述句，主语是第三人称"我们班同学"，这种表达的直接度更低，礼貌度很高。

二　祈使表达句外的影响因素

在发出祈使的同时，在祈使表达句外有时还有解释发出祈使原因的话语，一般情况下，有释因性话语的比没有的礼貌度要高。从释因性话语相对于祈使表达句的位置来看，有两种情况。

（一）释因性词语+祈使表达

（28）在他六岁那年，有一天，父亲给他契起一把小镢头，又给他盘了一根小绳，说："少安，你也大了，应该出去干点活了。跟爸砍柴去吧！"

（29）倒是苏灵扬很坚强，她靠近周扬耳边大声说："温济泽同志很忙，让他走吧！"说了两遍，周扬才反手慢慢松开。

（30）"人心很不安呢！"祁老人慢慢地立起来："小顺儿的妈，把顶大门的破缸预备好！"

这类用法中，先有说明发出祈使原因的话语，后出现祈使表达句。例（28）中，"你也大了，应该出去干点活了"是发出"跟爸砍柴去吧"的原因；例（29）中，"温济泽同志很忙"是"让他走吧"的原因；例（30）中，"人心很不安呢"是发出"把顶大门的破缸预备好"的原因。这几个例子中，如果释因性话语不出现，其礼貌度比现有的表达要低。

（二）祈使表达+释因性词语

（31）这一程子，长顺闷得慌极了！外婆既不许他出去转街，又不准他在家里开开留声机。每逢他刚要把机器打开，外婆就说："别出声儿呀，长顺，教小日本儿，听见还了得！"

（32）小文一向不慌不忙，现在他小跑着跑出去。他先去看李四爷在家没有。在家。"四大爷，快到祁家去！天佑掌柜过去了！"李四爷瞪了晓荷一眼，气得没说出话来。

这类用法中，先出现祈使表达句，后追补释因性话语。例（31）中，祈使表达句是"别出声儿呀"，原因是"教小日本儿听见还了得"；例（32）中，"快到祁家去"是因为"天佑掌柜过去了"。以上两例中，追补释因性的话语，比不追补的礼貌度要高，这也可以从下例进一步证明。如：

（33）"大哥！你回去吧！"老三低着头说。见哥哥不动，他又补了一句:"大哥,你在这里我心慌!"
"老三!"瑞宣握住弟弟的手。"到处留神哪!"说完,他极快地跑回家去。

例(33)中,老三先是发出祈使表达"你回去吧",但哥哥不动,他就追补了发出祈使的原因"你在这里我心慌",哥哥听后就回家了。这个例子说明追补原因的礼貌度确实高一些。

不过以上两种用法也略有区别,多数情况下,释因性话语在前的比在后的礼貌度要高一些,因为一般看来,祈使表达句在前的直接程度要高一些。

三 综合表达与礼貌度

有的时候,在实际表达过程中,可能存在着几种因素同时影响礼貌度的情况。如:

(34)野求先生的头低得不能再低,用袖子擦了擦嘴。愣了半天。他的最灵巧的薄嘴唇开始颤动。最后,他的汗和话一齐出来:"祁先生!"他还低着头,眼珠刚往上一翻便赶紧落下去。"祁先生!唉——"他长叹了一口气。"你,你,有一块钱没有?我得带回五斤杂合面去!八个孩子!唉——"
瑞宣很快地摸出五块一张的票子来,塞在野求的手里。他没说什么,因为找不到恰当的话。

例(34)中,野求先生使用了疑问方式"有一块钱没有",间接祈使"我得带回五斤杂合面去",追加释因性话语"八个孩子"。野求发出这个祈使表达非常艰难,所以选择礼貌度很高的表达方式,他也达到了自己的效果,因为瑞宣不仅马上答应了他,而且给了五块钱。

第三节 信息量与礼貌度

一 言者希望获取的信息量与礼貌度

以上所讨论的影响礼貌度的因素，与信息量有关。Leech（1983）提出的影响礼貌度的四个要素，其中的两个是：一要看给听者多少选择权；二要看言语行为的间接程度。

对于这两条，可以从信息量的角度给予解释。从言语行为的角度看，祈使句不同于一般的直接传递信息的表达，它是需要听者回应的，相对于祈使的语气强度，听者的回应对于言者来说信息量是不一样的：听者选择权小的，其回应信息量就小，反之则大；直接祈使的回应信息量就小，反之则大。

祈使表达句的礼貌度，与信息量的大小有关，可以从是非疑问句进一步证明。张伯江（1997）提出，疑问域的不同反映了期待信息量的不同，具体地说，就是疑问域小的问句所需要的答案信息量小，疑问域大的问句所需要的答案信息量大。胡建锋（2012）认为，根据问话者的疑问度，可以判断答句提供的信息量，问句疑问度低的，答句提供的信息量就小，反之则大。所以用疑问句表达的祈使，疑问度越高，礼貌度也越高。

非疑问句表达的祈使也是如此，因为礼貌度主要是针对听者说的，言者使用祈使语气强度越弱的表达方式，听者对祈使的内容是否听从的选择性就越大，其回应的内容对言者来说信息量就越大，换句话说就是言者选择不同表达方式以表示自己希望获取信息量的大小，希望获取的信息量越大，对听者来说就越礼貌。如：

（35）丧胆游魂的，他走到小羊圈的口上，街上忽然乱响起来，拉车的都急忙把车拉入胡同里去，铺户都忙着上板子，几个巡警在驱逐行人："<u>别走了！回去！到胡同口里去！</u>"

（36）王弘之怀着崇敬的心情，站起身说："今天幸会，时间不早了，<u>我想与陈老先生拍张照</u>。""好的、好的。"陈立夫微笑着立即起身。

（37）那大背头售货员见她进来，立刻说："下班了！"她只好乞求似地说:"我只买几块手帕,能不能麻烦一下呢?"

例(35)中,"别走了!回去!到胡同口里去!"是巡警的命令,是强制性的,祈使语气很强,行人只能听从,这种方式的言者并不希望在行人那里获得是否听从的信息,所以礼貌度很低;例(36)中,祈使表达句的主语是"我",采用的是间接祈使,语气强度较弱,希望听者能够答应,所以听者答应后,"王弘之马上跨过去扶陈立夫坐下,站于他身后合影",可见听者接受祈使,是有一定的信息量的,这一表达礼貌度较高;例(37)中,"她"是用乞求的语气说的,用的是疑问的形式,说明言者不能确定听者是否答应,所以对方的肯定回答对"她"来说信息量比较大,这是一个礼貌度很高的祈使表达。

直接度与礼貌度的关系也是如此,越直接,希望获取的信息量就越低,越间接,听者需要思考的地方就越多,能提供的信息量就越大。

二 言者提供的信息量与礼貌度

Grice(1975)提出的"合作原则"下有一条数量准则,这个准则内容之一就是:使自己所说的话达到所要求的详尽程度。在祈使表达的时候,因为会尽可能使听者合作,言者在发出祈使的时候,就可能会告知原因,让对方了解为什么要发出这个祈使,这个原因越详细,越充分,提供的信息量就越多,听者就越了解,对听者来说就越礼貌。如:

(38)"不管是谁!我们只知道命令!"矮子的手加了劲,瑞丰的腕子有点疼。

"我是个例外!"瑞丰强硬了一些。"我去见天皇派来的特使!你要不放我,<u>请你们去给我请假</u>!"紧跟着,他又软了些:"老孟,何苦呢,咱们都是朋友!"

(39)高第看出瑞宣夫妇的迟疑,话中加多了央告的成分:"大哥!大嫂!<u>帮我个忙</u>,不用管别人!冬寒时冷的,真教我在槐树底下冻一夜吗?"

例(38)中,瑞丰虽然不开心,但又不愿意得罪对方,所以先说"我去见天皇派来的特使",然后再说"请你们给我去请假",尽可能使自己的表达礼貌一点；例（39）中，为了说服瑞宣夫妇帮她忙，高第在祈使表达句的后面补充了请对方帮忙的原因，表示自己也是迫不得已。

第四节 小结

本章首先界定了什么是祈使表达句，并区分"利我"和"利他"两类，主要从祈使语气强度和释因性话语的有无两个角度考察了礼貌度的影响因素，并从希望获取的信息量大小和提供的信息量大小两个方面解释了为什么上述因素会影响祈使表达句的礼貌度。

第十六章

话语标记"不"的"信息修正"指示功能及其虚化[*]

第一节 话语标记"不"

现代汉语中,"不"常常可以单用,对单用的"不"的解释,《现代汉语八百词》为:"副,单用,用于回答问话'表示与问话意思相反'";《现代汉语词典》则为:"副,单用,做否定性的回答(答话的意思与问题相反)"。所以一般对单用的"不"的解释都包括"副词、用于答句"等,不过单用的"不"也可以用于非答句中。如:

(1) 只见那盛开的花朵,舒展着洁白的花瓣,像在憧憬,又像在沉思。风雨袭来,它是那样的迷茫,又是那样的倔强,仍吐露着自己的芬芳。然而,那花瓣上却<u>有不少雨珠在闪亮</u>(S_1)。不,<u>也许是泪珠</u>(S_2)……

(2) 可是,穷困一直跟踪着他。他捡煤核儿、拾破烂儿、讨饭,很小又进了京剧班。再后来,20多岁说起了相声,在北京的旧天桥打场子——<u>直到1979年告别舞台</u>(S_1)。不,<u>告别了以后还说过相声</u>(S_2)。

对于这种用法,邢福义(1982)、张谊生(2004)、李艳霞(2009)等都关注过,但没有进行专门的研究。我们注意到,与一般的否定副词不同,以上用法中的"不"具有以下几个特点:

---

[*] 本章主要内容发表于《对外汉语研究》2013年第9期。

（1）都不是用于答句中，它们与前面的话语在一个话轮中。

（2）具有篇章衔接功能，"不"将其后的语段（以下简称 S_2，文中用～～标示）和前面的语段（以下简称 S_1，文中用＿＿标示）衔接起来。去掉"不"，原来的语段就不连贯了。

（3）失去了"副词"的修饰功能，不与 S_1 或 S_2 存在结构上的关系，变成了一个独立的单位。上两例中，不能在"不"后补出其他成分，如 *"不（是）雨珠""不（是）1979 年"等，所以"不"失去了副词的特点，变成了一个独立的话语单位。

（4）不影响前后命题的真值条件。"不"的存在与否不影响 S_2 和 S_1 的真假。

依据 Schiffrin（1987），具有衔接功能，句法上具有独立性，不影响命题的真值条件等都是话语标记的特点，所以上例用法中的"不"是话语标记。以下具体讨论这类"不"的指示功能，拟测其虚化路径及篇章功能变化等。

第二节 "不"的"信息修正"指示功能

一 关于"信息修正"

Schegloff 等（1977）提出了"会话修正"的概念。"会话修正"是口语语篇的一个特征，指言者边说边对自己刚说过的话作改动。修正既可以是内容上的，也可以是形式上的，并可在各个层面（包括音素、词素、单词、短语、小句句子或语篇）上进行。会话修正的研究目的在于描写"各种自然发生的交互性语言现象中的结构特征，并把它们作为社会行为加以分析"（Psathas, G., 1995：45）。

"修正"不同于"更正"，"更正"的对象是错误的，而修正的对象可能是错误的，也可能不是错误的，且不仅仅限于表达的形式，还涉及表达的内容，比如从言者向听者传递信息的角度看，有时候传递的是错误信息，有时候传递的信息不够准确，或者言者觉得接收到的信息不准确或不正确，都可能需要修正。如：

（3）"你欺负人家小孩儿了？"妈妈问她。

"没有，我们闹着玩呢。"她笑着说。

（4）"听着特感动，真的真的，特为你难过，真是好人没好报。"

"同情我？"

"不是，就觉得特别不易。一个民愤极大的几乎丧尽天良的人尚且不忘追求，越是艰险越向前，那是一种什么精神？"

例（3）中，听者认为"你欺负人家小孩儿了"，言者用"没有"先否定听者的意思，再用其后的内容来修正听者传递过来的信息；例（4）中，听者认为言者前面说的话是"同情"他，言者通过"不是"以及后面的内容来修正听者的话，表示听话者的理解不正确。以上问答句中，言者分别使用"没有""不是"等作为标记，来修正听者传递的信息，我们把这种对信息进行的修正称作"信息修正"。

二 话语标记"不"的"信息修正"指示功能

董秀芳（2007）指出，话语标记作为话语单位之间的连接成分，常常指示前后话语之间的关系。以下我们具体讨论"不"在话语中的所指示的 S_2 与 S_1 的关系。

据 Schegloff 等（1977），修正启动的形式，有自我启动和他人启动。话语标记"不"指示的修正对象是自己说的 S_1，是自我启动，其指示 S_2 对 S_1 的"信息修正"。

（一）S_2 和 S_1 之间具有话题一致性

话语标记"不"指示 S_2 对 S_1 的信息修正，S_2 与 S_1 在讨论的话题方面具有一致性。如：

（5）但这并不一定就意味着厚的著作就是其中的一桶水，薄的著作只是其中的一滴水。不，著作的价值并不一定和它的厚薄成为正比。

（6）她决不相信为人民立下赫赫战功、一生无私磊落的伯父会是右倾机会主义分子。不，不要说相信，就连想象都无法想象。

例（5）中，S_2 和 S_1 都讨论著作的价值；例（6）中，S_2 和 S_1 都是关

于"对伯父是右倾机会主义分子的看法",所以它们的话题是一致的。

(二)"不"的"信息修正"指示功能

第一,修正的类别。从修正的内容看,S_2对S_1的修正,主要有三个方面。

1. 量度修正

量度修正是指言者认为S_1所陈述的某一方面的量级大小不符合自己的主观看法,用S_2对S_1某一方面的量进行修正。主要有两类:

①增量修正。"增量修正",是指S_2在某一方面比S_1的量要大,如:

(7) 所有这些断章残句都是从爱伦堡的回忆录中摘出来的,可那部书是在巴黎受难后二十年才写成的。它没有陈旧。不,它永远吸引人。

(8) "它太像证据了。不,它就是一张十分有力的证据。"武耀说。

例(7),在对"这些断章残句"的评价的量级大小为:永远吸引人>没有陈旧;例(8)中,对于"它"相对于证据可能性大小为:就是>太像。这类用法中,S_2都表示在某一方面的量超过S_1。

②减量修正。"减量修正",是指S_2在某一方面上比S_1的量要小,如:

(9) 如同顾先生积极批判胡适与胡适划清界限时的情形一样,童先生对《古史辨》和顾先生的批判,也并不意味着他已完全放弃了原有的治学路数。不,至少不完全是这样。

(10) 她用一种平静的口气缓慢地说:"嗯,是他吗?很好的同志!你们什么时候恋爱的呢?"

"没有恋爱过。不,表面上没有恋爱过。但是内心里我知道他是爱我的。因此,几年来我都在等着他。"

例(9)中,在对待原有的治学路数的态度方面:不完全(放弃)<完全(放弃);例(10)中,在是否恋爱过方面:表面上没有<没有。这类用法中,S_2都表示在某一方面的量上低于S_1。

2. 精度修正

"精度修正",是言者认为 S_1 的陈述不够精确,用 S_2 进行修正。如:

(11) 新闻系的同学放大了一张照片,放得老大老大。能有桌面儿这么大!照片上,是咱们校的一个女同学,<u>坐在一名黄山背夫的头顶上</u>。不,你别误会,<u>是背夫背负的竹椅上</u>。

(12) 这小县城的第九个售货亭,今天早上奇迹般地出现在电影院门口的空地上,天蓝色的,漆光锃亮,<u>像一艘漂亮的崭新的小舰艇</u>。不,像一乘古式的花轿。

例(11)中,坐的位置从空间上来说是头以上的位置,但说"坐在头顶上"容易引起误解,所以 S_2 中"背夫背负的竹椅上"表达更加精确;例(12)中,言者认为,"像一艘漂亮的崭新的小舰艇"用来描述不够到位,而"像一乘古式的花轿"更加精确。这类用法,S_1 的表达一般也不错,但 S_2 更加符合言者的意思,是精度修正。

3. 方向修正

所谓"方向修正",是指言者认为 S_1 陈述的内容不正确,S_2 从相反的方向进行修正。如:

(13) <u>这么说作家的生活真是暗无天日了</u>。不,事实恰恰相反,<u>他们艰苦的路途上有着无数的机遇</u>。有才华的作家一旦写出了出色的作品,便大有机会获得文学奖,甚至可以在一夜之间青云直上。

(14) "这些作品都要想办法翻译出版。西方人士总喜欢把这些作品当作是 dissident(不同政见者)写的,<u>把这些作者看成是苏联流亡出来的索尔仁尼琴</u>。不,我们要告诉他们,<u>这些作品都是首先在国内的报刊上发表的,不是什么 dissident 的文学</u>,这就是中国了不起的地方!"

例(13)中,言者认为"作家的生活真是暗无天日"不对,因为"他们艰苦的路途上有着无数的机遇";例(14)中,S_1 陈述的是西方人士总喜欢说这类作品是"流亡者"写的,S_2 表明事实正好相反:它们都是在国内的报刊上发表的。这类用法，S_2用来纠正S_1的错误。

第二，修正的信息来源。与一般答句中的"不"可能否定听者的意思不同，话语标记"不"所指示的"被修正的信息"，可能来自于听者，还可能是言者传递或理解的信息或从第三方接收到的信息。如：

（15）我知道父亲不会去了。母亲走不了，而他只想待在她身边，<u>这是他的责任</u>。不，父亲的忠诚不是出于责任感，而是源于爱。
（16）刚才告诉我，<u>你真正懂得了这句话的重量和意义</u>。不，文敏，你并没有真正地懂得它。
（17）"四人帮"覆灭后，<u>有人说"吴桂贤的党代表是上边指定分配的"</u>。不，吴桂贤被选为出席中国共产党第九次全国代表大会的代表资格，是群众举了几次拳头才选出来的。

例（15）中，"他只想待在她身边，这是他的责任"是"我"的想法；例（16）中，"刚才告诉我"表明"真正懂得了这句话的重量和意义"是听者的意思；例（17）中，"有人说"表示"吴桂贤的党代表是上边指定分配的"这个信息来自第三方。

第三节 话语标记"不"的虚化路径及篇章功能变化

现代汉语中，单用的"不"，既具有话语标记的用法，也保留着副词的功能。在古汉语语料库中，也没有发现话语标记"不"的用法，以下从共时平面拟测其语义虚化的路径及篇章功能的变化。

一 话语标记"不"的虚化路径

沈家煊（2004）指出，"语法化"和"主观化"的单向性具体可以归纳为几个主要方面，其中一个路径为：限定命题内成分→限定整个命题→限定多个命题（篇章）。我们认为，话语标记"不"，来源于是非问句答句中的"不是"。

（一）"不是"用法的变化——从语义否定到语用否定
第一，表示一般否定的"不是"——限定命题内成分。如：

(18)"你住的是我原先住过的那栋楼房?""不是,我住55号,是平房。"

(19)望着夜色笼罩的江面,她问身边的丈夫:"是扬子江?"

"不是,是黄浦江,只是扬子江的一条小小的支流。"郭沫若告诉她说。

以上两例中,"不是"是否定副词"不"+判断词"是",是短语,都用于回答是非问句,"不是"限定其后成分,例(18)中,是"不是你以前住的那栋楼房";例(19)中,是"不是扬子江"。

第二,表示语用否定的"不是"——限定整个命题。有时候,是非问句的疑问对象是一个命题,这时"不是"否定的对象是整个命题。如:

(20)"我?给衬裤当商标?"我瞪大了眼睛。

"不是,不是!他们的意思是,商标的牌子就叫无影人牌,上面再嵌一个你的头像,然后,他们每月给你一大笔钱……"

例(20)中,"不是"指向的是整个命题"我给衬裤当商标"。当这一用法出现在一般的跨话轮用法中时,"不是"也可以表示语用否定。如:

(21)中午亭亭到家就眼泪汪汪的。老师没让她参加纪念雷锋的诗朗诵比赛。"那也值得哭!你念得赶不上别人,哭有什么用?""不是!同学给我鼓掌最热烈!是苏老师向着刘娟娟……"

所谓语用否定,不是否定句子的真值条件,而是否定句子表达命题的方式适合性,即否定语句的适宜条件(沈家煊,1994)。如例(21)中,"不是"指向的是"你念得赶不上别人",这里"不是"不是否定所指向的内容,而是表示在这个具体语境中这样说(或理解)不合适,即:不能参加比赛不是(妈妈说的)这个原因,所以是语用否定。

(二)"是"的隐含与单用的"不"

表示语用否定的"不是"中的"是"有时可以隐含,"不是"变成"不"单用。如:

(22)"我没有告诉你,是我不对——"

"不,是我不对,冒犯了你,真的对不起。"他向我道歉。

(23)"如果你有事,你先走吧!"郑逸之说。

"不,我只是以为你要把洋烛吹熄。"她撒谎。

例(22)中,答句中"不"后可以补出"不是",意思是"不是你不对";例(23)中,"不"也表示"不是我有事,我只是以为你要把洋烛吹熄",所以这里的"不"可以看作"不是"隐含了"是"。"是"可以隐含,可能有两方面原因:

第一,"不是"否定的命题承前省略。如例(22)中的"我不对"、例(23)中的"你有事"。

第二,命题一般用"不是"否定,但否定的内容省略后,主要表示否定义的是"不","是"的语义地位下降,在语音上开始弱化甚至消失,"不是"就变成了"不"。

(三)"不"的引发功能

沈家煊(1993)指出,语用否定都是辩解式否定,在形式上表现为否定之后一般要有一个接续的表示申辩和解释的肯定小句。在表示语用否定的"不"后,有时还出现明确表示言者观点的小句。如:

(24)"他不会来了。"姐姐说,"你不要信人太过,你太幼稚和单纯了!"

"不,他一定会来的。"我坚决地说,但我却听见自己的声音在打颤。

(25)"玉国厂长,来,抽烟!"

"不,我已经戒烟了"。孙玉国抿嘴,做个狠狠的动作。

(26)"你知道的。""不,我不知道。"

例(24)中,"不"表示否定对方的说法"他不会来了",并用"他一定会来的"进行辩解;例(25)中,"我已经戒烟了"解释了为什么"我不接受烟";例(26)中,前面用"不"回答,后面有明确表示观点的"我不知道",本例中出现了两个"不",前一个表示语用否定,后一个表示语义否定,两种用法共存,也说明"不"具有不同的否定功能。

具有语用否定功能的词语后必须有其他小句，所以这类"不"具有引发功能。

（四）"引述性"小句后的"不"——限定多个命题

第一，引述他人的话语——否定义的减弱——篇章衔接功能的产生。沈家煊（1993）指出，语用否定都是引述性否定，即否定一个引述性成分。"不"表示语用否定的功能，除了在跨话轮的用法中可以实现外，在引述性小句后也可以实现。如：

（27）伙计，你以为所有的浪漫与冒险都随基德船长一同消逝了吗？不，不是的。

（28）儿童读者来函之多，使他的出版商哈泼与罗书局不得不印发多年前怀特所写的回谢信，信中有言："你问我的故事是否属实。不，它们都是我所想象的故事，人物与事迹是幻想的。……"

例（27）中，引述的内容是"所有的浪漫与冒险都随基德船长一同消逝了"，后面用"不"表示"不是所有的浪漫与冒险都随基德船长一同消逝了"；例（28）中，引述的是一个问句，这里"不"也表示语用否定，其后的文字"不过真实的生活只是生活的一种。其他有想象中的生活"进一步解释为什么否定引述的内容。这一用法中，言者的观点有一定的倾向性，"不"的否定义开始减弱。语用否定的引发功能使"不"后必须有后续句，用在一个话轮中又使其具有了衔接功能，如果不出现，前后就不连贯了。这种用法中，"不"限定多个命题。

第二，"引述"自己的话语——否定义的消失——话语标记的形成。沈家煊（1993）指出，被否定的引述性成分一般是别人刚说过的话，但也可以是自己刚说出而又觉得不适合的话。如：

（29）我以为红楼梦好似聊斋志异上的"画皮"，外表是个千娇百媚的佳人，揭起那层皮子一看，却是个蓝脸獠牙的恶鬼。不，说恶鬼还抬高了它，应该说只是一个全身溃烂、脓血交流、见之令人格格作呕的癞病患者！

（30）可以肯定，许多年以来，河岸上下十几里内只住着这三个人了。不，起先是有第四个人的，那是小梅的母亲。可是小梅八岁上，母亲去沼泽割草，就死在沼泽深处。

例（29）和例（30）都可以看作引述自己的话。有的时候，在引述他人的话语时，加入言者的观点，也可以看作言者自己的话。当言者在话语中明确表示否定的意义时，其后"不"的否定义完全消失。如：

（31）不要以为只有外国才有对明星的狂热崇拜，也不要以为中国到 80 年代才出现对摇滚、对港台歌星的狂热举止。不，1965 年—1967 年间在全国许多城市出现过几万人、十几万人对《欧阳海之歌》、对金敬迈的狂热。

（32）我们不能同意这些作者把自然科学贬低为只能描述感觉的复合，把我们的思维贬低为只能经济地去适应我们的感觉这样一种没有出息的把戏。不，我们的目标是通过科学理论一级一级无穷的阶梯，去无限接近客观物理世界。

例（31）中有"不要以为"；例（32）中有"我们不能同意"，都明确表示言者否定其引述的内容。由于引述性话语中已有表示否定义的词语，所以"不"的否定义失去，只保留衔接功能和指示前后语段的关系了，也标志着"不"已经完全成为话语标记。

以上过程可以图示如下。

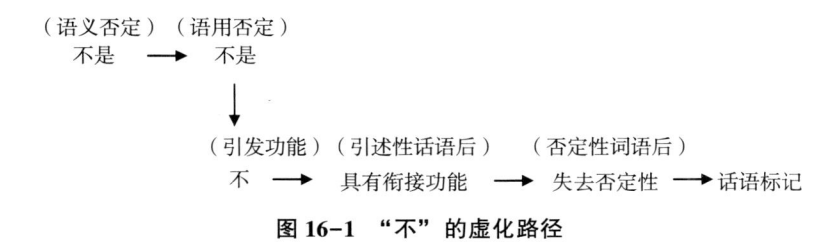

（语义否定）（语用否定）
　不是　→　不是
　　　　　　↓
　　　　（引发功能）（引述性话语后）　（否定性词语后）
　　　　　不　→　具有衔接功能　→　失去否定性　→　话语标记

图 16-1 "不"的虚化路径

二 话语标记"不"的篇章功能变化

（一）组构功能的显性化

第一，"不"的辖域变化。一般提到"修正"，主要是指言者修正自己或他人的错误。但话语标记"不"的功能不同，其要求 S_1 表达的内容，也是言者希望表达出来的，S_2 的内容要在 S_1 的基础上展开。在这一用法中，S_1 的出现是强制的，所以"不"的辖域不仅包括 S_2，还包括 S_1。如：

（33）他只道汉人都是坏人。他用哈萨克话骂你，说你是"真主降罚的强盗汉人"。你别恨他，他心里的悲痛，实在跟你一模一样。不，他年纪大了，心里感到的悲痛，可比你多得多，深得多。

例（33）中，如果 S_1 不出现，表达的意思会发生变化，言者希望表达的意思可能就没有完全表达出来，体现不出递进关系。

第二，"不"的出现具有强制性。上文提到，语用否定"不"的后面一般有其他成分，但有时候，"不"不出现，前后也是连贯的。如例（26），直接回答"我不知道"也可以。再如：

（34）"浅水湾一点也没有改变。"
"不，这里多了一间酒店。"他说。

例（34）中，"不"如果不出现，只回答"这里多了一间酒店"也可以，所以表示语用否定的"不"一般有后续成分，但这个后续成分前不一定非得出现"不"，因此这个"不"有引发功能，不一定有衔接功能。但话语标记"不"一般都必须出现。如：

（35）虚荣作祟的西方世界以为这种普遍的文明是一个种族的概念。不，它不是一个种族、一个国家的财富，而是汲取了许多源泉的文明。

例（35）中，"不"如果不出现，前后句子就不连贯，所以"不"的出现具有强制性。

（二）指示功能的专职化

上文提到，表示语用否定的"不"一般都具有后续句，这个后续句可能表示辩解、释因，也可能表示言者最新的观点。在这几种情况下，只有表示言者观点的［如例（26）］才可能成为 S_2，也就是说"不"只指

示 S_2 对 S_1 修正，明确两者之间的关系。如：

（36）日本对他来说并不是毫无关系的国家。不，不仅有关系，而且那里还留下了他青春时代胡作非为的足迹，如果有钱，他还想故地重游。

（37）我们来看作品。作者并不赞美妓女，他也认为卖淫是一种丑恶的社会现象，并且他比一般人更深刻地反对它。然而作者并不是到此为止了。不，他还力图消灭这种丑恶现象，解除陷入卖淫生活的妇女们的痛苦。

例（36）中，表示"日本对他来说是有关系的"修正有人认为"日本跟他毫无关系"；例（37）中，表示"作者"不是只"比一般人更深刻地反对它"，还力图消灭这种丑恶现象，后续句都是对前面句子的修正。

从以上过程可以看出，话语标记"不"虽然与副词"不"同形，但从其虚化过程看，并不是从副词"不"而是从短语"不是"虚化而来的，所以是不同的"不"。

第四节 小结

本章用"信息修正"来概括话语标记"不"的指示功能，与一般表示话语修正的用法不同，"不"前的 S_1 常常是言者首先希望表达出来的内容，而不是口误或出现错误，言者是借助"不"的"修正"指示功能达到特定的表达效果，是一种特殊的表达手段。这种手段丰富了汉语的表现力。

结　　语

一　本研究的一些体会

本书从篇章配置的过程入手,主要讨论了指称性信息和陈述性信息的配置问题、前景信息和背景信息的配置问题、非预期信息的凸显问题、主观性信息的表达问题等。通过以上章节的具体讨论,有以下体会。

(1) 与句法、语义层面注重规范性不同,在篇章层面组织时最主要的是考虑如何经济地、恰当地表达言者最想表达的意思,以尽可能保证达成交际的目的。句法、语义层面的语序、词汇、搭配、省略等手段在传递客观信息的同时,常常承担传递主观信息的任务。大体上看,句法上、语义上合乎常规的,主要传递客观信息,不合乎常规的,常常传递主观信息。所以关于篇章的研究,主要不再是"对不对",而是"好不好"的问题。

(2) 语境是篇章配置中的重要因素,廖秋忠(1991)指出:"当前使用的'篇章'分析这个词,包括两个语言研究领域:对话领域……特别是正在交谈……以及独白式话语的分析。"所以篇章配置时必须考虑语境因素,这会影响对某些概念的分析。另外事件参与者的主观认知状况对事件推进中的篇章组织有非常重要的作用,由于参与者个人的认知和大的背景知识等存在差异,必然会影响配置方式的选择问题。

(3) 由于语境和个人认知的差异,在篇章中各个层面可能有自己的特点。比如在讨论了指称性信息和陈述性信息配置问题时,就发现有些情况与句法、语义层面的分析有所区别。具体的如在叙事语篇中,一个语言的指称性强弱主要体现这个语言成分在语篇中的自由度方面。学者一般认为在指称性强弱方面:专有名词>普通名词>数量名>一量名,但在具体叙事语篇中考察,在自由度方面却是:专有名词>数量名>一量名>普通名词。还有多数认为代词的指称性最强，但其指称性信息量比专有名词要低。这一点不仅对于体词性成分，而且对具有指称性的谓词性成分也是如此，后者的自由度受限主要体现在谓语受限，而且谓语反过来对谓词性主语所表示意义具有限定性。从陈述性信息配置方面看，汉语的动词、形容词、名词虽然都有陈述功能，但不同的词类以及其内部的小类的陈述性强弱不同，不仅做谓语的自由度不同，增加信息量的方式不同，而且在语篇中的自由度也存在差异。对于篇章中的指称性和陈述性特点的分析，以及它们在篇章中的功能的研究，对于汉语这种缺乏形态变化的语言的深入了解非常有意义。

（4）在篇章中，言者一般把自己最想传递的信息处理为前景信息，因此对前景信息的研究是篇章配置中的核心问题之一。新信息的信息量大于已知信息，因此与前景信息存在着自然的关联。同时由于参与者个人的认知状况不同，同样的新信息对于不同的人信息量大小可能存在着差异，可能新信息是预期信息，也可能是非预期信息。所以信息量存在绝对信息量与相对信息量，这一区分对于配置信息之间的关系、配置相关的表达手段、特点，都是有意义的。

（5）篇章信息的配置，是一个传递客观信息的过程，更是一个传递主观信息的过程，除上面提到的以外，言者视角、情态、认识等都是在信息配置过程中不可能不涉及的，但是不同的语言体系中，包括不同民族的语言、不同职业的语言、口语与书面语等，表达方式都可能存在着差异，这些差异对于信息配置的应用性研究非常有意义。

（6）在具体的语境中，很多歧义结构不再存在歧义，因为有些歧义被压制了。同样的，语境也会对很多的结构和词汇的功能产生影响，当这种用法的频率高到一定的程度，就会固化，产生新的用法或新的功能。从共时平面拟测相关的语言形式的变化，研究其具有特定表达功能的来源，也是篇章研究的重要方面。

二 可以进一步研究的问题

本书以汉语篇章信息配置为研究对象，这是一个范围庞大的选题，存在很多不足或需要进一步研究之处。

首先是系统性进一步加强，目前在多个方面的研究都是个案、某些方面、单独的研究，如何更加系统研究，实现组织篇章时在各个层面有

"菜单式"选项,言者可根据选项选择具体表达方式,这方面值得进一步研究。比如,配置前景/背景信息的方式到底有哪些?每一个层面的方式有多少?它们之间的关系如何?影响选择的具体因素是什么?如果把这些问题进行系统化的研究,汉语的表达特点将可以更加清晰地展现出来。

其次,各类信息的分类依据,是从不同的角度确定的,就不可避免地存在交叉等问题,如何确定具体篇章配置过程中的最核心影响因素,需要提出更明确的优选序列。

再次,在各个层面上,都需要细致的、具体的、深入的研究,以下几个方面还需要继续做下去。

(1) 汉语指称性语言成分的篇章组织功能

关于语言成分的指称性强弱进入篇章的问题,目前讨论的主要是陈述性还是指称性,实际上指称性还有强弱的问题,而且强弱影响其篇章功能。那么如何判断不同语言成分指称性的强弱,以及如何考虑指称性对陈述性的影响等问题。

还有具有指同功能的指称性在篇章衔接方面的功能等,比如"N 的 V"(如"这本书的出版")在主宾语位置上的限制条件和功能是有差异的,差异是什么,也值得进一步关注。

(2) 前景信息与汉语的连贯性研究

屈承熹(2006)指出汉语话题有两个基本特征,其中之一是用作小句间的连接,但是前后连接的语段不一定就是直接连贯的,后面语段选择什么样的表达方式常常还受前一语段前景信息的制约,这个前景信息制约后续句的句式、语序、是否使用具有衔接功能的词语等。通过对前景信息的各种表达形式以及其对后续句的选择限制等的研究,深入了解汉语中前景信息对篇章连贯性的限制作用。

(3) 口语与书面语中信息配置方式比较研究

口语是具体语境中使用的语言,使用过程中可以有语调、声调、重音、音长、眼神、姿势等辅助手段;书面语主要用书面的形式来配置信息,相对来说手段较少。另外两者对交际互动性的要求也不同,口语一般对互动性的要求较高,使用增强互动性的语言形式的可能性更大,而书面语在互动性方面的要求相对低一些。所以它们在信息配置方面也有差别。

参考文献

中文著作

北京大学中文系 1955、1957 级语言班：《现代汉语虚词例释》，商务印书馆 1982 年版。

曹逢甫：《主题在汉语中的功能研究——迈向语段分析的第一步》，谢天蔚译，语文出版社 1995 年版。

陈忠：《认知语言学研究》，山东教育出版社 2006 年版。

范开泰：《现代汉语语法分析》，华东师范大学出版社 2000 年版。

何自然、冉永平：《语用与认知：关联理论研究》，外语教学与研究出版社 2001 年版。

何自然：《语用学概论》，湖南教育出版社 1988 年版。

胡德明：《现代汉语反问句研究》，安徽人民出版社 2010 年版。

胡壮麟：《语篇的衔接与连贯》，上海外语教育出版社 1994 年版。

江蓝生：《近代汉语探源》，商务印书馆 2000 年版。

李劲荣：《现代汉语形容词生动形式的语用价值》，中国社会科学出版社 2015 年版。

李宇明：《汉语量范畴研究》，华中师范大学出版社 2000 年版。

陆俭明：《八十年代中国语法研究》，商务印书馆 2004 年版。

吕叔湘：《中国文法要略》，商务印书馆 1982 年版。

吕叔湘：《汉语语法论文集》，商务印书馆 1984 年增订版。

吕叔湘：《现代汉语八百词》，商务印书馆 1999 年增订版。

齐沪扬：《语气词与语气系统》，安徽教育出版社 2002 年版。

钱军：《结构功能语言学》，吉林教育出版社 1998 年版。

[美] 屈承熹：《汉语篇章语法》，潘文国等译，北京语言大学出版社

2006 年版。

冉永平:《语用学概论》,湖南教育出版社 2002 年版。

邵洪亮:《汉语句法语义标记词羡余研究》,中国社会科学出版社 2015 年版。

邵敬敏:《现代汉语疑问句研究》,华东师范大学出版社 1996 年版。

沈家煊:《不对称和标记论》,江西教育出版社 1999 年版。

石毓智:《肯定和否定的对称与不对称》,北京语言文化大学出版社 2001 年版。

王寅:《构式语法研究》,上海外语教育出版社 2011 年版。

吴继光:《现代汉语的用事成分与工具范畴》,华中师范大学出版社 2003 年版。

邢福义:《汉语复句研究》,商务印书馆 2001 年版。

熊学亮:《语言使用中的推理》,上海外语教育出版社 2007 年版。

徐烈炯、刘丹青:《话题的结构与功能》,上海教育出版社 1998 年版。

张斌:《汉语语法学》,上海教育出版社 1998 年版。

张斌:《现代汉语虚词词典》,商务印书馆 2001 年版。

张斌:《现代汉语描写语法》,商务印书馆 2010 年版。

张伯江、方梅:《汉语功能语法研究》,江西教育出版社 1996 年版。

张伯江:《从施受关系到句式语义》,商务印书馆 2009 年版。

张旺熹:《汉语特殊句法的语义研究》,北京语言文化大学出版社 1999 年版。

张谊生:《现代汉语副词研究》,学林出版社 2000 年版。

张谊生:《现代汉语虚词》,华东师范大学出版社 2000 年版。

赵元任:《汉语口语语法》,吕叔湘译,商务印书馆 1968 年版。

朱德熙:《语法讲义》,商务印书馆 1982 年版。

朱德熙:《语法答问》,商务印书馆 1985 年版。

朱德熙:《语法分析讲稿》,商务印书馆 2011 年版。

论文

白鸽:《"一量名"兼表定指与类指现象初探》,《语言教学与研究》2014 年第 4 期。

曾毅平、杜宝莲：《略论反问的否定功能》，《暨南大学华文学院学报》2004年第2期。

陈虎：《语言信息结构及其多视角研究述评》，《解放军外国语学院学报》2003年第5期。

陈满华：《由背景化触发的非反指零形主语小句》，《中国语文》2010年第5期。

陈平：《话语分析说略》，《语言教学与研究》1987年第3期。

陈平：《语言学的一个核心概念"指称"问题研究》，《当代修辞学》2015年第3期。

陈前瑞：《动词重叠的情状特征及其体的地位》，《语言教学与研究》2001年第4期。

陈小荷：《主观量问题初探——兼谈副词"就"、"才"、"都"》，《世界汉语教学》1994年第4期。

储泽祥：《"满+N"与"全+N"》，《中国语文》1996年第5期。

崔希亮：《试论关联形式"连…也/都…"的多重语言信息》，《世界汉语教学》1990年第3期。

崔希亮：《汉语"连"字句的语用分析》，《中国语文》1993年第2期。

戴浩一：《时间顺序和汉语的语序》，黄河译，《国外语言学》1988年第1期。

邓川林：《"总"和"老"的主观性研究》，《汉语学习》2010年第2期。

邓川林：《"总"字句的量级让步用法》，《世界汉语教学》2012年第1期。

邓杰：《话语信息的认知处理研究》，《外语与外语教学》2009年第3期。

董秀芳：《北京话名词短语前阳平"一"的语法化倾向》，见《语法化与语法研究》（一），商务印书馆2003年版。

董秀芳：《词汇化与话语标记的形成》，《世界汉语教学》2007年第1期。

范晓：《VP主语句——兼论"N的V"作主语》，见《语法研究和探索》（六），语文出版社1992年版。

方梅：《汉语对比焦点的句法表现手段》，《中国语文》1995 年第 4 期。

方梅：《篇章语法与汉语篇章语法研究》，《中国社会科学》2005 年第 6 期。

方梅：《由背景化触发的两种句法结构》，《中国语文》2008 年第 4 期。

冯光武：《语用标记语和语义、语用界面》，《外语学刊》2005 年第 3 期。

冯胜利：《论汉语的韵律词》，《中国社会科学》1996 年第 1 期。

高增霞：《语气词"吧"的意义再探》，《山东师范大学学报》（社会科学版）2000 年第 1 期。

高增霞：《从非句化角度看汉语的小句整合》，《中国语文》2005 年第 1 期。

顾曰国：《礼貌、语用与文化》，《外语教学与研究》1992 年第 4 期。

顾曰国：《John Searle 的言语行为理论与心智哲学》，《国外语言学》1994 年第 2 期。

郭继懋：《反问句的语义语用特点》，《中国语文》1997 年第 2 期。

郭继懋、王红旗：《粘合补语和组合补语表达差异的认知分析》，《世界汉语教学》2001 年第 2 期。

郭锐：《"吗"问句的确信度和回答方式》，《世界汉语教学》2000 年第 2 期。

郭锐：《述结式的论元结构》，见徐烈炯、邵敬敏主编《汉语语法研究的新拓展》，浙江教育出版社 2002 年版。

韩蕾：《信息处理用现代汉语指人名词构成的双名词语串研究》，博士学位论文，上海师范大学，2001 年。

韩蕾：《事件名词的语义基础及相关句式》，《语言研究》2006 年第 3 期。

韩蕾：《汉语事件名词的界定与系统构建》，《华东师范大学学报》（哲学社会科学版）2016 年第 5 期。

何自然：《信息传递和英语结构的选择》，《外语学刊》1981 年第 2 期。

贺阳：《汉语完句成分初探》，《语言教学与研究》1994 年第 4 期。

胡德明：《从反问句生成机制看"不是"的性质和语义》，《安徽师范大学学报》（人文社会科学版）2008年第3期。

胡建锋：《现代汉语非预期信息表达研究》，博士学位论文，上海师范大学，2007年。

胡建锋：《"不是……吗"反诘问句的前后景功能》，《当代修辞学》2011年第3期。

胡建锋：《话语标记"不错"的指示功能及其虚化历程》，《语言教学与研究》2012年第1期。

胡建华、石定栩：《完句条件与指称特征的允准》，《语言科学》2005年第5期。

胡明扬、劲松：《流水句初探》，《语言教学与研究》1989年第4期。

黄国营、石毓智：《汉语形容词的有标记和无标记现象》，《中国语文》1993年第6期。

黄南松：《试论短语自主成句所应具备的若干语法范畴》，《中国语文》1994年第6期。

黄瓒辉：《焦点、焦点结构及焦点的性质研究综述》，《现代外语》2003年第4期。

金廷恩：《"体"成分的完句作用考察》，《汉语学习》1999年第2期。

金廷恩：《汉语完句成分说略》，《汉语学习》1999年第6期。

金允经、金昌吉：《现代汉语转折连词组的同异研究》，《汉语学习》2001年第3期。

竟成：《汉语的成句过程和时间概念的表述》，《语文研究》1996年第1期。

鞠玉梅：《信息结构研究的功能语言学视角》，《外语与外语教学》2003年第4期。

孔令达：《影响汉语句子自足的语言形式》，《中国语文》1994年第6期。

雷冬平：《"V个XP"构式家族及其主观量一致性研究》，《上海师范大学学报》（哲学社会科学版）2017年第3期。

李宝伦、潘海华：《焦点与汉语否定和量词的相互作用》，见徐烈炯、潘海华主编《焦点结构和意义研究》，外语教学与研究出版社2005年版。

李广瑜、陈一：《关于同位性"人称代词$_单$+一个 NP"的指称性质、语用功能》，《中国语文》2016 年第 4 期。

李劲荣：《汉语里的另一种类指成分》，《中国语文》2013 年第 3 期。

李劲荣：《信息结构与句法异位》，《当代修辞学》2013 年第 3 期。

李晋霞：《"好"的语法化与主观性》，《世界汉语教学》2005 年第 1 期。

李晋霞：《叙事语篇的"前景—背景"与动词的若干语法特征》，《汉语学习》2017 年第 4 期。

李善熙：《汉语"主观量"的表达研究》，博士学位论文，中国社会科学院研究生院，2003 年。

李文浩：《"满+NP"与"全+NP"的突显差异及其隐喻模式》，《语言科学》2009 年第 4 期。

李文浩：《也谈同位复指式"人称代词+一个 NP"的指称性质和语用功能》，《中国语文》2016 年第 4 期。

李宇明：《论词语重叠的意义》，《世界汉语教学》1996 年第 1 期。

李宇明：《双音节性质形容词的 ABAB 式重叠》，《汉语学习》1996 年第 4 期。

李宇明：《主观量的成因》，《汉语学习》1997 年第 5 期。

李宇明：《"一 V…数量"结构及其主观大量问题》，《云梦学刊》1999 年第 3 期。

李宇明：《数量词语与主观量》，《华中师范大学学报》（人文社会科学版）1999 年第 5 期。

李悦娥：《会话中的阻碍修正结构分析》，《外国语》1996 年第 5 期。

李宗江：《关于话语标记来源研究的两点看法》，《世界汉语教学》2010 年第 2 期。

廖秋忠：《现代汉语篇章中指同的表达》，《中国语文》1986 年第 2 期。

廖秋忠：《篇章与语用和句法研究》，《语言教学与研究》1991 年第 4 期。

刘承峰：《现代汉语量的"主观性"研究》，《华东师范大学学报》（哲学社会科学版）2016 年第 5 期。

刘丹青、徐烈炯：《焦点与背景、话题及汉语"连"字句》，《中国语文》1998 年第 4 期。

刘丹青：《汉语类指成分的语义属性和句法属性》，《中国语文》2002 年第 5 期。

刘丽艳：《话语标记"你知道"》，《中国语文》2006 年第 5 期。

刘探宙、张伯江：《现代汉语同位同指组合的性质》，《中国语文》2014 年第 3 期。

刘勋宁：《现代汉语句尾"了"的来源》，《方言》1985 年第 2 期。

刘勋宁：《现代汉语词尾"了"的语法意义》，《中国语文》1988 年第 5 期。

刘勋宁：《现代汉语句尾"了"的语法意义及其与词尾"了"的联系》，《世界汉语教学》1990 年第 2 期。

刘娅琼、陶红印：《汉语谈话中否定反问句的事理立场功能及类型》，《中国语文》2011 年第 2 期。

刘月华：《用"吗"的是非问句和正反问句用法比较》，见中国社会科学院语言研究所现代汉语研究室编《句型和动词》，语文出版社 1987 年版。

刘云、李晋霞：《论证语篇的"前景—背景"与汉语复句的使用》，《华中师范大学学报》（人文社会科学版）2017 年第 4 期。

刘云红：《话语信息及其分类》，《解放军外国语学院学报》2005 年第 3 期。

刘志祥：《"A 就是 A"结构的语篇考察》，《语文学刊》2005 年第 9 期。

陆俭明：《汉语句子的特点》，《汉语学习》1993 年第 1 期。

陆俭明：《现代汉语里的疑问语气词》，《中国语文》1984 年第 5 期。

陆俭明：《周遍性主语及其他》，《中国语文》1986 年第 3 期。

陆俭明：《要重视讲解词语和句法结构的使用环境》，见《对外汉语研究》（一），商务印书馆 2005 年版。

陆俭明：《试说语言信息结构》，《学术交流》2014 年第 6 期。

罗仁地、潘露莉：《信息传达的性质与语言的本质和语言的发展》，《中国语文》2002 年第 3 期。

吕公礼：《论语用的信息本质》，《外语学刊》2004 年第 1 期。

吕叔湘：《疑问·否定·肯定》，《中国语文》1985 年第 4 期。

马庆株：《自主动词和非自主动词》，见《中国语言学报》（三），商务印书馆 1988 年版。

马庆株：《顺序义对体词语法功能的影响》，见《中国语言学报》（四），商务印书馆 1991 年版。

马庆株：《指称义动词和陈述义名词》，见《语法研究与探索》（七），商务印书馆 1995 年版。

马文：《会话语篇中指称阻碍的产生与修正》，《外语学刊》2006 年第 1 期。

孟子敏：《句末语气助词"也"的意义及其流变》，《语言教学与研究》2005 年第 3 期。

苗兴伟：《关联理论与认知语境》，《外语学刊》1997 年第 4 期。

苗兴伟：《语篇的信息连贯》，《外语教学》2003 年第 2 期。

聂仁发：《信息量与主语形式的选择》，《修辞学习》2009 年第 3 期。

彭吉军：《话题研究述评》，《理论月刊》2012 年第 8 期。

齐沪扬：《"X 是 X"句子中副词的作用及连续统模型的建立》，见《语法研究与语法应用》，北京语言学院出版社 1992 年版。

齐沪扬、胡建锋：《试论负预期量信息标记格式"X 是 X"》，《世界汉语教学》2006 年第 2 期。

齐沪扬、胡建锋：《试析"不是……吗"反问句的疑问用法》，《上海师范大学学报》（哲学社会科学版）2010 年第 3 期。

祁杰：《"V 个 VP"结构的主观性及主观量研究》，《湖南工业大学学报》（社会科学版）2010 年第 3 期。

屈承熹：《信息结构的基本概念及其在现代汉语中的表达形式》，《汉语学习》2018 年第 2 期。

冉永平：《话语标记语 you know 的语用增量辨析》，《解放军外国语学院学报》2002 年第 4 期。

任绍曾：《语言单位与信息状态》，《外语与外语教学》2010 年第 3 期。

任鹰：《"个"的主观赋量功能及其语义基础》，《世界汉语教学》2013 年第 3 期。

尚新：《时体、事件与"V 个 VP"结构》，《外国语》2009 年第 5 期。

邵敬敏：《同语式探讨》，《语文研究》1986年第1期。

沈家煊：《"有界"与"无界"》，《中国语文》1995年第5期。

沈家煊：《语用法的语法化》，《福建外语》1998年第2期。

沈家煊：《不加说明的话题——从"对答"看"话题—说明"》，《中国语文》1989年第5期。

沈家煊：《转指和转喻》，《当代语言学》1999年第1期。

沈家煊：《语言的"主观性"和"主观化"》，《外语教学与研究》2001年第4期。

沈家煊：《跟副词"还"有关的两个句式》，《中国语文》2001年第6期。

沈家煊：《复句三域"行、知、言"》，《中国语文》2003年第3期。

沈家煊：《语用原则、语用推理和语义演变》，《外语教学与研究》2004年第4期。

沈家煊：《再谈"有界"和"无界"》，见《语言学论丛》（三十），商务印书馆2004年版。

沈家煊：《副词和连词的元语用法》，见《对外汉语研究》（五），商务印书馆2009年版。

沈家煊：《谓语的指称性》，《外文研究》2013年第1期。

沈家煊：《汉语词类的主观性》，《外语教学与研究》2015年第5期。

沈蔚：《会话修正研究在国外》，《外语学刊》2005年第4期。

施关淦：《试论时间副词"就"》，见《语法研究与探索》（四），北京大学出版社1988年版。

石定栩：《动词的"指称"功能和"陈述"功能》，《汉语学习》2005年第4期。

石毓智：《汉语的主语与话题之辨》，《语言研究》2001年第2期。

石毓智、雷玉梅：《"个"标记宾语的功能》，《语文研究》2004年第4期。

束定芳：《论隐喻的本质及语义特征》，《外国语》1998年第6期。

司红霞：《完句成分在对外汉语教学中的运用》，《汉语学习》2003年第5期。

孙天琦、郭锐：《论汉语的"隐性述结式"》，《语言科学》2015年第5期。

唐翠菊：《"是"字句宾语中"（一）个"的隐现问题》，《世界汉语教学》2005年第2期。

唐雪凝：《试析"单数人称代词+一个NP"结构》，《齐鲁学刊》2013年第2期。

陶红印：《从语音、语法和话语特征看"知道"格式在谈话中的演化》，《中国语文》2003年第4期。

陶振民：《不同环境下词语信息量的差异》，《语言研究》2003年第2期。

王灿龙：《制约无定主语句使用的若干因素》，见《语法研究与探索》（十二），商务印书馆2003年版。

王灿龙：《"非VP不可"句式中"不可"的隐现》，《中国语文》2008年第2期。

王冬梅：《现代汉语动名互转的认知研究》，博士学位论文，中国社会科学院，2001年。

王光全、柳英绿：《同命题"了"字句》，《汉语学习》2006年第3期。

王红旗：《"指称"的含义》，《汉语学习》2001年第6期。

王红旗：《功能语法指称意义之我见》，《世界汉语教学》2004年第2期。

王红旗：《体词性成分指称性的强弱》，《语言科学》2015年第1期。

王红旗：《体词谓语句的范围和语法形式》，《汉语学习》2016年第2期。

王秀卿、王广成：《数量名主语句》，《现代语文》2014年第8期。

卫志强：《称呼的类型及其语用特点》，《世界汉语教学》1994年第2期。

文炼：《从"吗"和"呢"的用法谈到问句的疑问点》，《逻辑与语言学习》1982年第4期。

文炼：《句子的理解策略》，《中国语文》1992年第4期。

吴福祥：《试说"X不比Y·Z"的语用功能》，《中国语文》2004年第3期。

吴福祥：《汉语语法化的当前课题》，《语言科学》2005年第2期。

吴怀成：《关于现代汉语动转名的一点理论甩考》，《外国语》2011年第2期。

徐杰:《主语成分、话题特征及相应语言类型》,《语言科学》2003年第1期。

徐盛桓:《礼貌原则新拟》,《外语学刊》1992年第2期。

徐盛桓:《信息状态研究》,《现代外语》1996年第2期。

徐盛桓:《疑问句探询功能的迁移》,《中国语文》1999年第1期。

徐通锵:《字和汉语语义句法的基本结构原理》,《语言文字应用》2001年第1期

严辰松:《构式语法论要》,《解放军外国语学院学报》2006年第4期。

杨国文:《汉语态制中"复合态"的生成》,《中国语文》2001年第5期。

杨永龙:《"已经"的初见时代及成词过程》,《中国语文》2002年第1期。

姚占龙:《现代汉语状态形容词量级差别考察》,《语言研究》2010年第4期。

姚振武:《指称与陈述的兼容性与引申问题》,《中国语文》2000年第6期。

于天昱:《现代汉语反问句研究》,博士学位论文,中央民族大学,2007年。

袁毓林:《正反问句及相关的类型学参项》,《中国语文》1993年第2期。

袁毓林:《认知语言学背景上的语言研究》,《匡外语言学》1996年第2期。

袁毓林:《定语顺序的认知解释及其理论蕴涵》,《中国社会科学》1999年第2期。

袁毓林:《论否定句的焦点、预设和辖域歧义》,《中国语文》2000年第2期。

袁毓林:《多项副词共现的语序原则及其认知解释》,见《语言学论丛》(二十六),商务印书馆2002年版。

袁毓林:《句子的焦点结构及其对语义解释的影响》,《当代语言学》2003年第4期。

袁毓林:《试析"连"字句的信息结构特点》,《语言科学》2006年

第 2 期。

袁毓林：《反预期、递进关系和语用尺度的类型——"甚至"和"反而"的语义功能比较》，《当代语言学》2008 年第 2 期。

苑成存、林卿：《也谈充分条件和必要条件的定义》，《佳木斯大学社会科学学报》1994 年第 2 期。

张斌：《谈谈句子的信息量》，见史有为主编《从语义信息到类型比较》，北京语言文化大学出版社 2001 年版。

张斌：《指称和陈述》，见《对外汉语研究》（十一），商务印书馆 2014 年版。

张伯江：《认识观的语法表现》，《国外语言学》1997 年第 2 期。

张伯江：《疑问句功能琐议》，《中国语文》1997 年第 2 期。

张伯江、李珍明：《"是 NP"和"是（一）个 NP"》，《世界汉语教学》2002 年第 3 期。

张伯江：《汉语限定成分的语用属性》，《中国语文》2010 年第 3 期。

张伯江：《现代汉语形容词做谓语问题》，《世界汉语教学》2011 年第 1 期。

张成福、余光武：《论汉语的传信表达——以插入语研究为例》，《语言科学》2003 年第 3 期。

张登岐：《动词单独作谓语的主谓句考察》，《阜阳师范学院学报》（社会科学版）1994 年第 6 期。

张盛彬：《条件关系试申说》，《佳木斯师专学报》1995 年第 4 期。

张旺熹：《连字句的序位框架及其对条件成分的映现》，《汉语学习》2005 年第 2 期。

张谊生、吴继光：《略论副词"才"的语法意义》，见《语法研究与语法应用》，北京语言学院出版社 1994 年版。

张谊生：《从量词到助词——量词"个"语法化过程的个案分析》，《当代语言学》2003 年第 3 期。

张谊生：《"总（是）"与"老（是）"的语用功能及选择差异》，《语言科学》2005 年第 1 期。

张谊生：《试论主观量标记"没"、"不"、"好"》，《中国语文》2006 年第 2 期。

张豫峰：《现代汉语使动句的完句成分考察》，《复旦学报》（社会科学版）2009 年第 3 期。

郑怀德：《动词语主语句的谓语》，见《语法研究和探索》（二），北京大学出版社 1984 年版。

钟小勇：《话语指称研究说略》，《浙江学刊》2011 年第 3 期。

周国光：《现代汉语陈述理论述略》，《暨南大学华文学院学报》2004 年第 3 期。

周清艳：《"V 个 VP"结构与主观异态量表达》，《云南师范大学学报》（对外汉语教学与研究版）2011 年第 5 期。

周清艳：《特殊"V 个 N"结构的句法语义及其形成动因》，《语言教学与研究》2012 年第 3 期。

周小兵：《汉语"连"字句》，《中国语文》1990 年第 4 期。

周筱娟：《广告第二人称礼貌指代标记》，《江汉大学学报》（社会科学版）2004 年第 3 期。

朱德熙：《自指和转指》，《方言》1983 年第 1 期。

朱永生：《主位与信息分布》，《外语教学与研究》1990 年第 4 期。

外文论著

Brown, G. And G. Yule, *Discourse Analysis*, Cambridge: Cambridge University Press, 1983.

Chafe, W., *Discourse, Consciousness, and Time*, Chicago: The University of Chicago Press, 1994.

Firbas, J., *Functional Sentence Perspective in Written and Spoken Communication*, Cambridge: Cambridge University Press, 1992.

Foley, William A. and Robert D. van Valin, *Functional Syntax and Universal Grammar*, Cambridge : Cambridge University Press, 1984.

Givon, T., *Syntax: A Functional – Typological Introduction*, Amesterdam: Benjamins, 1984.

Goldberg, A. E., *Constructions: A Construction Grammar Approach to Argument Structure*, Chicago: The University of Chicago Press, 1995.

Halliday, M. A. K., *A Course in Spoken English: Intonation*, London: Oxford University Press, 1970.

Halliday, M. A. K., *An Introduction to Functional Grammar(2nd Edition)*,

London: Edward Arnold, 1994.

Hopper P. J. & Traugott E. C., *Grammaticalization (2nd Edition)*, London: Cambridge University Press, 2003.

Kamio, A., *Territory of Information*, Amaterdam/Philadelphia: John Benjamins Publishing Company, 1997.

Lakoff & Johnson, *Metaphors We Live By*, Chicago: The University of Chicago Press, 1980.

Lambrecht, K., *Information Structure and Sentence Form*, Cambridge: Cambridge University Press, 1994.

Leech, G., *Principles of Pragmatics*, London: Longman, 1983.

Lyons, J., *Semantics. Vol. I, II*, Cambridge: Cambridge University Press, 1977.

Mallinson, Graham & Barry Blake, *Language Typology: Cross – linguistic Studies in Syntax*, Amsterdam: North-holland, 1981.

Rochemont, M., *Focus in Generative Grammar*, Amsterdam: John Benjamins, 1986.

Schiffrin, D., *Discourse Markers*, Cambridge: Cambridge University Press, 1987.

Spebber D. & D Wilson, *Relevance: Communication and Cognition*, Oxford; Blackwell, 1986.

Yulong Xu, *Resolving Third Person Anaphora in Chinese Text: Toward a Functional Pragmatic Model*, Hong Kong: Hong Kong Polytechnic University Dissertation, 1995.

Bolinger, Dwight , "Linear modification", *Publication of the Modern language Association of American* 67, 1952.

C. E. Shannon, "A Mathematical Theory of Communication", *The Bell System Technical Journal*, Vol 27, 1948.

Chafe, W., "Cognitive constraints on information flow", In Tomlin RS (ed.) *Coherence and grounding in discourse*, Benjamins, Amsterdam, 1987.

Firbas J. , "On the Concept of Communicative Dynamism in the Theory of Functional Sentence Persoerctive", *Bmo Studies in English* 12, 1971.

Givon, T., "Beyond Foreground and Background", In Tomlin, R. S. (ed.) *Coherence and Grounding in Discourse*, Amsterdam and Philadelphia: John Benjamins, 1987.

Givón, T., "The Grammar of Referential Coherence as Mental Processing Instructions", *Linguistics*30, 1992.

Grice, H. P., "Logic and Conversation", In Cole & Morgan(ed.) *Syntax & Semantics 3: Speech Acts*, New York: Academic press, 1975.

Gundel, J. k., "On Different kinds of Focus", In Bosch, P. & R. van der sandt(ed.) *Focus: linguistic, cognitive and computational perspectives*, Cambridge: Cambridge University Press, 1999.

Halliday, M. A. K., "Notes on transitivity and theme in English(part II) ", *Journal of Linguistics* 3, 1967.

Hopper, P. J. & Thompson S. A., " The discourse Basis for Lexical Categories in University Grammar", *Language*60, 1984.

Hopper, P. J. & Thompson S. A., "Transitivity in Grammar and Discourse", *Language* 56, 1980.

Hopper, P. J., "Aspects and Foregrounding in Discourse", In Talmy Givón (ed.) *Syntax and semantics Vol* 12, New York: Academic press, 1979.

Horn, L. R., "Metalinguistic Negation and Pragmatic Ambiguity", *Language*61, 1985.

Lehmann, Christian, "Towards a typology of clause linkage", In Haiman & Thompson (ed.) *Clause Combining in Grammar and Discourse*, Amsterdam: Benjamins, 1988.

Rosch E., "Natural Categories", *Cognitive Psychology*4, 1973.

Schegloff, E. A., Jefferson, G. & Sacks, H., "The Preference for Self-correction in the Organization of Repair in Conversation", *Language*53, 1977.

Searle, John R., "Indirect Speech Acts", In Cole & Morgan(ed.) , *syntax & Semantics 3: Speech Acts*, New York: Academic press, 1975.

Tomlin, Russells, "Foreground-background information and the syntax of subordination", *Text* 5, 1985.

Traugott, E. C., "On the rise of epistemic meanings in English: An example of subjectification in semantic change", *Language*64, 1989.

Xu , Liejiong, "Limitation on subjecthood of numerically quantified noun phrases: A pragmatic approach", In Xu(ed.) *The Referential properties of chinese Noun Phrases*, Paris: Ecole des hautes etudes en sciences sociales, 1997.

后　　记

　　对信息配置方式研究的兴趣，开始于攻读博士学位期间，在平时的学习和研究的过程当中，总是感到有很多东西在句法和语义层面很难得到合理的解释，慢慢地意识到信息传递是背后起作用的一个重要因素，于是将研究的重点放到信息配置方式上来，我的博士学位论文《现代汉语非预期信息表达方式研究》就是从预期的角度对汉语的一些表达形式的功能进行的探索。获得博士学位后，虽然主要从事行政管理工作，但是对信息配置对语言方式的影响方面的思考一直没有停留过，2013年，我以"汉语信息配置方式的选择性研究"为题，申请并获批国家社会科学基金一般项目（批准号：13BYY126），2019年2月顺利结项。本书是这个项目的主要成果。

　　感谢我的博士生导师齐沪扬教授，正如序中说到的，我的博士学位论文选题是在与先生无数次交流中获得信心，最后选定的。在此后的论文写作、研究以及国家课题的申报和结项过程中，先生都给了很多的鼓励和指导。可以说，我这些年在工作、研究上获得的点点滴滴的进步，都离不开先生的指点和帮助。先生更是在百忙之中，利用在女儿美国家中过节的宝贵时间，精心为我写了长序，序中多有褒扬，我看作是先生对我的鼓励，激励我继续前行。

　　感谢我的硕士生导师范开泰教授和左思民教授，两位先生在语言理论研究方面有很深的造诣，正是他们的悉心指导让我慢慢理解了语言学，并走上了研究的道路。

　　感谢上海师范大学对外汉语学院，这里有浓厚的语言学研究氛围，在这里从事研究是幸运的。感谢同事和朋友们，他们的关心和鼓励是我前行的动力。感谢我的家人，他们一直是我最强有力的后盾。

　　本书中的部分章节曾经在相关刊物上发表过，其中第六章的部分内容是与上海外国语大学的邵洪亮老师合写，第十二章的部分内容是与研究生曹童合写的，向他们的工作表示感谢。这些论文发表的过程中，得到过很多编辑老师和匿名评审专家的宝贵意见，也郑重地向他们的帮助表示感谢。感谢责任编辑任明老师，他的辛勤付出让本书得以顺利出版。